말을
부수는
　　　말

말을 부수는 말
왜곡되고 둔갑되는 권력의 언어를 해체하기

초판 1쇄 발행 2022년 09월 30일
초판 4쇄 발행 2023년 01월 12일

지은이 이라영
펴낸이 이상훈
편집인 김수영
본부장 정진항
편집팀 허유진 원아연
마케팅 김한성 조재성 박신영 김효진 김애린 오민정
사업지원 정혜진 엄세영

펴낸곳 (주)한겨레엔 www.hanibook.co.kr
등록 2006년 1월 4일 제313-2006-00003호
주소 서울시 마포구 창전로 70(신수동) 화수목빌딩 5층
전화 02-6383-1602~3
팩스 02-6383-1610
대표메일 book@hanien.co.kr

ISBN 979-11-6040-900-0 (03300)

말을
부수는
말

왜곡되고
둔갑되는
권력의 언어를
해체하기

이라영 지음

한겨레출판

차례

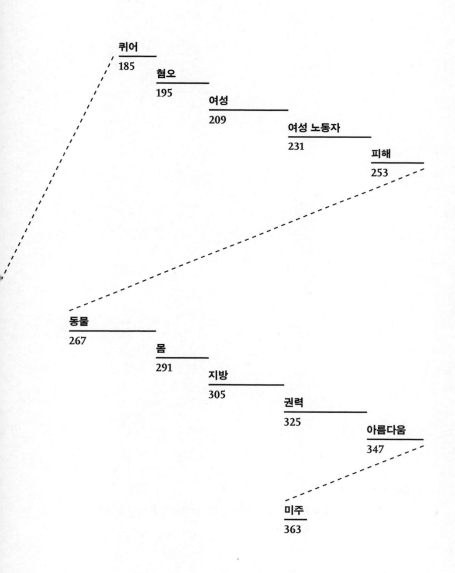

일러두기
본문의 ▲ 표시는 부가설명을 담은 각주이며, 숫자는 출처가 담긴 미주입니다.

고통에서 아름다움까지

언제나 고통에 대한 생각이 멈추지 않는다. 나의 고통, 타자의 고통. 삶은 고통의 한복판에 있고 갖가지 방식으로 그 고통을 견딘다. 세계가 고통의 울부짖음으로 가득하지만 희한하게도 들리지 않는다. 정확히 말하면 듣지 않는다. 폭염 속에서 누군가는 뜨거운 아스팔트 위를 걸으며 오체투지를 한다. 누군가는 기약 없이 단식을 한다. 누군가는 0.3평이라는 비좁은 철창 속에 제 몸을 구겨 넣는다. 누군가는 매서운 바람 속에서도 아슬아슬한 꼭대기로 올라간다. 방음벽으로 가득한 세상에서 누군가는 말하기 위해서 목숨을 건다.

반면 권력은 말할 기회가 너무나 많다. 권력의 목소리를 들으려는 청자는 항상 대기 중이다. 대체로 권력의 크기에 따라 제 고통을 더 말하고 타인의 고통을 덜 듣는다. 목소리의 불평등은 사회 구조적 불평등의 결과인 동시에 원인이 되어 악순환한다. 속임수로 가득한 권력의 언어는 소수자와 약자의 언어를 봉쇄하고 짓누른 채 연대를 방해한다. 오직 제 고통만 생각하는 권력은 피해자의 위치까지 점령한다. 그래서 권력의 크기만큼이나 억울함의 목소리가 크다.

이 책은 고통에서 시작해 아름다움으로 끝난다. 고통, 노동,

시간, 나이 듦, 색깔, 억울함, 망언, 증언, 광주/여성/증언, 세대, 인권, 퀴어, 혐오, 여성, 여성 노동자, 피해, 동물, 몸, 지방, 권력 그리고 아름다움, 이렇게 스물하나의 화두를 풀어냈다. 권력의 언어, 곧 에이드리언 리치Adrienne Rich가 말한 '압제자의 언어'에 밟히지 않으려는 꿈틀거림이다.

각종 '밈'과 '드립'이 난무하는 언어 속에서 빠르게 상대를 공격하고 이기는 화법이 범람한다. 한편 정치인들은 혐오의 언어를 적극 활용한다. 과격한 비유들이 사실을 왜곡시키고 어느덧 말'싸움'만 남는다. 그럴수록 정확한 말, 공동체의 윤리를 생각하는 말의 가능성을 생각해본다. 신뢰받는 화자가 되지 못하거나 침묵당하는 이들의 비명 속에서 말을 찾아 나서는 것이다.

말을 붙들고 싸우는 일은 본질이 아닐지도 모른다. 예를 들어 간호원이 간호사로 바뀌었다고 간호사의 노동에 대한 인식이 더 높아지진 않았다. 내용은 그대로인데 포장지만 바꾼다고 달라지진 않는다. 그러나 언어가 단지 '포장지'는 아니라는 점이 중요하다. 뉴스에서 '유아차'라고 말하는 여성 기자, 방송에 나와 '완경'이라는 어휘를 사용하는 대한폐경학회 의사를 볼 때 '사소한' 언어들의 분투가 조금씩 일상으로 자리 잡고 있음을 발견한다. 법조계는 성희롱을 성적 괴롭힘으로, 성적 수치심은 성적 불쾌감으로 바꿔나갔다. 정확하게 이름 붙이고 표현하려는 의지는 인권 의식과 함께 성장한다.

언어는 때로 사물, 사람, 세계 등에 대한 인식 체계에 깊이 관여한다. 혐오의 언어가 빠른 속도로 증식하는 것에 비하면 저항의 언어는 늘 순탄하지 못하다. 내가 말하는 '저항의 언어'는 정확한 언어에 가깝다. 정확하게 말하려고 애쓴다는 것은 정확하게 보려는 것, 정확하게 인식하려는 것, 권력이 정해준 언어에 의구심을 품는다는 뜻이다. 권력이 저항의 언어를 항상 진압하는 이유다. 그 대신 권력의 기준으로 왜곡된 언어를 적극적으로 유포한다.

권력의 망언이 난립하는 가운데서도 이에 맞서는 언어들도 지치지 않고 생성된다. 바로 그 지점에 나는 아름다움이 있다고 생각한다. 지금까지 나를 끌고 온, 그리고 앞으로도 꾸준히 끌고 갈 화두에서 빠지지 않는 것은 '아름다움'이다. '아름다움'이라는 어휘를 쓰는 것이 때로 오해받을 소지가 있지만 그것은 아름다움 자체가 많이 오해받고 있어서다. 아름다움은 노동과 사랑을 필요로 한다. 그래서 아름다움은 땀을 흘리며 무한히 타자를 품어낸다. 철학자 시몬 베유Simone Weil는 "아름다움은 선에 대한 우리들의 갈망을 반추하는 거울과 같다"고 말했다. 아름다움이란 무엇인가. 고통과 연대하고 권력에 저항하며 정상성에 균열을 내어 세상에 충격을 주는 행위. 저항과 연대에는 언제나 강한 생명력이 느껴진다.

우연히 '수어에서의 성소수자 차별 언어'를 분석하고 대안 언어를 고민하는 활동가를 만났을 때 내 머릿속에서 강한 방망이질이 일어났다. 수어를 몰랐던 나는 한 번도 생각해보지 못했던 사실이다. 차별의 언어는 이처럼 촘촘하고 일상적이다. 언어는 일상의 감옥이며 해방구이고, 나와 타인을 공격하는 창인 동시에 방패, 연대의 끈이 될 수도 있고 배척의 도구가 될 수도 있다. 어떻게 말해야 하는가. 또한 무엇을 들어야 하는가. 한 사회의 문해력은 다양한 관계들의 뒤섞임과 밀접한 관련을 맺는다고 생각한다. 다양한 존재들에 대한 인식이 서로의 언어를 끌어안으며 세계를 확장시킬 것이다.

정확한 언어가 아름다운 언어라 생각해왔다. 무엇이 정확함을 만드는가. 정확함은 명확하게 규정할 수 없을 것이다. 언어에 정답을 찾기는 어렵다. 타인의 고통을 나의 언어로 옮길 때와 마찬가지로 내 마음이 타인의 언어로 전달될 때 의도치 않은 오역이 발생한다. 그렇기에 영원히 내가 닿고 싶은 아름답고 정확한 언어의 세계에 닿지 못할지도 모른다. 정확하게 말하고 싶다는 나의 열망은 끝내 완수되지 못할 것이다. 상처 주는 말을 하지 않겠다는 바람도 불가능할 것이다. 옳지 않은 권력의 말에 저항하겠다는 의지는 종종 부족한 용기로 꺾일 것이다. 완벽하게 윤리적이고 올바른 언어의 길을 찾는 게 어렵기도 하거니와 애초에 그런 길이 존재하는지도 알 수 없어서다. 나는 어떻게 말해야 하는지에 대해 잘 알기 때문에 쓰는 게 아니라, 화두를 던지기 위해 쓴다. 권력의 말을 부수는 저항의 말이 더 많이 울리길 원한다.

"세상의 아름다움은 고통을 통해 우리 몸속에 들어온다"는 시몬 베유의 말을 늘 되새긴다. 고통을 통과한 언어가 아름다움을 운반하기를. 그 아름다움이 기울어진 정의의 저울을 균형 있게 바꿔놓기를. 이 세계의 모든 고통받는 타자들이 관계의 대칭에 의해 만들어지는 아름다움의 주체가 될 수 있기를.

고통

이름이 없어 더욱 고통스럽다

모순을 내포한 말, '창작의 고통'

▼▼▼▼▼▼▼ ▼▼▼▼▼

가끔 글쓰기가 엄청나게 어렵고 힘든 일인데 어떻게 꾸준히 할 수 있는지에 대한 감탄사를 듣는다. 머리가 터질 것 같다, 정신이 붕괴될 지경이다로 표현되는 '생각하는 고통'부터 어깨가 아프다, 오른쪽 팔이 아프다, 허리가 아프다, 눈이 아프다처럼 실제로 몸에서 일어나는 통증까지, 고통은 물론 다양하다. 알아줘서 감사하지만 나의 경우엔 그다지 적극적으로 표현하고 싶은 고통은 아니다. '쓰는 고통'에 대한 내 생각은 아니 에르노Annie Ernaux와 비슷하다.▲

고통이 없어서가 아니라, 왜 특별히 이름을 얻어야 하는 고통인지에 대한 의문이 더 큰 탓이다. 고통에 대해 말하지 않아도 물어봐준다는 것, 그 자체가 이미 권위를 가진 고통이다. 인정받는 고통은 명예를 얻는다. 그렇기에 그 고통을 감수한다. 나아가 고통에 대해 수치심 없이 말할 수 있으며, 그 말하는 목소리는 세상에 울린다.

성인이 된 이후로 돈을 벌기 위해 다양한 일을 하며 버텨온 입장에서 굳이 돌아보자면, 솔직히 글 쓰는 일이 다른 노동보다

▲ "글을 쓰는 고통이—선택한 일—많은 사람들의 고통—어쩔 수 없이 겪게 되는 일—과 같은 유이며 그만큼 커다랗다고 여긴다면, 그것은 오만일 거예요. 사람들의 고통에 비하면 아무것도 아니에요. 일반적으로 지식인이 된다는 것, 육체적인 고통, 노동으로 인해 변형된 몸을 모른다는 것은 큰 행운이죠", 아니 에르노·미셸 포르트, 《진정한 장소》, 신유진 옮김, 1984books, 2019, 108~109쪽.

특별히 더 고통스럽다고 생각한 적은 없다. 여기서 의문이 든다. 창작의 고통이라는 표현은 널리 쓰이는데 어찌하여 노동의 고통이라는 표현은 그다지 사용되지 않을까. 그것은 바로 창작과 노동이 사회에서 가지는 위상이 다르기 때문이다.

'창작의 고통'이라는 말이 가진 모순은 《고통받는 몸》에서 일레인 스캐리Elaine Scarry가 한 문장으로 잘 정리했다. "예술가들이 너무나 성공적으로 괴로움을 표현한 탓에 예술가 집단이 가장 진정으로 고통받는 사람들로 여겨지고, 그래서 도움이 절박하게 필요한 다른 사람들에게서 의도치 않게 관심을 빼앗을 위험"이 항상 도사린다.

즉, 고통의 표현은 때로 그 고통을 권력으로 바꾼다. 창작을 통해 고통을 다루기보다 창작을 하는 나의 고통에 대해 더욱 열심히 말하는 창작자들이 실로 많다. 버지니아 울프Virginia Woolf는 문학에서 육체적 고통이 제대로 다뤄진 적이 거의 없다고 지적했으며, 수전 손택Susan Sontag은 시각 예술에서 질병이나 출산처럼 인간의 몸이 겪는 고통이 거의 다뤄진 적 없다고 지적했다.[1] 존 버거John Berger는 장 프랑수아 밀레Jean-François Millet 이전에 어떤 유럽 화가도 육체노동을 작품의 주제로 다루지 않았다는 점을 상기시켜줬다. 시골에서의 노동, 곧 농부의 노동은 버거의 표현대로 '유화라는 언어'가 무시해왔던 주제다.[2] 물론 밀레 이전의 풍속화에서도 시골의 삶을 엿볼 수 있으며 민중의 하나로서 농부를 다룬 그림들은 있었다. 그러나 밀레는 소농계급 농부의 노동을 긴 시간 동안 중요한 주제로 다루었다. 이처럼 문학과 미술 등 예술에서 질병, 출산, 육체노동의 고통처럼 몸이 겪는 고통을 상대적으로 덜 중요하게 다뤄왔다는 점을 20세기의 작가들은 꾸준히 지적해왔다.

또한 고통의 주체로 재현될 수 있는 위치도 제한적이었다. 미술사에서 신체에 가해진 고통의 주체로 가장 자주 재현된 인물은 예수다. 십자가를 지고 골고타 언덕까지 걸어가는 모습, 십자가에 매달려 고통받는 모습 등은 셀 수 없이 많이 재현되었다. 예수의 옆구리, 손바닥, 머리에서 흐르는 피를 통해 그에게 가해진 고통을 전달한다. 예수의 몸에서 흐르는 피와 그가 겪는 고통은 성스럽게 받아들여진다. 반면 전쟁으로 인한 민중의 고통이 정치적인 목적으로 그려지긴 했지만 인간의 삶에 늘 있기 마련인 질병과 출산, 육아, 각종 육체노동 등에 의한 일상적인 고통은 성스러운 주제가 아니었다.

조금 다른 시각의 문제지만 마지막으로 짚고 싶은 것은, 창작의 고통이라는 표현이 널리 쓰이는 데 비해 정작 예술가들의 경제적 문제는 왜 사회적 의제가 되지 않는가이다. 이는 창작의 고통이라는 표현이 예술가의 창작을 노동자의 노동과 구별하기 때문이다. 창작의 고통이라는 표현에 '노동'의 고통이 담겨 있는가 하면 그렇지 않다. 창작의 고통에서 방점은 고통이 아니라 창작에 찍힌다. 자신의 고유한 창작물을 만들어낸다는 점에서 정신적 고뇌의 산물로 여겨지는 창작은 노동자의 육체노동과 구별

됨으로써 그 고통의 지위를 얻는다.▲ '육체노동이 아닌' 생각하는 창조적 일이기 때문이다. 하지만 창작은 생각하는 노동이며 동시에 성실한 육체노동을 요구한다. 어쩌면 창작의 고통을 말할수록 예술가들도 노동자라는 사실이 가려지는 건 아닐까. 게다가 예술가들은 '작업Work'이라는 말로 창작 활동을 표현하는데, 이때의 '작업'은 창작Creation과 노동Labor을 포함한다. 곧, 작품을 생산해내는 과정에는 창조적 행위와 육체노동이 이미 뒤섞여 있다. 그럼에도 창작의 정신적 고뇌가 강조되는 것에 비하면 창작도 노동의 산물이라는 인식은 부족하다.

창작을 출산에 빗대 은유하는 것이 정당한가

출간을 두고 출산과 마찬가지의 고통이라 말하는 것을 듣곤 한다. 첫 번째 종이책을 출간했을 때 소식을 들은 지인이 내게 "출산한 것이나 다름없다"라며 굉장히 힘든 일을 해냈다고 말했다. 그는 '출산'을 했지만 '출간'한 적은 없는 미국인이었다. 이처럼

▲ 이와 비슷한 예로 나는 '가난한 유학생'이라는 표현을 떠올린다. 빈곤 계층은 경제적 빈곤으로 사회에서 많은 불이익과 모멸감을 겪는다. 이들에게 '가난'은 오히려 드러내기 어렵고 감추기 위해 노력해야 하는 성질이다. 빈곤은 경제적 어려움을 포함해 한 인간에게 모욕과 수치심까지 준다. 그러나 '가난한 유학생'은 공부를 하는 과정에서 대부분 일시적으로 가난한 상태에 놓인 것이기에 스스로를 거리낌 없이 '가난한 유학생'이라고 표현한다. 일시적 가난 상태인 '유학생'에게 '가난한'이라는 수식은 어떠한 수치심도 주지 않기 때문이다.

다른 문화권에서도 간혹 들을 수 있는 표현이다. 이 은유에 나는 동의하지 않는다.

예술작품에서 출산의 고통은 잘 다뤄지지 않았으나 흥미롭게도 창작은 출산으로 은유되곤 했다. 예를 들어 콜롬비아 소설가 오스카 콜야소스Oscar Collazos는 작품을 '출산시키기' 전에 '수태한다'는 개념까지 끌어왔다. 창작의 전 과정을 임신-출산에 비유한 것이다. 그는 "창조는 출산과 같고, 해방의 행위"라 말했다. 이에 대해 중남미 문학에서 중요한 연구자이며 비평가인 진 프랑코Jean Franco는 문학적 생산을 출산으로 설명하는 것은 적절하지 못하다고 비판했다.[3] 인간이 이성을 통해 만들어낸 사유의 결과물인 문학을 자연 과정과 동일시하기 때문에 프랑코는 이 개념에 반대했다. 그의 생각에 나는 절반만 동의한다. 내가 출산과 창작을 동일하게 보지 않는 이유는 출산이 자연의 과정이고 창작이 이성에 의한 결과물, 곧 문명이기 때문만은 아니다. 출산 자체는 자연의 과정이지만 출산을 둘러싼 현상에는 사회의 정치와 문화적 요소들이 영향을 미친다. 그렇기에 출산도 온전히 자연적이라고만 보기는 어렵다. 출산은 자연이고 창작은 문명이기 때문이 아니라, 출산과 창작이 인간 사회에서 분명히 다른 맥락을 가지기 때문에 창작을 출산으로 은유하는 것에 반대한다.

품고 있던 '원고가 책으로 나온다'와 배 속에 품고 있던 '아이가 몸 바깥으로 나온다'는 점 때문에 단순하게 출간과 출산을 비슷하게 바라볼 수도 있다. 그러나 아이를 직접 몸으로 낳는 사람의 입장에서 과연 얼마나 공감할지 의문이다. 나는 출산 경험은 없으나 내가 하는 출간이 출산으로 은유될 수 있다고 생각하지는 않는다. 출산을 하지 않은 여성은 '왜 아이를 낳지 않습니까?'라는 질문을 받지만, 출간이나 다른 창작 활동을 하지 않은 여성은 '왜 창작 활동을 하지 않습니까?'라는 질문을 받지 않는다.

여성은 출산을 선택하기 전부터 출산할 존재로 길러진다. 임신중단은 여전히 정치의 최전선에 있다. 출산 이후에는 육아가 기다리고, 그로 인해 여성은 다른 경력을 잃을 위험에 처한다. 한편 저자는 (대체로 돈을 벌진 못하지만) 출간으로 경력에 문제를 겪지 않는다. 저자는 책의 저작권자가 되지만, 출산을 한 여성이 아이에게 저자와 같은 '권리'를 가지진 않는다. 또한 출산은 여성이 하는데 아이의 이름은 대체로 아버지의 성을 따른다. 어머니는 '저자'가 아니며 인간이 인간의 저자가 될 수도 없다. 출간을 통해 저자는 제 목소리를 내고 이름을 알릴 수 있지만, 출산은 여성의 이름을 지우는 수순으로 향한다. 콜야소스는 창조가 출산과 같고 해방의 행위라고 했지만 가부장제 사회에서 출산은 여성에게 무한한 희생을 요구한다. 이처럼 출산과 창작이 사회적으로 다른 입장에 있음에도 단지 몸 안에서 성장시킨 생명체를 몸 밖으로 고통스럽게 내보낸다는 점 때문에 창작을 출산으로 은유하기 쉽다.

또 다른 중요한 문제는 바로 출산의 고통이다. 우리는 정신적 고통을 언어로 표현할 때 주로 몸의 고통에 비유하는데, 마음이 아플 때 '가슴이 찢어지는 것 같다'고 표현하는 것 등이다. 극도의 고통과 경이로운 탄생의 순간이 동시에 일어나는 출산은 자신의 생산 활동을 가장 '창조적'이면서 '고통스럽게' 알릴 수 있는 행위로, 다른 고통을 빗대어 표현할 때 최고의 은유가 된다. 그러나 분만 자체는 오롯이 산모만의 경험이기도 하거니와 출간을 포함해 정신적 고통을 출산으로 은유하면 몸의 고통은 은폐되고 결국 소외되는 문제가 발생한다.

통념적으로 성역할은 생산을 남성성으로, 재생산을 여성성으로 구별한다. 그렇기에 예술가의 창조적 행위는 역사적으로 남성에게만 허락되었으며 여성에게 허락된 생산은 오직 출산이었다. 예술의 역사에서 여성의 진입을 막기 위해 별의별 짓이 다 벌어졌다는 점을 생각하면, 출산이 다른 '창조적 행위'를 은유하는 대상이 되는 것에 반대할 수밖에 없다. 정작 산모의 고통은 존중받지 못하기 때문이다.▲ 출산 이후 육아에 전념하느라 창작 활동을 하기 어려워지는 여성 작가들의 존재를 알면 알수록 창작을 출산으로 은유하는 것이 과연 누구의 입장인지 되묻게 된다. 가임기 여성이라 분류되는 경험도, 출산 이후 육아의 고민도 하지 않는 위치에 있을수록 '생명을 낳는다'는 점과 창작을 동일시하기 쉽다.

많은 예술작품에서 여성은 처녀에서 성모(혹은 창녀)로 순

▲ 영화 〈더 벙커〉, 〈백두산〉, 넷플릭스 드라마 〈오징어게임〉은 모두 사회적 임무를 수행하거나 거대한 힘과 맞서 싸우는 남편을 출산하는 아내와 대비시킨다. 아내가 출산하는 순간에 남편들은 대의와 맞서느라 아내 옆에 없다. 그리고 이 아내들은 제 옆에 있지 않은 남편을 원망하는 목소리를 낸다. 그렇게 여성이 겪는 고통을 '대의'와 나란히 놓으며 그 순간 남성들이 정작 해야 할 '진짜 중요한 일'을 극적으로 보여준다.

간이동하지만 그 사이에 몸이 겪는 실질적 고통은 사실상 은폐되어왔다. 더구나 기독교에서 출산의 고통은 여성이 치르는 죗값이다. 출산과 그 고통을 대하는 사회적 시선이 여성의 몸을 소외시키는 한, 이 은유는 이율배반적이다. 은유로서의 출산이 아닌 실제 출산의 고통이 구체적으로 서술될 필요가 있다. 아니 에르노의 지적처럼 "인정받는, 교육되어온 문학은 — 그러니까 본보기로 삼는 — 95퍼센트가 남성적"이며, "출산과 같은 여성 특유의 경험들은 단 한 번도 인정받지 못한 반면에, 전쟁과 여행처럼 남성적인 경험에 속하는 글쓰기의 주제들은 대단히 인정받"았다.[4] 노동과 마찬가지로 출산을 징벌로 이해한 역사 속에서 노동의 고통과 출산의 고통은 제대로 이해받지 못한 고통이었다.

한편 출산 장면이 고통스럽게 묘사되는 경우가 있는데 대체로 여성 작가의 글에서다. 예를 들어 도리스 레싱Doris Lessing의 단편 〈데비와 줄리〉에서 혼자 분만을 하는 줄리는 계속해서 '왜 책에는 이런 말이 쓰여 있지 않았는지' 원망 섞인 질문을 던지며 몸에서 벌어지는 일을 감당한다. 실비아 플라스Sylvia Plath의 《벨자》에서는 분만 장면을 목격할 때 여성에게 전달되는 공포를 서술한다. 주인공 에스더는 병원에서 우연히 분만 장면을 목격한다. 그때 에스더의 귀에 대고 한 의대생이 이렇게 말한다. "아가씨는 보면 안 되는데요. 아기를 낳고 싶지 않을 테니까요. 분만광경은 여자들한테 보여주면 안 돼요. 그랬다간 인류가 멸종할거거든요." 에스더는 분만 장면을 보기도 전에 분만대를 보는 것만으로도 이미 충격을 받는다. 온갖 도구와 철제 발걸이가 달린

침대를 보며 그는 고문대와 비슷하다고 생각한다. 이어지는 산모의 비명은 그에게 "인간 같지 않은 낑낑대는 소리"로 들리며, 산모에게 행해지는 제모와 절개, 산모의 몸에서 쏟아지는 피 등을 목격한다. 남자 의사는 에스더에게 산모가 진통제를 맞았기에 통증을 잘 모를 것이라 말하지만, 에스더는 오히려 진통이 지독해서 약을 잊게 될 것이라 생각한다.

고통을 말하는 일은 그 자체로 운동이다

몸의 고통은 철저히 사적이다. 혼자 끙끙 앓는, 말할 수 없는, 형언할 수 없는 고통이라 말하는 이유는 한 개인이 온전히 자신의 몸으로만 겪는 고통을 언어화하는 일이 실로 어렵기 때문이다. 몸 안에 갇힌 고통은 고통받는 사람의 비명과 몸부림 등으로 타인에게 겨우 전해질 뿐이다. 그렇기에 자식의 고통을 바라보는 부모의 입에서 많이 나오는 말이 '대신 아파해줄 수도 없고'이다. 몸의 고통은 분배할 수 없는 고통이다. 나눌 수 없으며, 위로가 통하지 않는 고통이기에 사랑하는 사람의 고통을 바라볼 때 원통한 마음이 가득해진다.

출산 후 사망한 영국의 여성운동가이자 작가인 메리 울스턴크래프트Mary Wollstonecraft가 겪은 고통은 다행히도 그의 남편 윌리엄 고드윈William Godwin의 꼼꼼한 메모 습관 덕분에 잘 남아 있다.▲ 울스턴크래프트의 경험은 18세기 말 의학이 여성의 몸을 대하던 방식을 잘 증명한다. 당시에 막 등장한 남성 산과 의사보다는 전통적인 여성 산파를 선호했던 울스턴크래프트는 산파의 도움으로 아이를 낳았다. 그러나 태반이 나오지 않는 위급한 상황이 발생하자 "위급한 경우에 남자를 부르는 것이 정상적인 관례"였던 탓에 고드윈은 어쩔 수 없이 산과 의사를 부른다. 고드윈은 당시의 심정을 "절망하고 있었다"고 적었다. 이 부부는 아직 전통적인 조산술이 아닌 산과에 대한 신뢰가 없었기 때문이다. 18세기에는 세균학에 대한 지식이 부족했기에 이 의사는 마취도 하지 않은 환자의 자궁 속으로 직접 손을 넣어 태반을 꺼내려 했다. 몸 안에서 찢어진 태반이 부패해갔고 울스턴크래프트는 끔찍한 고통 속에서 반복적으로 정신을 잃었다. 고드윈은 산과 의사의 개입으로 감염이 시작되어 상황이 더욱 비극적으로 흘러갔다고 믿었다.[5] 울스턴크래프트의 고통은 당시 다른 많은 여성들도 겪었던 고통이다.

나아가 산후우울증은 오늘날에야 널리 인식되지만, 한 세대 전까지만 해도 대중적으로 알려져 있지 않았다. 이름이 없었다고 해서 고통이 없지는 않았다. 메리 울스턴크래프트의 전기 속에는 이미 출산 후 심한 우울증에 시달리는 여성들이 등장한다.[6] 여성들이 출산 후 겪는 분노와 우울은 단지 이름이 없었을 뿐 실

▲ 출산 후 울스턴크래프트의 몸은 산욕열로 고통받으며 점점 부패되어갔다. 그 과정이 고드윈의 일기와 회고록에 남아 있다. 고드윈은 울스턴크래프트가 숨을 거둔 시각(1797년 9월 10일 아침 7시 40분)까지 기록했다.

재했다. 메리 울스턴크래프트의 동생 엘리자는 출산 후 심각한 우울증을 겪지만 엘리자의 고통에 대해 그의 남편과 가족들은 엘리자 개인의 성격 탓이라 생각했다. 이처럼 출산의 고통만이 아니라 출산 이후의 고통도 오랫동안 말해지지 않은 고통이었다.

출산의 고통은 영어로 'Labor pain'이다. Labor는 노동과 출산 모두를 뜻한다. 노동과 출산은 다른 개념이지만 고통이 은폐된 세계라는 면에서는 분명 공통점이 있다. 'Labor pain'이란 표현은 그래서 항상 흥미롭게 들린다. 은폐된 고통에 이름을 붙이고 구체적인 서사를 채우는 일은 비명을 언어화하는 작업이다. 비명 속에서 말을 찾고 고통의 이름을 정확하게 알아갈 때 고통의 연대가 구체적으로 이루어질 수 있다.

청자가 있는 고통은 조명받는다. 그러나 남들이 들어주는 고통은 절반의 고통일 뿐이다. 언어로 정리할 수 없거나, 비명이 되어 쏟아지는 소리로만 존재하여 고통의 청자를 만날 수 없을 때, 그래서 그 고통이 철저히 소외될 때, 고통은 진정 고통으로 존재한다. 설명되지 않는, 혹은 아무도 설명을 요구하지 않고 듣지 않으려는 몸의 고통을 구체적으로 말하는 일은 그 자체로 운동이다. 은폐되어 보이지 않는 고통을 보이도록 만드는 과정에서 고통의 주체를 새롭게 인식시키기 때문이다. 노동자의 산업재해처럼, 약자들의 고통일수록 오랫동안 이름이 없었다. 육체노동의 고통, 여성의 몸이 겪는 고통, 임신한 흑인 여성의 몸에 닥치는 위험 등에는 구체적인 서사가 있지만 권력이 없을수록 고통을 말하기 어렵고, 또 말한다 해도 들어줄 청자가 없다. 누구도 알아보지 못하는 고통이야말로 진정한 고통이 아닐까.

창작이라는 이름의 성착취
▼ ▼ ▼ ▼ ▼ ▼ ▼ ▼ ▼ ▼ ▼ ▼

흔히 창작자에게 자신에 대한 과시욕과 자기애가 필요하다고들 한다. 어느 정도는 그럴 수 있다. 하지만 정확히 말하자면 남성 창작자의 그 과시욕과 자기애는 폭력적일 정도로 관대하게 이해 받아왔으나 여성의 경우는 그렇지 않았다. 여성은 창작의 소재 이며 대상은 될 수 있지만, 스스로 창작자가 되려고 하면 '너는 남성의 성적 대상' 혹은 '진정한 생산은 출산'이라는 메시지를 꾸준히 받는다. 또 여성은 피그말리온의 조각상인 갈라테이아▲의 역할을 맡도록 장려받는다.

또한 창작을 통해 지배 행위의 쾌감을 느끼고 신의 대리자 라는 자아도취에 빠지는 남성 예술가들이 많다. 그들은 신을 대신해 여성과 동식물에게 이름을 붙였던 아담처럼 명명하는 권력 을 갈망한다. 게다가 실제로 고뇌한다기보다 '고뇌하는 자아'라 는 이미지를 통해, 권력과 제도 앞에서 자유롭지 않지만 '자유로 운 영혼'이라는 이미지를 통해 다른 방식의 권력을 얻고자 한다. 세상의 권위나 상식 따위를 가볍게 비웃으며 새로운 가치관을 던

▲ 그리스 신화에 나오는 조각가 피그말리온은 자신이 만든 조각상에 갈라테이 아라는 이름을 붙이고 진짜 사람을 대하듯 조각상을 사랑한다. 아프로디테 에게 갈라테이아를 진짜 사람으로 변하게 해달라 빌었고 아프로디테는 이 소원을 들어준다. 피그말리온은 사람이 된 갈라테이아와 결혼해서 아들을 낳는다.

지기보다는 오히려 제도권 안에서 예쁨받으려고 한다.

왜 끊임없이 여성 비하적인 작품이 생산되겠는가. 지배하고자 하는 욕망을 예술적 외피를 빌려 그럴듯하게 포장하기 때문이다. 정치적 목소리를 낼 때마다 여성을 소유하거나 소비하는 방식에서 벗어나지 못한다. 대통령 선거를 앞두고 상대 후보를 비판한다며 엉뚱하게 후보자의 아내를 공격하기 위한 노래를 만들고 벽화를 그리는 2021년의 상황에 어쩐지 기시감이 들었다.[▲] 대통령을 비판한다며 마네의 〈올랭피아〉를 패러디한 누드화 〈더러운 잠〉이 2017년 국회에 전시된 적도 있지 않은가. 탄핵소추안이 국회를 통과하여 이미 권력을 잃어가는 중이었던 박근혜를 풍자하는 뒤늦은 용기마저도 그저 '여성'을 조롱하는 방식으로 이루어졌다.

이렇게 인권 의식이 없는 수많은 남성들이 도처에서 이주노동자를 위한 작품을 만들고, 민중의 목소리를 전하고, 농민의 삶을 알리는 등 온갖 그럴듯한 탈을 쓰고 창작 활동을 하는 중이다. 여자를 인간으로 보지 않는 남성들의 창작은 역시 여자를 인간으로 보지 않는 남성들의 인정을 받으며 권력을 얻는다. 게다가 프리랜서로 일하는 예술인들의 불안정한 고용 상태와 부족한 복

▲　민중가수로 활동한 가수 백자가 2021년 7월 〈나이스 쥴리〉라는 노래를 발표했다. 이에 대해 민주노총 여성위원회는 사과와 반성을 촉구하는 입장문을 발표했다. 또한 그에게 민주노총 집회 무대에 나올 수 없다고 알렸다. 비슷한 시기인 2021년 7월 28일 서울시 종로구에 있는 서점 '홍길동 중고서점'의 외벽에는 일명 '쥴리 벽화'라 불리는 그림이 그려졌다. 그 벽화는 논란이 되자 8월 2일 철거되었다.

지, 위계질서를 더욱 강화할 수밖에 없는 각종 심사 제도 등은 젊은 예술가들이 겪는 성착취와 노동착취가 고발되기 어려운 구조를 만든다. 연극 연출가 이윤택의 예술적 성취는 이러한 성착취를 통해 이루어졌고, 그는 유죄판결을 받았다. 이들에게는 착취가 곧 성취다. 2018년 용기 있게 터져 나온 폭로가 없었다면 이윤택의 성범죄는 여전히 공론장에 나오지 못했을지도 모른다.▲

여성은 특히 시각예술에서 그 자신이 시각적으로 대상화되기 일쑤다. 실제로 여성 누드화가 본격적으로 아름다움의 대명사처럼 여겨지게 된 르네상스 시대에는 남성 화가가 여성의 몸을 그리는 것이 여성에 대한 성적 지배와 동일시되었다. 제 모델들을 존중하지 않았던 남성 작가들의 역사는 끝없는 넝쿨처럼 이어진다. 미국의 극사실주의 화가 척 클로스Chuck Close가 모델들에게 성희롱과 성추행을 일삼았던 사실이 2017년 폭로되면서 당시 예정되어 있던 전시가 취소되기도 했다.[7]

여성, 예술 그리고 성폭력

2021년 홍익대 미대 교수의 지속적인 성희롱과 언어폭력에 대해 학생들이 연대하여 폭로한 일이 있었다. 또, 2020년 여름에는 '미술가 Y 성희롱 사건'이 알려지기도 했는데, 남성 작가가 20대

▲ 2018년 3월 구속되어 그해 9월 징역 6년을 선고받았으며 2019년 최종적으로 유죄가 확정되었다. '미투' 운동으로 고발된 사람들 중의 첫 실형이었다.

여성 작가들을 성희롱한 사건이었다.▲ 당시 그의 사과문에서 인상적으로 기억하는 내용은 '늘 주변의 경고가 있었다'는 고백이다. 그러니까 그는 주변에서 경고할 정도로 공공연하게, 지속적으로 성희롱 발언을 했음에도 안전했다. 이 성차별적 행위가 '주변'을 뚫고 나와 공적 영역에 알려졌을 때 비로소 '사과문'이라는 것을 쓰며 창작을 그만두겠다고 했다.

미국의 평론가 낸시 프린슨솔Nancy Princenthal은 2019년 《말할 수 없는 행동: 1970년대의 여성, 예술 그리고 성폭력》[8]을 출간했다. 프린슨솔은 이 책에서 문화적 자유를 갈망하고 정치적 진보 담론이 거세지던, 소위 저항의 시대로 기억하는 1970년대에 성폭력이 '전염병처럼Epidemic levels' 퍼져나갔다고 표현한다. 나는 성폭력이 '전염병'으로 은유되는 것은 정확하지 않다고 생각하지만 그가 왜 그렇게 말하는지는 이해한다. 그 정도로 만연했기 때문이다.

프린슨솔은 페미니스트 예술가들에 의해 이루어진 성폭력 폭로 작업이야말로 예술사에서 중요한 순간이라고 본다. 책에는 낸시 스페로Nancy Spero, 애나 멘디에타Ana Mendieta, 주디 시카고Judy Chicago, 오노 요코Yoko Ono, 마리나 아브라모비치Marina Abramovic 그리고 수잔 레이시Suzanne Lacy 같은 작가들이 다양한 퍼포먼스

▲ 미술 그룹 믹스라이스의 일원 Y작가가 서울문화재단 용역 사업을 함께했던 여성 미술인 두 명을 성희롱한 사건이다. 믹스라이스는 이주노동자를 주제로 꾸준히 작업해왔고, 2016년 국립현대미술관에서 주최하는 '올해의 작가상'을 수상했다.

와 설치작업 등을 통해 성폭력에 대한 공개 발화의 장을 만든 내용이 나온다. 특히 프린슨솔은 수잔 레이시의 작품을 중점적으로 다룬다. 1972년 레이시는 〈강간이란Rape Is〉이라는 제목의 소책자를 만들어 성폭력이 여성 다수가 경험하는 '보편적 폭력'임을 알리려고 했으며, 강간 피해자의 증언을 듣고 관객들이 피해자의 내면을 간접 경험하도록 이끌었다. 이것은 창작이며 운동이었다. 레이시와 같은 여성 창작자들은 미술관과 극장을 벗어나 길거리를 창작의 무대로 전환시켜 폭로이자 증언인 행위예술을 만들었다.

한국에서 많은 여성 창작자들에 의해 이어지는 예술계 성폭력 폭로도 그 자체로 저항하는 행위예술이나 다름없다. 성적 지배는 여성을 개인이자 인격체로서 이 사회에 존재하지 못하도록 퇴출시키려는 적극적 행위다. 과장이 아니다. 실제로 수많은 성폭력 피해자들이 직장에서 퇴사하거나 학업을 그만둔다. 그러나 여성들은 '앞으로 이 바닥에 발도 못 붙이게 하겠다'라는 흔해 빠진 권력의 수사를 비웃으며, 그 착취의 세계에 발붙이는 것이 아니라 다른 세계가 되도록 판을 갈아엎는 중이다. 그들의 증언은 예술사의 한 장르를 만들 것이다. 가해자들이 원하는 것은 피해자의 침묵과 제삼자들의 망각이다. 길고 긴 폭력의 역사를 감안하면, 여성 예술가와 성폭력의 역사에 대해 말하는 일은 이제 겨우 시작되었을 뿐이다. 성폭력 폭로는 세상에서 가장 긴 퍼포먼스 예술이 될 것이다.

노동

노동이 '죗값'이 아님에도

공부와 노동의 온기
▼▼▼ ▼▼▼▼ ▼▼

"우리 공동체를 이끌 미래 인재들의 공부와 연구를 직접 방해하는 행위는 금기가 아닐까."

서울대 시설관리 노동자들의 파업으로 도서관 난방이 멈추자 이 도서관의 관장인 사회학과 교수가 2019년 2월 11일 조선일보에 기고한 글의 일부이다.[9] 이 글을 읽으며 잊고 있었던 한 문장이 퍼뜩 기억 속에서 되살아났다.

"정권은 짧지만, 우리가 이끌어갈 대한민국의 미래는 길다."

2016년 박근혜 퇴진을 외치던 서울대 총학생회 시국선언의 마지막 문장이다. 두 글에는 공통점이 있다. 당시에 나는 이 문장의 '우리'가 누구일까 궁금했다. "저항의 선봉에 설 것이다"던 그들은 누구이며 누구를 위해 저항의 선봉에 서겠다는 뜻이었을까. 나아가 그 '우리'는 왜 자신들이 '선봉'에 서야 한다고 생각했을까. 그런 생각들을 흘려보냈던 기억이 난다. 노동자들의 파업 앞에서 서울대 사회학과 교수의 글을 읽으니 그제야 '우리'의 정체가 누구인지 확실하게 깨달았다. '그들'의 글에서는 자신들이 미래를 이끌 주체라고 확신하는 태도가 확연히 드러난다. '그들'이 말하는 '우리'는 청년 세대 전체가 아니라 서울대에서 공부하는 '그들'에 한정된다.

노동자들의 파업에 대한 학생들의 입장은 오히려 다양하다. 정작 사회학과 학생회는 파업에 지지 성명을 냈다. 총학생회도 입장을 바꿨다. 그럼에도 보수 언론은 학생들의 목소리를 편파적으로 구성하여 노조 파업으로 인한 학생들의 피해 상황만 왜곡 보도했다. "패딩 입고 핫팩 쥐고 공부"[10]라고 묘사하면서 학생들의 '공부에 피해'가 간다는 점만 강조했다(참고로 도서관 실내 온도는 16~17도였다고 한다).

가장 경악스러운 건 앞서 언급한 서울대 교수의 기고다. 이 글을 요약하면 '서울대 학생이 공부해야 하는데 어디 감히 노동자가 방해하느냐'이다. 이 글에 따르면 서울대에서 파업하는 노동자들은 '기성세대 꼰대'이다. 노동자 '계층'은 기성'세대' 꼰대이며 젊은 학생들은 난방만 열악해져도 생명의 위협을 느끼는 응급실 환자처럼 위급하고 약한 존재다. 그는 도서관 난방 파업을 응급실 폐쇄와 다를 바 없다고 주장했다. 사회학자인 글쓴이는 "사회학적 상식"을 언급하며 파업하는 노동자들을 비난했다. 학생들이 불편을 겪는 건 사실이겠으나, 이 불편이 발생한 맥락을 이해하고자 하는 "사회학적 상식"이 있다면 이런 발상은 불가능하다.

이 글은 '볼모'를 6번, '금기'를 5번, 심지어 '인질'이라는 어휘까지 사용하면서 파업을 악랄한 행위로 표현하기 위해 애를 쓴다. '볼모'는 파업과 시위를 비난하기 위해 늘 등장하는 수사다. 선량한 시민을 볼모로, 무고한 시민을 볼모로 노동자나 장애인이 시위를 한다고 말한다. 이때 시위하는 사람은 선량하고 무고한 시민을 볼모로 잡고 괴롭히는 악인이 되어버린다. 특히 도서관을 파업과 시위의 공간이 될 수 없는 '금기' 구역이라고 당당히 주장할 수 있는 이유는 이 사회가 '공부'라는 행위에 어마어마한 권력을 부여하기 때문이다. '학업과 연구'는 '노동'보다 가치 있고 우위에 있다는 인식이 있기에 이러한 주장이 가능하다. 라인홀드 니버Reinhold Niebuhr가 정리한 대로, 사회의 지배계급은 "자신들의 특권이 보편적 이익에 봉사한다는 이론을 옹호할 수 있는 교묘한 증거와 논증을 창안해내려고 노력"한다.[11] 바로 소수의 엘리트가 대한민국의 미래를 이끄니까 이들의 공부를 위해 주변 사람들이 희생해야 마땅하다는 특권의식이다. 보수 언론에서는 학생들이 준비하는 시험의 종류를 읊어댄다. 곧 회계사, 고위공무원, 법조인 등이 될 '미래'의 앞길을 감히 노동자들이 막느냐고 으름장을 놓는 격이다. '민중은 개돼지' 발언으로 파면된 공무원[▲]의 태도가 결코 개인의 일탈적 행위가 아니었음을 알 수 있다.

난방은 재개되었다. 청소노동자들의 휴게 공간에 대해서는 발휘되지 않던 "사회학적 상식"은 도서관 난방 앞에서는 활활 타올랐다. 온기를 누렸던 사람들이 그 온기를 빼앗기지 않으려 하는 힘은 강하다. 반면 늘 추운 곳에서 사는 사람들은 쉽게 외면

▲ 나향욱 전 교육부 정책기획관은 2016년 7월 한 언론사와의 식사 자리에서 "민중은 개돼지"라고 발언한 사실이 보도되면서 사회적 비난을 받았다. 나향욱은 파면되었지만 이에 불복해 소송했다. 2018년 8월 공무원 신분을 회복했으나 강등되었고, 나향욱은 강등 처분 취소 소송을 냈으나 받아들여지지 않았다.

당한다. '노동자를 갈아 넣은'이라는 표현은 과장된 수사가 아니라 극사실적 묘사다. 굴뚝 위에서 겨울을 두 번 보냈던 노동자*에게 필요했던 '온기'에 대하여, 그리고 426일간의 그 싸늘한 외면에 대하여, 이 사회의 "사회학적 상식"은 무엇을 말하고 있는지 궁금하다.

공부 좀 할걸
♩ ♩ ♩ ♩ ♩

"공부 좀 할걸." 우리 사회에서 흔하게 들을 수 있는 후회다. 남녀노소 누구에게나 인생에서 가장 많이 하는 후회가 뭐냐고 물으면 "공부 좀 할걸"이라고 한다. 한국처럼 열심히 공부하는 사회도 드문데 모두들 공부를 안 했다는 후회를 한다. 그리고 과잉 노동과 저임금을 공부 안 한 '내 탓'이라고 받아들이는 정서를 일상에서 어렵지 않게 마주친다. 부모들의 공부에 대한 미련과 후회는 자식들을 향한 빛나는 교육열의 원천이 되고 너도나도 "공부 안 하면 너만 손해다"라고 가르친다.

여기서 말하는 공부는 '괜찮은' 대학을 나와 '번듯한' 직장을 가지고 '좋은 조건의' 배우자를 만날 수 있는 토대를 말한다. 공부를 잘해서 개인의 성공을 이루고 부모의 체면 유지, 혹은 집안의 계층 상승에 기여하는 것은 미덕이며 가장 큰 효도나 다름

▲ 금속노조 파인텍지회 홍기탁 전 지회장과 박준호 사무국장은 75미터 굴뚝 위에서 2017년 11월에서 2019년 1월까지 426일간 고공농성을 했다. 세계 최장 고공농성 기록이다.

없다. 열아홉 살에 치르는 대입 시험이 인생을 좌우하니 부모들의 치열한 사교육도 이해 못 할 일은 아니다.

교육열이 높은 이유는 개인이 모든 것을 책임져야 하는 사회이기 때문이다. 미국의 오바마 전 대통령까지 배우자고 했다던 한국의 교육열은, 실은 공부 못한 사람으로 멸시당하지 않기 위한 발버둥이다. '치맛바람'이라는 말로 엄마들을 상스럽게 욕하지만 정작 상스러움은 다른 곳에 있다. 고된 노동이 마치 '공부 못한 죄'로 받게 되는 형벌처럼 여겨지는 것이 그것이다. "공부 안 하면 저렇게 된다"는 말이 보여주듯 노동환경의 많은 문제점은 사회적 의제가 되기보다 '능력 없는' 개인이 당연히 짊어져야 할 짐이 되었다. 그리고 공부 안 한 '손해'를 너무들 '착하게' 수긍한다. 노동은 왜곡되었고 노동자는 패배자가 되었다. 그래서 보수 언론은 노동자의 연봉에 대한 왜곡 기사를 심심치 않게 생산한다. "억대 연봉 택배 기사", "신의 직업"이라고 과장되게 말하듯이, 노동자가 고액 연봉을 받으면 사회는 유난히 호들갑을 떤다. 우리 마음속에 뿌리 깊이 자리 잡은 육체노동과 정신노동의 위계 탓이다. 게다가 그 고액 연봉을 받는 노동자도 실은 극히 일부일 뿐이다. 몸은 아주 훌륭한 상품이 되었지만 그 몸을 통해 이루어지는 노동은 경시받는다.

노동을 숭배하거나 찬양하자는 것이 아니다. 노동은 고통스러우면서 한편으로는 보람을 준다. 문제는 노동의 위계다. 혁명 시인이었던 러시아의 블라디미르 마야콥스키Vladimir Mayakovsky도 그의 시 〈노동자 시인〉에서 "하지만 시인들이 하는 일은 더욱 훌륭한 일인데…"라며 헷갈리는 태도를 보였다. 이 오래된 위계는 육체와 정신의 위계와도 관련 있다. 그런데 과연 육체와 정신은 분리될 수 있는가. 존재란 실체가 아니라 행위다. 행위는 육체와 정신의 분리로는 불가능하다. 안질환, 온갖 신경성 질병 등 정신노동 또한 몸에 흔적을 만든다. 육체노동과 정신노동의 구분조차 모호하다. 육아는 정신노동인가 육체노동인가. 가정방문 학습지 노동자는 지식노동자인가 육체노동자인가.▲ 노동, 그러니까 모든 살기 위한 '몸부림'은 '마음고생'을 동반한다. 그러니 육체노동과 정신노동을 엄격히 분리하는 것도, 위계를 나누는 것도 모두 불가능하며 어불성설이다.

"태초에 노동이 있었다"는 김남주 시인의 시구처럼, 노동은 인간 사회의 본질이다. 숭배의 대상도 패배의 징표도 아닌, 살아 있는 자의 행위다. 노동과 삶의 균형을 뜻하는 신조어 '워라밸 Work and Life Balance'은 오히려 노동과 삶을 분리시킨다. 나는 노동해방은 가능하지 않으며 지향해야 할 가치라고 생각하지도 않는다. '해방'을 말할수록 노동은 소외된다. 노동 해방에 관해 말하기보다 노동의 가치와 노동자의 권리에 대해 인식하는 것이 먼저다. 그것이 우리가 하지 못한 '공부'일 것이다. 노동을 어떻게 대할 것인가. 정당한 노동의 대가를 지불하며 최선을 다해 안전한 노동으로 만들 것인가, 아니면 계속해서 '노동'을 공부 못한 사람

▲　학습지 교사는 여전히 근로자성을 인정받지 못하는 '개인사업자'이다. 대법원은 2018년 학습지 교사의 노조법상 근로자성을 인정했지만, 근로기준법상으로는 근로자로 인정하지 않았다.

의 징벌로 취급할 것인가.

'노오력'을 말하는 사람들은 이해하지 못할 비유를 소개한다. "우리의 '공부 못하는 학생들'은 학교에 결코 홀로 오지 않는다. 교실에 들어서는 것은 한 개의 양파다. 수치스러운 과거와 위협적인 현재와 선고받은 미래라는 바탕 위에 축적된 슬픔, 두려움, 걱정, 원한, 분노, 채워지지 않는 부러움, 광포한 포기, 이 모든 게 켜를 이루고 있는 양파."[12] 공부와 노동의 위계에 의구심이 없다면 켜켜이 싸인 양파처럼 고통의 겹을 두른 이들의 언어를 이해할 리 없다. 고통의 언어를 듣지 못하는 귀는 죽음의 비명마저 듣지 못한다.

죽음의 숫자

2015년 나는 운 좋게 미국 미니애폴리스에서 미국노동총연맹 AFL-CIO 위원장인 리처드 트룸카Richard Trumka의 강연을 들을 기회가 있었다. 그는 중간에 이런 질문을 했다. 미국에서 자신의 일터에서 사망하는 사람이 하루에 몇 명인 줄 아십니까. 아무도 제대로 답을 못하는 동안 그는 "하루에 170명"이라고 알려주었다. 3억이 넘는 미국 인구를 감안해도 놀라운 숫자였다. 게다가 당시에 노동부에서 공식적으로 발표한 미국의 산재 사망자는 1년에 4500명 정도였는데 노총의 집계는 공식 집계와 엄청난 차이가 있었다. '일터에서의 사망'에 대한 인정 범위가 서로 다르기 때문이다. 이어서 트룸카는 이렇게 말했다. "여러분, 테러로 매일 170명이 죽는다고 생각해보세요. 다들 난리가 나겠죠."

코로나19 확진자 '숫자'가 매일 경신되자 나는 당시 그의 질문이 다시 떠올랐다. '테러'를 '감염병'으로 바꿔 생각해보자. 매일 발표되는 코로나19 확진자의 숫자는 우리를 긴장하게 만든다. 확진자가 4명이었던 2020년 1월 말에도 대중교통 안에서 마스크를 착용한 사람이 반 이상이었다. 2월 말 확진자가 폭증한 이후로는 공공장소에서 마스크를 쓰지 않으면 눈치가 보였고, 실내 공간의 경우 마스크 없이 입장할 수 없는 곳이 늘어났다. 마스크 대란이 일어나자 정부는 공적 마스크 생산을 위한 대책 마련을 했다. 바이러스 차단을 위한 마스크 착용에는 이처럼 정부와 개인이 협심하여 공을 들인다.

어떤 숫자는 모두의 관심을 받지만 어떤 숫자는 공유되지도 못한다. 나날이 발표되는 확진자와 사망자 숫자처럼, 노동 현장의 사고를 숫자로 보여준다면 과연 어떤 모습으로 드러날까. 고용노동부에서 매일 오전 10시에 전날 산재 사망자와 부상자 숫자를 발표하고, 전 세계 나라들의 산재 사망자 숫자와 비교하며 'K-노동'의 현실을 실시간으로 공개한다면 어떤 일이 벌어질까. 과연 현재의 감염병 상황처럼 많은 사람들이 불안해할까.

실은 매일 6명이 산재로 사망한다는 보고가 꾸준히 언론을 통해 발표되지만 쉽게 잊힌다. 테러나 감염병이 우리를 긴장하게 만드는 이유는 '나도 당할 수 있다' 혹은 '나도 걸릴 수 있다'는 불안 때문이다. 반면 산업재해는 '내가 노력하면' 피할 수 있는, '나와 무관한' 일로 생각한다. 산업재해는 감염병보다 훨씬 더 계층의 문제와 밀접하기 때문이다. 게다가 바이러스는 비정치적인 공통의 화두라 여기면서 노동이나 젠더 등은 특정 정치적 성향을 드러내는 불편한 화제라는 인식이 있다.

숫자는 객관적이고 정확하지만 숫자에 감정이입하는 인간의 태도는 결코 객관적이지 않다. 숫자는 선택적으로 호출된다. 언론에서 코로나19 사망자 숫자를 전쟁 사망자와 비교하는 모습을 유심히 관찰해보았다.

2020. 4. 29.
"사망자는 5만 8천351명으로 집계됐다. 이는 10년 이상 전개된 베트남전에서 사망한 미국 군인 5만 8천220명을 넘어서는 것이라고 CNN은 전했다."

2020. 9. 20.
"사망자 20만 명에 대해 뉴욕타임스NYT는 '베트남전과 한국전쟁에서 전사한 미군 수의 거의 2.5배'라고 지적했고 CNN은 '한국전쟁, 베트남 전쟁, 이라크 전쟁, 아프가니스탄 전쟁, 걸프 전쟁 등 가장 최근에 벌어진 5개 전쟁의 전사자를 합친 것보다 많다'고 전했다."

2020. 12. 12.
"미 코로나19 사망자, 제2차 세계대전 미군 전사자 수 넘어"

2021. 2. 22.
"사망자 50만 명 넘어. 뉴욕타임스NYT는 '미국은 1·2차 세계대전과 베트남 전쟁 전사자를 합친 것보다 많은 코로나 19 사망자를 냈다'고 전했다."

미국 언론은 자국의 코로나19 사망자 숫자를 전할 때 미국이 참전한 전쟁 사망자 숫자와 비교하며 그 규모를 강조했다. 이 숫자들은 물론 미군의 사망자 숫자이다. 예를 들어 베트남 전쟁에서 베트남인은 최소 95만 명에서 최대 200만 명이 사망한 것으로 추정한다. 베트남전에서 사망한 미국 군인은 5만 8천220명으로 비교적 정확하게 그 숫자를 파악할 수 있지만, 베트남인의 경우 민간인 사망자가 많아 그 숫자를 정확하게 헤아리기 어렵다. 그렇지만 최소 숫자만 놓고 보아도 사망한 베트남인의 수는 미군 사망자의 16배이다. 이처럼 '베트남 전쟁'이라 부르고, 베트남 사망자 수가 더 많은데도 항상 죽음의 규모는 미국의 사망자 숫자를 중심으로 파악된다. 어떤 죽음은 더 중요한 상실처럼 여겨지는 것이다.

어떤 신화의 불편함

문재인 전 대통령은 2020년 5월 노동절 메시지에서 노동자는 이 사회의 '주류'라고 했다. 마치 '이제는 여자들 세상'이라는 말처럼 어울리지 않는 표현이다. 뒤이어 "산재는 성실한 노동의 과정에서 발생합니다"라고 했다. 노동자 내부가 신분화되고, 기업이 사람을 부품 교체하듯이 가볍게 여기도록 이끄는 낮은 벌금 액수

를 생각하면 아무리 선해하려 노력해도 이 메시지를 이해할 수
없다.

기업은 산재를 막을 줄 안다. 몰라서 못 막는 것이 아니다.
추락사고를 막으려면 안전망과 안전고리가 필요하고 화재 사망
사고를 막으려면 샌드위치 패널을 없애야 한다는 것을 다 안다.
그러나 이런 사실을 알아도 이윤을 위해 실행하지 않는다. 더구
나 산재가 발생했을 때 어떤 '신분'의 노동자가 죽느냐에 따라 기
업의 점수가 다르게 깎이기 때문에 산재 대비에도 우선순위를 둔
다. 즉, 산재는 성실한 노동의 과정에서 '어쩌다 운이 나빠' 발생
하는 게 아니고, 기만적이고 불성실한 안전 시스템에서 철저한
자본주의적 계산과 논리에 의해 발생한다.

2020년 4월 총선 개표 방송을 보다가 불협화음처럼 귀에
거슬리던 한마디가 있었다. "고졸 신화 양향자!" 양향자는 이미
2008년에 석사 학위를 받았음에도 여전히 '고졸 신화'의 주인공
이다. 그가 '고졸 출신' 최초로 삼성의 임원이 되었기 때문이다.
이 '고졸 신화'가 불편한 이유는 우선 학력주의를 소환해서지만,
신화 주인공의 행보와도 관련 있다. "국가 경쟁력과 기업 경쟁력
을 높이기 위해서 노동 유연성을 확대하는 일은 꼭 필요하다"라
는 양향자의 발언은 성공 신화를 쓴 수많은 사람들에게서 들을
수 있는 전혀 신화적이지 않은 이야기다. 자본의 입장에 서는 많
은 사람들이 노동 '유연성'을 말하며 현재 우리 사회의 노동 '경
직성'이 문제라고 방향을 잡는다. 유연성과 경직성이라는 구도
속에서 기업의 무분별한 해고와 산재에 대한 무책임은 '유연성'

의 형태가 된다. 노동시장은 이미 충분히 유연하다. 너무 유연해서 여기저기에서 뚝뚝 끊어지고 녹아내리는 중이다.

지금 우리에게 필요한 것은 상승에 관한 신화가 아니다. 하강하는 인간을 막을 구체적이고 물리적인 연대의 매트리스다. '공부 안 하면 저렇게 된다'는 말은 하나의 관용구로 자리 잡았다. 누군가를 가리키며 '저렇게 된다'라고 말해도 도덕적으로 문제의식을 갖지 않는다. '저렇게'는 이 사회가 추구하는 능력에 따른 결과이고 능력주의 사회에서 능력은 곧 도덕이기 때문이다. 나아가 '능력 없음'은 마치 인격체로서의 '자격 없음'처럼 여겨지기도 한다. 그렇기에 면전에서 한 인격체를 대상화할 수 있다.

'갈아 넣은'
ⵑ ⵑ ⵑ ⵑ

죽음의 숫자를 아무리 강조한다고 한들, 여전히 찜찜함이 남는다. 죽음의 숫자는 여전히 죽음의 인격체를 보여주지 않는다. 숫자는 뚜렷하게 피해를 알리는 역할을 하면서 동시에 건조하다. 숫자에는 피가 흐르지 않는다. 그래서일까. 때로는 노동자의 고통을 전하기 위해 죽은 몸의 피해 정도를 시각적으로 상상할 수 있도록 묘사한다. 그들의 몸이 물리적으로 어떤 피해를 입었는지 구체적으로 묘사해야 직접 경험하지 않은 사람들이 피해의 강도를 비교적 잘 상상할 수 있기 때문이다.

'노동자를 갈아 넣은'이라는 수사는 현상의 잔인함을 탁월하게 묘사하면서 한편으로는 잔인함에 익숙해지게 만들 수 있다는 경계심을 불러온다. 게다가 '갈아 넣은'이라는 표현은 단지 수사가 아니라 때로 사실에 대한 구체적 묘사가 되기도 한다. 실제로 노동자의 몸은 끼이고, 깔리고, 떨어지고, 절단되고, 으깨지고, 부러지고, 갈리고, 심지어는 녹는다.▲ 산재로 사망한 노동자의 몸은 현장에 있던 목격자이자 또 다른 노동자에 의해 '실감 나게' 전달된다. 사망한 노동자의 몸을 우리는 어떻게 묘사하는가. 그리고 묘사해야만 하는가. 묘사하지 않는다면 공분을 불러오기 부족한가. 과연 묘사를 통해 구체적인 정황을 이해할 수 있는가. 그렇다면 묘사된 몸으로 남게 될 한 인간을 대상화할 위험은 없는가. 노동자의 훼손된 신체를 말하는 방식에 대하여 나는 꾸준히 의문을 품어왔지만 어떻게 해야 할지 아직도 정확하게 판단하지 못했다. 고통을 전달하기 위해, 사안의 심각함을 알리기 위해 불가피하다고 생각할 수도 있다. '해고는 살인이다'라는 표현은 어떠한가. 지나친가. 실제로 많은 노동자들이 해고 후 삶을 떠났다. 해고가 살인으로 연결된다는 직설적인 표현은 충분히 울분을 끌어낸다. 그렇지만 해고 이후의 삶이 없다는 극단적 구호가 혹시 노동자들을 더욱 좌절하게 만들지는 않는가. 그런 위험은 없는가. 다시 말해, 노동자들이 입는 피해를 끔찍하고 고통스러운 상태로 묘사하지 않으면 이들이 겪는 부당함을 우리 사회가 더는 인지할 수 없게 된 것은 아닌지 의구심이 생긴다.

이탄희 의원의 '목숨값 올리기 프로젝트'는 산재 피해자들

▲ 나는 사람들이 몸들이 입는 피해에 대해 묘사할 때 동물, 곧 '고기가 된 동물'을 다룰 때와 동일한 표현 방식을 사용한다는 점을 떠올린다.

을 위한 좋은 의도에서 시작되었다. 죽은 사람의 '목숨값'을 올리면 이윤을 생각하는 기업 입장에서도 실제로 산재 피해를 줄이려고 애쓸 것이라는 생각에서다. 살아 있는 사람에게 몸값이라는 말은 흔하게 쓰인다. 능력과 인기에 따라 몸값은 오르기도 하고 떨어지기도 한다. 그 연장선에서 죽은 사람의 '목숨값'을 언급하는 게 크게 무리 없어 보일지도 모른다. 그러나 이 좋은 의도에도 불구하고 정말 이렇게밖에 말할 수 없는지에 대한 의구심이 지워지지 않는다. 이제 노동자들은 '목숨값'이 매겨져 본격적으로 대상화된다.

대체로 살아서 목소리가 제대로 전달되지 않는 위치에 있을수록 몸이 증거가 된다. 고통을 가하는 구체적인 무기와 신체의 훼손에 대한 묘사 없이는 고통을 이해하기 어려운 인간의 습관은, 때로 타인의 고통을 강렬하게 전달하기 위해 고집스럽게 고문 도구와 방식을 묘사하게 만든다. 300킬로그램의 철판에 깔렸다는 사실이 반복적으로 묘사될 때, 피해자의 비극적 죽음을 쉽게 상상할 수 있다는 장점도 있지만 동시에 그 고통의 현장이 머릿속에서 반복되며 하나의 스펙터클이 될 위험도 간과하기 어렵다. 한편 시각적 재현이 어려운 고통일수록 소외되기 쉽다. 전쟁의 참상을 이해할 때 신체가 절단된 사람의 모습이나 파괴된 도시의 모습은 사진으로 쉽게 드러나지만, 사진에 찍히지 않은 수많은 강간은 쉽게 잊힌다는 사실을 손택이 지적했듯이, 시각적 스펙터클로 고통을 이해하는 습관은 역설적으로 시각적으로 드러나지 않는 고통을 이해하는 데 한계가 되기도 한다. 나아가 살아서 말하고 싸우는 노동자의 목소리보다 고통에 짓눌려 비명을 지르는 대상화된 피해자를 더 쉽게 기억하게끔 만든다. 그런 면에서 노동자의 '목숨값'이라는 표현은 노동자의 인격을 침해할 소지가 있다.

자본주의 사회에서는 노동자의 말보다 자본가의 말이 훨씬 높은 권위를 가진다. 2020년 이건희 전 삼성 회장의 사망 이후 그의 어록, 혹은 명언들이 온 언론에 게시되었다. 그는 죽어서도 목소리가 되어 생존한다. "200~300년 전에는 10만~20만 명이 군주와 왕족을 먹여 살렸지만 21세기에는 탁월한 한 명의 천재가 10만~20만 명의 직원을 먹여 살린다"는 말도 이건희의 어록 중 하나로 꼽힌다. 천재나 인재 혹은 기업이 수많은 사람을 '먹여 살린다'고 강조함으로써 실은 얼마나 많은 노동자들이 기업을 먹여 살리느라 목숨을 잃었는지는 망각한다. 자본가의 어록을 체화할수록 노동자의 몸은 더욱 대체 가능한 물질이 된다.

얼굴 없는 손발 노동
ⵑ ⵑ ⵑ ⵑ ⵑ ⵑ ⵑ

내가 처음 목격한 인간의 손발 노동은 재봉틀 앞에서 작디작은 인형옷을 만들던 엄마의 가내 수공업 현장이다. 발은 발판을 밟아 동력을 만들고 손은 박음질하는 바늘 주변에서 재빠르면서도 섬세하게 움직인다. 작은 인형옷에는 얇고 찢어지기 쉬운 레이스가 달리고 아주 작은 스팽글과 구슬 등이 촘촘히 달린다. 손과 발은 집중하는 눈과 고도의 협력을 하며 화려하고 다양한 인형옷을 만들어낸다. 노동은 사람에 의해 이루어지며 그 사람은 삶이 있다. 그들은 사후에 목숨값이 매겨지는 대상이 아니라 살아서 제 삶을 살아가려는 사람이다.

2005년 미국의 패스트푸드점 웬디스Wendy's에서 일명 '손가락 칠리 사건'이 있었다. 붉은 칠리수프 안에서 실제 사람의 손가락이 나왔고, 그 음식을 먹은 부부는 웬디스를 상대로 배상을 요구했다. 반전은 이것이 자작극이었다는 사실이다. 웬디스는 기업에 손해를 입혔다며 이들을 고소했다. 부부는 각각 9년과 12년형을 받았다. 미국의 사회비평가 바버라 에런라이크Barbara Ehren-reich는 이 사건에서 손가락의 '출처'에 관심을 둔다.[13] 그 손가락은 자작극을 벌인 부부가 지인에게서 '제공'받은 것이었다. 범인들은 아스팔트 공장에서 일하다가 산재로 손가락이 절단된 지인의 몸을 가져와 칠리수프에 넣었다. 그런데 과연 이 손가락을 잃은 사람은 산재로 얼마나 보상받았을까. 노동자의 신체가 훼손되었다고 기업이 10년 안팎의 형을 받진 않는다. 신체를 훼손시킨 것에 대한 처벌보다 기업의 이미지를 훼손시킨 사람에 대한 처벌이 훨씬 더 가혹하다. 노동자의 손과 발은 이 사회에서 수많은 부품 중 하나로 취급받는다. 반면 기업은 이 사회의 '머리'로 군림한다.

고위공직자범죄수사처공수처가 만들어질 때 보수 진영에서는 이 기관이 "대통령의 수족이 될 우려"가 있다고 지적했다. 수족은 보통 권력이 없는 하수인을 은유할 때 사용된다. '수족 부리듯이'라고 하면 상대를 깔보면서 부려먹는 상황을 일컫는 것이다. 이처럼 은유로서의 신체는 우리 몸의 위계와 연결된다. 인간의 몸은 팔다리가 없어도 생명을 유지할 수 있지만 머리 없이는 살 수 없기 때문에 수족은 가장 분주히 움직이는 신체 부위이지만 하대받는다. '손발'에 대한 멸시는 바로 이 지구에서 손발 노동을 담당하는 사람들을 멸시해도 괜찮다는 정서로 이어진다. 2020년 12월 경기도 안양의 한 식품공장 설탕 보관 창고를 청소하던 노동자 두 명이 갑자기 무너져 내린 설탕 더미에 깔렸고, 결국 40대 노동자 한 명이 사망했다. 달콤한 설탕이 누군가의 생명을 집어삼켰다. 설탕의 단맛이란 태생부터 고통의 쓴맛을 통과한 맛이다. 사탕수수 농장에서 노예들의 가혹한 손발 노동으로 얻은 맛이기 때문이다. 오늘날 농장의 노예는 사라졌으나 노동자들은 설탕 창고를 청소하다가 죽는다. 이 사고로 죽고 다친 노동자들은 외주 인력이었다. 이제 손발 노동은 외주화된다. 설탕에 깔렸지만 범인은 설탕이 아니다. '머리'들은 이 외주화한 '손발'에 대한 책임감이 없기에 노동자들의 안전에도 무심하다.

건물 외벽을 청소하던 노동자가 추락한다. '추락했다'고 과거형으로 쓸 수 없을 정도로 자주 발생한다. 2018년에서 2020년 사이에만 39명이 추락해 사망했다. 평균적으로 한 달에 한 명이 넘는 셈이다. 달비계에 대한 안전규정이 무의미했다고 한다. 달비계는 단단한 작업용 로프와 작업대로 만들어져 노동자의 몸을 받쳐주는 그네처럼 생긴 장치다. 공중에 매달려 발 디딜 곳 없이 작업하는 노동자를 위한 최소한의 안전장치다.

이렇게 위험한 작업을 비숙련 아르바이트생에게 맡긴다.

2021년 9월 서울 구로구 한 아파트의 외벽 청소를 하다 20층 높이에서 추락사한 20대 초반 노동자는 입대 전 돈을 벌기 위해 아르바이트를 하던 비숙련 노동자였다. 육체노동을 하는 사람도 반복적 노동을 통해 분명히 지식을 체득하지만 그 지식에 권위가 부여되지는 않는다. 그래서 노동의 숙련도는 존중되지 않고 그저 단가를 맞추기 위해 저임금으로 비숙련 노동자에게 위험한 일을 넘기거나 두 명이 할 일을 한 사람에게 맡긴다. 이러한 의도적 무지와 방치 속에서 손발 노동을 하는 사람들은 추락하고 깔린다. 그들의 손발은 공중에 떠 있거나 깊숙한 곳에서 움직인다. 지탱할 곳이 없거나 피할 곳이 없다.

손과 머리의 분리가 현대 사회에 어떤 문제를 만들어내는지 꼼꼼하게 분석하며 '생각하는 손'의 개념을 강조한 리처드 세넷Richard Sennett은 '프리헨션Prehension'이라는 단어의 쓰임새를 우리에게 환기시킨다. 이 단어를 풀어 해석해보자면 정보를 획득하기 전에 몸을 미리 준비해서 움직이는 동작을 뜻한다. '프리헨션'은 단지 손으로 '잡기'라는 뜻에서 의미를 '파악'한다는 개념까지 포함한다. '파악'은 잡을 파把와 쥘 악握으로 이루어진 단어다. 이 단어에서 알 수 있듯 손으로 배우고 학습하는 행위와 머리를 써서 개념을 이해하는 행위는 완전히 분리되지 않는다. 세넷이 강조하듯이 '만들기는 곧 생각하기Making is Thinking'이다. 이 학습능력을 분리한 뒤 위계를 만들기 때문에 몸으로만 학습했다고 여겨지는 육체노동은 값싼 노동이 된다.

'머리'가 로켓을 타는 동안

중년 여성 배우들이 같이 사는 모습을 보여주는 한 예능 방송에서 배우 박원숙이 주방의 개수대 앞에 서서 이렇게 말한다. "예전에 엄마가 그랬는데, 여자가 더러운 걸 많이 만져야 집이 깨끗하대." 그의 손은 개수대의 수챗구멍에서 분주히 움직이고 있었다. 이 장면이야말로 우리가 사는 '깨끗한 세상'의 진실을 잘 보여준다는 생각이 들었다. 집 안에서는 여성에게 손발 노동을 전담시키고 집 밖으로 나가면 저소득 계층, 나아가 저소득 국가에서 온 노동자들에게 손발 노동을 외주 준다. 손발 노동은 없어지는 것이 아니라 보이지 않을 뿐이다. 그렇기에 어떤 사람은 그 손발 노동이, 가장 멸시해도 괜찮은 세계라고 여기는 "아프리카에나" 있다고 착각한다. 윤석열 대통령은 국민의힘 경선 후보 시절 "지금 기업이 기술로 먹고살지, 손발로 노동을 해서 되는 게 하나도 없다"며 "그건 인도도 안 하고 아프리카나 하는 것"이라고 말했다. 나는 그가 노동뿐 아니라 기술에 대해서도 아무 이해가 없다고 본다. 단순하게 말하자면 손발에서 연장된 도구(망치, 칼 등)를 다루는 기술과 머리에서 연장된 도구(컴퓨터 등)를 다루는 기술이 있으나 윤석열이 말한 기술은 후자에 국한될 것이다.

기술의 발전보다 중요한 문제는 그 기술을 누가 소유하느냐이다. 아마존 창업자 제프 베이조스는 우주 관광의 역사를 썼다며 박수받았지만* 아마존의 배송기사들은 화장실에 갈 시간도 없어서 페트병에 소변을 본다고 폭로했다. 인공지능이 중요한 역할을 하는 플랫폼 산업을 보자. 이 기술의 소유자들은 세련된 첨단의 기술을 대표하는 미래의 얼굴처럼 등장하지만 이 기술을 직접 몸으로 전달하는 사람은 결국 손발 노동을 한다. 플랫폼 기업으로 성공한 스타트업 대표들은 '인재'가 되고 플랫폼 위에 서 있는 노동자들은 멸시받는다. 누군가의 다리를 대신하던 배달노동자는 교통사고로 다리를 절단하기도 했다.**

모든 노동의 과정을 마주할 일이 없다 보니 '첨단'으로 보일 뿐이다. '머리'들은 점점 노동을 보이지 않게 만들어 노동을 소외시킨다. 그 소외를 통해 착취의 발판을 만들고 이윤을 얻는다. 아직도 많은 사람들이 손발 노동으로 먹고산다. 베이조스가 전 세계의 주목을 받으며 로켓을 타고 100킬로미터 상공까지 수직으로 오르는 동안, 누군가의 손발은 아무런 관심도 받지 못한 채 '로켓배송'을 하느라 땅 위에서 하루 종일 100킬로미터 이상을 위험천만하게 오갔을 것이다.

▲ 2021년 7월 20일 제프 베이조스는 자신이 세운 우주탐사기업 '블루 오리진'이 발사한 '뉴 셰퍼드'호를 통해 우주관광 시범 비행을 했다.
▲▲ 2021년 8월 인천에서 음주운전 차량에 의해 20대 배달노동자가 사고를 당했고, 이 사고로 피해자는 다리를 절단했다. 그런데 이 사건을 다룬 검찰은 사건의 중대함을 강조하기 위해 "사실상 사망 사건이나 다름없을 정도"라고 밝히며 가해자에게 9년을 구형했다. 법원에서 가해자는 4년 양형을 받았다. 피해자의 고통을 강조하기 위해 강한 수사가 필요했겠지만, 다리를 잃은 '장애인'을 '사망'이나 다름없는 상태로 규정하는 시각에 대해서는 별개의 문제의식이 필요하다.

시간

시간은 돈이 아니다

해가 뜨면 우리는 두려워한다
해가 계속되지 않을까 봐
해가 지면 우리는 두려워한다
아침에 다시 뜨지 않을까 봐
─ 오드리 로드 〈살아남기 위한 기도〉

시간은 공평하지 않다

비물질적인 '시간'은 권력이 보이지 않게 지배하는 영역이다. 시
간과 날짜의 개념은 문화권마다 다양했으나 오늘날에는 서구 기
독교 문화의 기년법인 기원전B.C.과 기원후A.D.를 전 세계적으로
사용한다. 프랑스 혁명 이후에도 러시아 혁명 이후에도 모두 혁
명력(혁명일을 원년으로 하여 개정한 달력)이 만들어졌다. 권력
자들은 체제를 새로 바꾸면 시간의 중심도 바꾸려고 한다. 시간
은 절대적인 법칙이 아니다. 시간은 권력과 밀접하게 연관되어
있다.

　시간을 표현하는 언어도 시대에 따라 변화했다. 지금 60대
이상은 날짜를 셀 때 '초사흘', '아흐레' 등의 어휘를 사용하곤 한
다. 순우리말로 날짜를 세던 습관이 있기 때문이다. 점점 이 어
휘들의 사용이 줄어들어 오늘날 젊은 세대는 때로 '사흘'이란 표
현도 낯설어한다. 그만큼 세대 간에 사용하는 어휘의 차이가 크
다. 또한 젊은 세대로 갈수록 음력의 개념과 멀어진다. 윤달과
윤년의 개념을 어릴 때 잘 이해하지 못했던 기억을 떠올리면 '어

떻게 사흘을 모르지?'라는 생각이 불쑥 올라오다가도 주춤하게 된다. 음력보다는 양력이 표준 달력이 되고, 순우리말 사용 빈도가 점차 줄어들면서 나타나는 현상이다.

산업혁명 이전까지 유럽에서는 '분'의 개념이 거의 쓰이지 않았다. 근대화가 되면 될수록 속도가 중요했기에 인간의 시간은 점점 더 작은 단위로 쪼개어졌다. '느림'은 근대적이지 않은 퇴보의 모습이며 더욱 부정적으로 여겨지게 되었다. 느림에 대한 부정은 나이가 들면서 몸이 굼떠지고, 생각의 반응이 느려지는 노화를 더욱 쓸모없는 낡음으로 인식하게 만든다.

누구의 시간으로 누가 돈을 버는가

"시간이 무엇이라고 생각하나요?" 이 질문을 들으면 대부분의 사람들은 '시간은 돈'이라는 격언을 떠올린다. 1748년에 벤저민 프랭클린Benjamin Franklin이 "시간은 돈이다"라고 말한 이후로 시간은 곧 돈과 동일시되었다.

"당신의 아침을 맞이하는 새벽배송"

신선한 집밥을 위해 아침식사 전에 먹거리를 배송해준다는 광고다. SNS에서 택배 노동자의 사망 사건을 공유한 포스트 아래에 뜬 이 '새벽배송' 광고에 놀라 곧장 '광고 숨기기'를 눌렀다. 새벽배송. 누군가의 편리한 아침식사를 위한 배송이 누군가에게는 죽음을 가져다주는 배송일 수도 있다. 총알배송과 새벽배송이 일상에 침투했다. 순식간에 날아드는 총알처럼 빠르게 원하는 물건을 집으로 배송해준다며 '빠름'을 내세운다. '총알'이라는 언어가 자백하듯, 속도에 대한 열광은 폭력성과 무관하지 않다. 총알처럼 빠른 배송은 총알처럼 사람의 목숨도 빠르게 가져가도록 일조한다. 유통업체들은 자정 전에 온라인으로 주문하면 새벽에 물건이 집 앞에 도착한다고 자랑스럽게 광고한다. 택배 기사들은 조금이라도 더 많은 물량을 배달할수록 더 많은 수수료를 받을 수 있다. 그들은 늘 시간과 다툰다. 길거리에는 배달 오토바이가 급증했고 이들도 시간과 다툰다. 조금이라도 더 빨리 배달해야 더 많이 배달할 수 있기에 신호위반과 과속 등으로 위험천만한 상황을 만든다. 이들에게 그야말로 '시간은 돈'이다.

그러나 택배 노동자들은 장시간 노동을 해야 돈을 벌 수 있기 때문에 결국 개인의 식사 시간이나 휴식, 취침 시간을 그만큼 줄여야 한다. 성수기에는 하루 14시간 이상 일한다. 그중 5시간가량은 배달이 아니라 분류 작업에 들어간다. 유통업체는 이 분류 시간을 고려하지 않은 채 배달 건당 수수료만 계산한다. 배달이 지연되면 택배 기사의 수수료가 깎인다. 게다가 2002년에 1200원이었던 수수료는 2019년에는 800원이 되었다. 경력이 쌓였다고 돈을 더 벌 수 있는 구조가 아니다. 그렇다면 이들의 시간은 과연 누구의 것일까. 택배나 배달노동자들의 시간은 고객과 유통업체 사이에 종속되어 있다. 노동자들의 시간을 들여 고객은 시간을 벌고 유통업체는 돈을 번다. 노동자들은 시간의 주체가 되지 못한다. 자본은 이윤을 위해 노동자의 시간을 착취한다. 시간은 정말 돈인가? 그렇다면 그것이 누구의 시간인가를 물어야 한다. 누구의 시간으로 누가 돈을 버는지 말이다.

감염병 대유행 상황에서 우리는 시간과 권력이 더욱 밀접하게 연관되어 있음을 확인한다. 돌봄노동자나 청소노동자와 같은 필수노동자는 온라인 비대면 노동이 가능하지 않다. 그들은 여전히 물리적인 출퇴근 시간이 필요하다. 또한 자영업자들은 밤에도 영업을 하게 해달라고 호소한다. 반면 많은 지식노동자들은 장소 이동 시간을 줄이고 화상 회의나 온라인 강의를 활용한다. 그렇게 시차와 물리적 거리의 장벽을 넘어 유럽, 아시아, 북미에서 동시에 온라인 접속을 통해 소통한다. 계층 간의 시간 권력 차이는 더욱 심화되었다.

'시간'은 영어Time에서도, 프랑스어Temps에서도 모두 '나누다'라는 뜻의 그리스어 Temno와 '잘라냄'을 뜻하는 Tome에 어원을 둔다. '시간'은 계속 나누고 쪼개는 개념을 포함한다. 하지만 시간은 결코 공평하게 나뉘지 않는다. 누군가는 시간을 점령하고 누군가는 빼앗긴다.

총알과 로켓이 날아다닌다

집 근처 사거리에서 사고가 났다. 도로 위를 질주하는 오토바이를 보며 늘 불안했는데 결국 일이 터졌다. 배달 오토바이 한 대와 승용차 한 대가 부딪쳐서 사거리가 난장판이 되어 있었다. 배달노동자로 보이는 사람이 들것에 실려 구급차로 옮겨지는 순간을 목격하며 지나왔다. 그런데 들것에 누워 있는 사람이 스마트폰을 보고 있었다. 다행히도 크게 다치진 않은 모양이구나 정도로 생각했지만, 문득 궁금해졌다. 아무리 그래도 방금 교통사고가 나서 들것에 실린 채 구급차에 막 오르는 그 순간 스마트폰을 열심히 들여다보는 게 의아했다. 그는 그 순간 뭘 하고 있었을까.

박정훈의 저서 《배달의민족은 배달하지 않는다》를 통해 나는 '들것에 실려 스마트폰을 보던 노동자'가 그 순간 무엇을 했을지 구체적으로 추정할 수 있었다. 책에는 여러 가지 일화가 소개된다. 그중 한 노동자는 유턴을 하다 미끄러져 손에 피가 났고 그후 배달업체에 전화했더니 음식은 괜찮은지, 배달할 수 있는지를 먼저 물었다고 한다. 커피 한 잔도 배달이 가능한 서비스의 구조는 사람보다 음식을 걱정하게 만든다. 제 몸이 망가져도 음식은 망가지면 안 된다. 이런 환경에서 배달노동자들은 사고가 나도 '본능적으로' 음식부터 살핀다. 피가 흘러도 두 다리를 끌고 갈 수 있다면 기필코 배달을 하려 한다.

오토바이가 망가졌을 때 근처 동료에게 연락해 오토바이를 빌린 다음 배달을 끝까지 수행한 경우도 있었다. 누군가를 편히 먹게 하기 위해 정말로 목숨 걸고 하는 배달이다. 고용노동부의 자료에 따르면 실제로 한국에서 18~24세 청년의 산재 사망 원인 1위가 '배달'이다. 이 사망 사고의 10퍼센트 이상이 출근 첫날 발생했고, 20퍼센트 이상은 보름 안에 발생했다.▲

▲ "국회 환경노동위원회 소속 더불어민주당 한정애 의원이 고용노동부로부터 제출받은 자료에 따르면 2016년부터 2019년 6월까지 발생한 18~24세 청년층 산재 사고 72건 중 33건(45.8%)이 사업장 외 교통사고였다. 전체 근로자

도로 위에서 보자면 배달 오토바이 운전자들이 난폭운전을 한다는 생각이 든다. 갑자기 튀어나오는 오토바이 때문에 충돌 직전에 겨우 상황을 모면했다는 자동차 운전자가 한둘이 아니다. 차량 운전자는 욕하고 오토바이 운전자는 욕할 시간도 없이 달려간다. 그들의 입장을 들어보면 교통법규 다 지키면서 8시간 근무하면 하루에 20건도 못 받는다고 한다. 그러면 최저임금도 안 된다. 배달노동자들이 이렇게 위험하게 일할 수밖에 없는 이유는 결국 시간 압박 때문이다. 예정된 시간보다 늦게 도착하면 고객의 원성을 사는 것만이 아니라 주문한 음식이 취소되기도 한다. 나아가 고객은 배달에 대한 점수도 매긴다. 이 점수 하나하나가 배달노동자에게 얼마나 치명적인 영향을 끼치는지에 대해서는 물론 생각하지 않는다.

코로나19 이후 배달 건수가 늘고 배달노동자도 늘어났다. 이어서 배달노동자의 사망도 늘었다. 배달노동자 산재 현황을 공식적으로 조사한 2017년부터 2021년까지 5년간 배달노동자 사망 사건은 꾸준히 늘었다. 2022년 3월 고용노동부의 발표에 따르면 2017년 2명이었던 배달노동자 사망 사고는 2021년 18명으로 9배 증가했다.[14] 배달 수요가 그만큼 증가했기 때문이다. 게다가 이 숫자는 산업재해를 공식적으로 인정받은 일부 사망자의 숫자일 뿐이다. 대체로 특수노동자 신분인 배달노동자들은 산업재

사망 사고는 건설업에서 주로 발생하는 데 비해 청년층 산재 사망 사고의 다수가 오토바이 배달 사고로 발생하는 셈이다", '청년노동자 산재 사망 사고 46%가 '배달사고'',《뉴시스》, 2019. 10. 01.

해보상보호법의 보호를 받지 못한다. 스마트폰 앱으로 주문하면 제집 현관까지 음식이 도착하는 편리한 시대지만 그 과정은 스마트하지 않다. 빠르고 편하게 먹고 싶은 음식을 먹을 수 있는 환경이 마련되면 마련될수록 누군가는 빠르게 다치고 죽어간다.

노동하지만 노동자는 아니다
ˎ ˎ ˎ ˎ ˎ ˎ ˎ ˎ ˎ ˎ ˎ ˎ

청소년 노동의 실태가 담긴 책《알지 못하는 아이의 죽음》에는 다리가 골절되고도 음식을 날라야 했던 10대 노동자의 이야기가 잠깐 나온다. "음식이 다 뜨겁고 무거워요. 칼국수 이만한 걸 들고 나르죠. 다리가 골절이 돼가지고 통깁스를 했는데 알바 대타가 안 구해진다고 나와달라고 해서 통깁스한 채로 일을 나가기도 하고요. 최저임금은 거의 안 맞춰줘요."[15] 나르는 노동을 하는 사람이 다리가 부러진 채 음식을 날라야 하는 것이다.

이 노동자의 증언에서 "알바 대타가 안 구해진다고"라는 부분이 눈에 들어온다. 아마도 이 청소년 노동자이자 학생은 식당에 소속되었을 것이다. 4대 보험도 산재 처리도 어렵다고 했다. 한편 식당 주인 입장에서는 이렇게 사고가 나서 갑자기 다른 노동자를 구해야 하는 일이 번거로울 것이다. 실제로 음식점 주인들이 가장 힘들어하는 문제 중 하나가 배달 중의 인사 사고이며 "배상 문제부터 보험 처리 문제, 그리고 오토바이가 망가지는 일이야말로 치킨집을 때려치우고 싶게 만드는 베스트 오브 베스트 사연"[16]이라고 한다.

바로 이 문제를 깔끔하게 해결해주는 게 배달대행업체다. 배달대행사의 광고 문구는 "사고가 나도 아무런 책임을 지지 않으실 수 있습니다"였다. 식당은 직접 배달노동자를 고용하지 않고 중개 플랫폼과 계약하면 된다. 그리고 대행업체가 직접 배달노동자와 계약한다. 식당에서는 배달노동자를 구하느라 애쓰지 않아도 되며 노동자가 다쳐도 언제든지 다른 노동자를 쓸 수 있다. 플랫폼 위에는 늘 노동자들이 대기 중이기 때문이다. 그들의 노동력은 사용하지만 그들에게 노동자의 지위는 부여하지 않고, 소비자의 평가를 통해 노동의 서비스 품질을 유지할 수 있는 시스템이다. 노동자 입장에서도 한 식당에 소속되지 않고 일한 만큼 돈을 벌 수 있을 것처럼 보인다. 어쩐지 모두에게 합리적인 듯하다. 배달 플랫폼은 이 노동자들을 파트너라고 부르며 존중해주는 것처럼 보이기까지 한다.

그러나 배달 서비스 플랫폼 회사와 배달노동자 사이의 계약서는 알면 알수록 경악스럽다. 일단 배달노동자는 '노동자'가 아니라 '배송사업자'다. 회사와 노동자(라이더)는 아무 관계가 없다, 손님의 별점 평가를 통해서 앱 접속을 막을 수 있다, 교통사고가 발생하는 경우 배송사업자의 책임과 비용으로 해결해야 한다, 회사는 이에 대한 어떠한 책임도 부담하지 않는다, 개인사업자의 지위로서 '갑'에게 종속되지 않는다, 위탁 계약 업무는 '을'의 재량과 책임하에 수행한다, 본 계약에서 약정한 사항을 성실히 이행할 의무를 부담한다… 등의 내용이 이어진다.[17] 기가 막힌다. 모든 책임을 배달노동자 개인이 지는 것이다. 어떤 곳은

59
시간

사고 2회 이상이면 업체와 계약 해지도 가능하다. 정말 '특수'한 고용 형태다.

플랫폼 노동에서 앱 접속 차단은 아무런 항변도 못 한 채 어느 날 갑자기 사무실 문이 잠겨 안으로 들어갈 수 없는 상황과 같다. 심지어 그 안에서 사람들이 자기에 대해 무슨 평가를 하고 어떤 일을 벌이고 있는지 전혀 알 수 없는 상태로 쫓겨나는 꼴이다. 과거에는 문자 한 통으로 해고한다고 어처구니없어했지만 오늘날에는 그러한 통보도 필요 없다. 앱 접속을 차단하면 된다. '파트너'라고 불리는 배달노동자인 '라이더'들은 수수료에 대해서도 그저 통보를 받는다. 다음 달에 수수료가 올라갈지 내려갈지 그들은 알 수 없다. 일방적으로 통보받는 '파트너'이기 때문이다.

이 노동자들을 '플랫폼 종사자'로 규정하고 이들을 보호하는 플랫폼종사자보호법안이 2021년 3월 국회에 발의되었다. 그러나 역시 법적으로 '근로자'의 지위를 보장하지는 못한다. 배달노동자와 같은 플랫폼 노동자를 결국 노동자가 아닌 제3의 '특수'한 지위로 만들어버릴 수 있다. 프랑스, 스페인, 독일, 미국 일부 주 등에서는 플랫폼 노동자를 법적 노동자로 인정하고 있고 노동자로 인정하지 않는 조항의 위헌 결정이 이어지고 있다.[18] 한국 특유의 플랫폼 노동은 위장된 플랫폼, 즉 계약서상엔 위탁 계약자이지만 실제로는 근로자인 사람들의 노동이다.

플랫폼이라는 이름
′ ′ ′ ′ ′ ′ ′ ′

스마트, 플랫폼 등의 단어는 세련된 인상을 준다. '디지털'이라는 언어와 개념이 대중화되던 때에도 그랬다. 정치인들이 너도 나도 디지털 혁신, 플랫폼 정부 등을 내세우는 이유다. 농업도 '스마트 팜' 시대라고 강조한다. 언제나 미래를 지향하는 이 언어 뒤에는 주로 '혁신' 혹은 '혁명'과 같은 단어들이 따라오곤 한다. 재빨리 이 개념들에 적응하지 못하는 사람은 낡은 이미지를 얻는다. 세련된 미래 지향적 시스템으로 보이는 플랫폼은 공유경제를 가능하게 하는 것처럼 보인다. 그런데 우리가 정말 공유하는 것은 무엇일까. 과연 이익도 공유할까. 혹시 착취를 공유라 부르고 있는 것은 아닐까.

플랫폼, 곧 승강장 위에는 노동자들이 일감을 기다리며 모여 있다. 소비자의 위치에서 이 노동자들은 보이지 않는다. 고객이 앱을 통해 상품을 '콜' 하면 그의 도착 예정 시간과 동선을 확인할 수 있다. 상품은 제시간에 도착한다. 만약 늦으면 고객이 노동자에게 낮은 평점을 매길 수도 있다. 그사이 벌어지는 노동은 알 필요 없다. 이처럼 고객은 자연스럽게 노동자들의 감시자가 된다.

노동자와 고객에 대한 정보는 모두 플랫폼 기업이 쥐고 있다. 배달 주문 플랫폼은 음식점, 주문자, 배달노동자 사이의 관계를 틀어쥐고 모든 정보를 독점한다. 플랫폼 기업은 많은 사람이 접속하면 할수록, 그래서 이용자의 개인정보를 최대한 많이 수집하면 할수록 더 많은 자원을 가지는 셈이다. '네트워크'라고 하지만 이 '연결'은 사실상 플랫폼 기업의 정보 수집이나 다름없다. 라이더유니온의 박정훈이 말한 대로 "데이터는 플랫폼 자본주의 시대의 원유"이다.

플랫폼 노동자들은 온라인 커뮤니티를 통해 소통하지만 물리적으로 각자 다른 시공간 속에서 홀로 이동하기에 동료들을 만날 수 없다. 누군가의 시간을 아껴주기 위해 일하는 배달노동자들의 시간은 치밀하게 지배받는다. 그들은 채팅방을 통해 식사 시간과 화장실 출입까지 보고한다. 정보의 비대칭과 소통 창구의 독점 속에서 노동자들은 감시받지만 동료와 연결되기는 힘들다. 다시 말해, 인간은 고립되고 데이터는 연결되었다. 기업 입장에서 플랫폼 노동은 노동자들의 소통과 연대를 막을 수 있는 최적의 형태다. 나에게는 왜 '콜'이 떨어지지 않는지, 다른 라이더의 수수료는 얼마인지 투명하게 알지 못한다.

음식을 나르는 오토바이는 오늘도 위험천만하게 달린다. 가장 배고픈 시간에 가장 빠른 속도로 달려야 한다. 시간 안에 도착해야 한다는 심리적 압박이 이들을 '도로 위의 무법자'로 내몬다. 모두가 위험한 상황이다. 일상의 산재에 우리는 '고객의 이름으로' 보이지 않게 참여한다. 음식을 주문하는 사람들이 과한 죄책감을 공유해야 한다는 뜻이 아니다. 플랫폼이라는 언어를 걷어내고 한 인간의 노동을 직면하는 사회가 되길 원한다. 산재는 생각보다 가까운 곳에 있다. 말 그대로 '먹고사는' 문제라면 공동체가 함께 고민해야 하지 않을까. 플랫폼 위에서 우리는 모두의 노동을 감시하지만 안전을 관리하진 않는다. 우리는 무엇을 감시할 것인가. 무엇을 먹는가만큼이나 중요한 문제는 어떻게 먹는가이다.

인공지능 자동배차시스템은 노동자의 감정과 체력을 고려하지 않는다. 알고리즘은 인간에게 업무를 맡기지만 인간은 마땅히 호소할 곳을 찾지 못한다. 사람을 상대로 투쟁을 외치던 시절이 오히려 '인간적'으로 느껴질 지경이다. 책임은 노동자에게 전가되고 정보와 이익은 기업이 쥐고 있는 이 기만적 구조 속에서 노동자의 상처는 데이터에 저장되지 않는다. 알고리즘의 지배는 '연결'이 아니다.▲

다른 몸들의 시간
▼▼▼▼▼▼▼

"내비게이션에 찍히는 그 시간에 정확히 맞춰서 우리는 이동해야 한다. 그런데 그 시간은 과연 '누구의' 시간인가? 정확히 말할 수 있는 것은, 그 시간은 장애인에겐 해당하지 않는다는 것이다.

▲   덧붙여, 배달노동자를 '라이더'라 부르는 것은 '노동자' 성격을 드러내지 않는다는 점에서 나는 비판적으로 바라보지만 정작 당사자들이 라이더라고 하니 무조건 비판하기도 어렵다. 과거에는 주로 중국음식점에서 배달을 했었다. 이때 은색 철가방 안에 음식을 넣고 나르는 배달원들을 종종 비하의 의미로 '철가방'이라 불렀다. 나르는 노동을 하는 사람을 지금도 "그 나이에 오토바이 몰고 다니는", "뻔한 녀석들"[19]이라 부르며 건전하지 못한 사람으로 바라보는 편견이 있다. 그렇기에 이들의 노동자성이 왜곡된 상황에서 '라이더'라는 새로운 이름이 필요했을 것이다.

장애인과 함께 가지 않을 때만 도달할 수 있는 시간들. 우리 사회는 단 한 번도 그 '시간'에 관해 묻지 않았다."[20]

노동자가 빨리 움직이기를 종용받으며 시간을 착취당한다면 어떤 사람들의 시간은 이 세상에서 전혀 고려할 대상이 되지 못한다. 장애인의 시간은 '지체'된다. 인공지능은 비장애인의 기준으로 이동 시간을 알려준다. 비장애 성인의 움직임을 기준으로 시간을 알려주기 때문에 장애인, 혹은 어린아이와 함께 움직이는 보호자, 노인 등은 이 시간에 맞출 수 없다. 장애인들의 이동권 시위에 대해 수많은 언론이 바쁜 시민들의 불편을 강조해 보도했다. 비장애인들의 시간은 늘 소중하다. 그들의 시간은 '지체'되어서는 안 되지만 지체장애인들의 삶은 감금되어도 무방하다고 여기는 듯하다.

장애 운동을 하며 영화를 만들던 장혜영 의원이 만든 노래 〈무사히 할머니가 될 수 있을까〉는 경제적 취약함과 질병 때문에 불안한 장애인의 삶을 담은 제목이었다. 실제로 장애인들 사이에서는 '장애인은 마흔이 환갑이다'라는 말을 한다. 이동권이 제한되어 교육받고 노동할 권리마저 침해당하는 이들은 더 자주 아프지만 치료받을 기회는 보장받지 못한다. 장애인 외에도 트랜스젠더, 나아가 비장애 여성조차도 '무사히 할머니가 될 수 있을까'라는 말에 공감을 표한다. 살아갈수록 이 세상의 시간이 그들을 배제하고 있음을 알아가기 때문이다.

한국에서 트랜스젠더 인구는 20만 명으로 추산된다. 그리고 트랜스젠더의 40퍼센트 이상은 자살 시도 경험이 있다. 어떤 이는 꿈이 '자연사'라 말하고 어떤 이는 아예 노후의 삶에 대한 기대를 버리고 '사고사'가 꿈이라 한다. 높은 자살률 때문이다. 제도적 성별과 스스로 인식하는 성별의 불일치는 단지 기분이 불쾌한 차원을 넘어 구체적으로 일상을 위협한다. 성별 불일치는 직장 내 동료들과의 관계에 영향을 미친다. 취업 면접에서도 통념적으로 생각하는 방식으로 여성답지 못하거나 혹은 남성답지 못해서 불이익을 겪는다. 여성과 남성의 직업 활동 영역이 구별되어 있는 사회에서 이들은 직업을 찾기가 더 어렵다. 다시 말해 선택할 수 있는 직업의 폭은 줄어들고 결국 경제적으로 더욱 취약해진다. 또한 의료적 성전환을 위해 학업을 중단하는 경우가 절반이다. 사회에서 인정받는 몸이 되기 위해 외과 수술을 해야 하고 그러려면 돈이 필요하다. 그들은 돈을 벌기 위해 학업을 중단한다.

많은 돈을 들여 성전환 수술을 했더라도 문제는 끝나지 않는다. 직장 생활을 하다가도 외과 수술을 위해 일을 그만두곤 하는데, 수술 후 돌아왔을 때 일자리가 보장되는 경우는 드물다. 동일한 인물이 성전환 수술 후, 남성에서 여성이 되었다고 강제 전역을 당하듯이 트랜스젠더는 과거 여성으로 살았던 시간, 혹은 남성으로 살았던 시간과 단절된다.

1970년에 태어난 사람의 기대수명은 62.3세였으나 2015년에 태어난 사람은 82.1세로 20년가량 늘어났다. 삶의 질이 높아지면서 기대수명과 기대여명이 늘어나 100세 시대라고 한다. 하지만 이 수명은 비장애인 이성애자의 시간이다. '다른 몸'들에게 삶의 시간은 다르게 흘러간다. 시설에 갇힌 어떤 몸들의 평균 사망 연령은 55세였다.▲ 어떤 몸은 살려고 죽는다. 다른 몸들에게 격렬한 신호를 보내며 죽는다.

▲ "보통 사람이 55세에 죽지는 않잖아요? 2008년부터 2018년까지 10년간의 향유의집 통계를 보면, 사망한 장애인 약 30명의 사망 평균 연령이 55세예요.", 홍은전 외, 《집으로 가는, 길》, 장애와인권발바닥행동, 인권기록센터사이 기획, 오월의봄, 2022, 105쪽.

나이 듦

늙음이 낡음이 될 때

여성은 시간에 갇힌다
▌▌▌▌▌▌▌▌▌

가정법을 잘 쓰는 예의 바른 남자들은 이렇게 묻는다. "여성분에게 실례되는 질문이지만, 나이가 몇 살이신지 여쭤봐도 되겠습니까." 나이를 물을 때 유독 여성에게 공손한 이러한 질문 양식은 주로 '숙녀'를 향한 '신사'의 태도라 여겨진다. 여자의 나이는 몸무게와 함께 함부로 물으면 무례한 사람이 되는 '조심스러워해야 하는' 숫자다. 다시 말하면, 여성을 가두는 숫자다. 여성의 나이는 '가임기'에 얽매인다. '폐경'은 여성의 관점에서 만들어진 말이 아니다. 배란을 더 이상 하지 않는 몸은 죽은 몸이라고 생각한 남성의 관점에서 만들어졌다.[21] 몸의 전환기인 갱년기는 유독 조롱거리가 된다. 인간의 기준으로 '제철' 음식을 탐욕적으로 먹어치우듯이, 가부장제는 여성의 몸에 대한 이해 없이 가임기에 집착한다. 사회학자 마리 루티Mari Ruti가 "당신이 이성애자 여성이라면, 모든 것이 난소의 나이로 귀결된다"[22]고 다소 비꼬듯 말했지만 크게 틀린 말이 아니다. 늙은 여성은 '노파老婆'이고 늙은 남성은 '노옹老翁'이라 하는데 둘의 쓰임새와 어감은 확연히 다르다. 노파는 노옹과 달리 비하의 의미로도 쓰인다.

　뉴스 앵커는 '남오여삼'이 관행이라고 한다. 남자는 50대 이상, 여자는 30대 이하라는 뜻이다. 나이 든 남성은 연륜과 신뢰를 얻어 '어른'의 위치를 점하지만 나이 든 여성은 생물학적 재생산을 기준으로 쓸모없고 매력 없는 인간 취급을 받는다. 여성에게 몸의 시간을 늦추길 강조하는 동시에 여성이 시간의 주체가 되지 못하도록 만든다. 여자는 시간이 흐르면 훨씬 더 '낡는 존재'로 인식되는 반면 남자는 와인처럼 숙성되는 존재다(라고 우긴다). 2019년 11월 25일 KBS1에서 40대인 이소정 기자가 최초로 9시 뉴스를 단독 진행하는 여성 앵커가 되었다. 이소정 앵커는 과거에 다른 언론사 입사 면접에서 "나이 든 여자 누가 앵커 시키냐"는 말을 들었던 일화를 고백하기도 했다.

남성 가부장 중심 사회에서 여성의 시간은 늘 무시당한다. 자본이 노동자의 시간을 소유하듯이, 가부장제 사회에서 남성은 여성의 시간을 소유한다. 결혼제도는 여성의 시간을 남성의 삶에 이식하는 제도다. 그 제도 안에서 여성의 노동은 남성의 보조 배터리처럼 취급받는다. 남성의 현재는 늘 성실했던 과거와 기대로 가득한 미래 사이에 있다. 반면 시간의 주체가 되지 못하는 여성의 경우 삶의 맥락이 뚝뚝 끊긴다. '경력단절'은 여성의 경제활동만이 아니라 개인의 서사마저 단절시켜 언젠가부터 대부분의 여성은 이름 없는 '어머니'가 된다. 육아를 비롯한 돌봄노동과 집안 노동은 경력이 되지 못한다.

소위 '저출산 대책'이라고 내놓는 정책들이 실패할 수밖에 없는 이유는, 이 모든 정책이 남성의 삶은 무엇 하나 건드리려고 하지 않은 채 여성의 삶만 이리저리 자르고 붙이고 하기 때문이다. 경제학자 김정호는 스웨덴과 프랑스의 사례를 들며 저출생 대책이 성평등 실현 없이는 어렵다는 사실을 지적하면서 "사회에 가려져 있던 남성을 호출해야 할 때"라고 말한다.[23] 그렇지 않으면 인간으로서 여성의 삶과 가족구성원의 관계를 고민하는 게 아니라, 오직 남성의 관점에서 '여성을 돈 버는 엄마로 만들기' 프로젝트에 머문다. 그래서 여성을 위한 정책이라며 내놓는 것이 '일과 가정의 양립'에서 벗어나지 못한다. 나아가 '여성을 엄마로 만들기'에 쏠린 정책은 엄마 아닌 여성을 더욱 투명 인간으로 만든다.

여성이 시간의 주체가 되지 못하는 사회에서 여성의 몸과 노동 현장은 종종 불화한다. 많은 여성 노동자들이 생리휴가를 편하게 사용하지 못한다. 이 생리휴가에 대해서도 물론 하나의 의견만 있지는 않다. 박이은실의《월경의 정치학》은 생리휴가에 대한 자유주의 페미니스트와 사회주의 페미니스트 사이의 인식 차이를 설명해준다. 전자는 여성의 생리휴가가 여성과 남성의 생물학적 차이를 재강화하여 오히려 차별로 이어질 수 있음을 지적한다면, 후자는 실제로 여성의 몸이 겪는 불편함을 고려하여 여성 노동자의 쉴 권리를 보장해야 한다고 주장한다.[24] 어떤 관점이든 한 가지 문제는 분명하게 발견된다. 현재로는 노동자의 휴가 시간이 여성의 몸을 배제한다는 사실이다.

5월 28일은 세계 월경의 날이다. 여성들의 생리 기간이 보통 5일이고, 28일을 주기로 돌아오기 때문이다. 굳이 왜 월경의 날까지 만들어야 했을까. 여전히 일부 국가에서는 월경 중인 소녀를 학교에 오지 못하게 하거나 집 밖의 다른 장소에 머무르게 하는 등 월경을 부정적으로 바라보기 때문이다. 그 정도는 아니지만 한국에서도 월경을 월경이라 말하지 못하고 이리저리 돌려 말한다. '그 날'이 아니라 정확하게 월경이라 말함으로써 여성은 제 몸의 시간을 찾아야 한다.

한국에서는 1953년부터 출산(모성)휴가 제도가 있기는 했지만 여성이 직업을 갖기도 어려운 환경이었기 때문에 사실상 무의미했다. 육아휴직은 1988년에 도입되었으나 역시 현실에서는 적용하기 어려웠다. 여성의 결혼, 임신, 출산은 자연스럽게 퇴사로 이어졌다. 출산휴가와 육아휴직에 정부가 본격적으로 관심을 갖고, 휴직자에게 불이익이 없도록 조금이라도 신경을 쓰기 시작한 시기는 여성부가 만들어진 2000년대 이후다. 결혼 이후에도 직장을 유지하려는 여성 개개인이 늘어나기도 했지만, 정부 차원에서 저출생 문제를 해결하면서 여성이 계속 일하도록 만들어 '여성 인력'을 개발할 필요가 있었기 때문이다.

'할매니얼' 이면의 쓸쓸함

2021년 영화 〈미나리〉로 윤여정 배우가 아카데미 여우조연상을 받은 뒤 미국에서 열린 한국 특파원 기자회견에서 있었던 일이다. 한 남성 기자가 윤여정에게 "K-할머니라는 브랜드를 미국에 많이 알리게 된 계기"라며 국민들에게 한마디 해달라고 요청했다. 그에게는 나이 많은 한 여성 배우(혹은 극 중 순자)가 한국이 수출하는 브랜드 정도로 여겨졌던 모양이다. K를 붙이고 붙이다 이제는 K-할머니라는 말까지 나왔다. 그런데 K-할머니는 누구인가. 배우 윤여정인가 극 중 순자인가.

이제 K는 국가에 대한 자부심의 상징이다. 대한민국이 선진국 반열에 오르면서 K는 더욱 자랑스러운 이름이 되었다. 여기 저기에 K를 붙인다. '코리아 그랜마', K-할머니에게 세계가 열광하고 K-할머니들이 인기라고 한다. 그도 그럴 것이 인기 있는 K-할머니는 배우 윤여정만이 아니다. 걸쭉한 입담에 솔직한 매력을 보여주는 유튜버 박막례, 세련된 패션 감각과 열린 생각을 보여주는 '밀라논나' 장명숙 등 젊은 여성들에게 인기 있는 할머니들의 등장은 할머니에 대한 다양한 이미지를 보여준다는 면에서 분명히 긍정적이다.

남성 청년들이 '~한 할아버지가 되고 싶다'고 하진 않지만 여성 청년들은 '~한 할머니가 되고 싶다'는 표현을 자주 사용한다. 젊은 여성들이 새로운 할머니상에 더욱 열광하는 이유는 역설적으로 우리 현실에서 이런 할머니들을 만나기 어렵기 때문이다. 할머니에 대한 재현 방식도 다양하지 않았다. 그동안 할머니에 대한 이미지는 욕쟁이 할머니, 꼬부랑 할머니, 전국적으로 셀 수 없는 원조 할머니, 폐지 줍는 할머니 등 어떤 전형성이 있었다. 아는 것은 많지 않지만 음식 솜씨가 좋고, 늘 희생하고, 포용적이며 따뜻한 할머니가 최선의 재현이었다. 때로 '늙은 여자'는 동화 속의 마귀할멈처럼 재현되기도 하는데, 이는 노인 혐오와 여성 혐오의 협업을 보여주는 장이기도 했다. 그러니 개성 있고 자기 할 말을 하는 할머니들의 모습을 충분히 반길 만하다. 여성의 나이 듦을 긍정하게 만든다는 점에서 이는 성차별적 문화에 대한 도전으로도 보인다.

2010년대 중후반부터 할머니에 대한 책도 급증했다. 출판

계만이 아니라 패션과 외식 산업 등에서도 '할머니'는 그야말로 '힙'한 키워드다. 시장은 빠르게 움직인다. 할머니와 밀레니얼의 합성어인 '할매니얼'이라는 말이 나올 정도로 할머니들의 패션과 입맛 등은 할매 감성이라 불리며 하나의 스타일이 되었다. 할머니에 대한 환호에는 젊은 여성들의 미래에 대한 소망이 반영되어 있다.

이러한 의미 있는 변화에도 불구하고 '할머니'에 대한 문화적 소비를 마냥 긍정하긴 어렵다. 시장에서 소비되는 감성과는 달리 실제 많은 할머니들의 삶은 빈곤하기 때문이다. 빈곤의 여성화Feminization of Poverty는 빈곤의 할머니화가 되었다. 미래에 '~한 할머니'가 되기를 바라는 마음은 현재의 여성 노인 빈곤에 대한 불안을 보여준다. '귀여운 할머니'가 되고 싶다는 소망에는 역설적으로 가난과 질병, 고독에 대한 두려움이 포함되어 있다.

빈곤의 할머니화

보수 언론에서는 줄곧 종합부동산세를 비판하며 '은퇴 후 집 한 채와 약간의 재산밖에 없다'는 사람들을 대변한다. 종부세를 내는 상위 2퍼센트가 졸지에 세금 '폭탄'을 맞게 되었다며 그야말로 피해자 코스프레를 한다. 그런데 여기서 말하는 '은퇴'할 수 있는 삶은 경제적으로 안정된 이들에게만 찾아온다. 가난한 노인에겐 은퇴라는 게 없다. 그들은 일자리가 없으면 일흔이 넘어서도 스스로를 '백수'라 칭한다. 은퇴는 특정 계층의 언어이며 주로 사회적으로 직업이 있었던 남성 노인에게만 적용할 수 있는 언어다.

1970년대 미국의 사회학자 다이애나 피어스Diana Pearce에 의해 처음 만들어진 '빈곤의 여성화'라는 개념은 1990년대에 와서야 본격적으로 사용되었다. 한국에서도 국제통화기금IMF 사태 이후 빈곤의 여성화 경향을 연구하기 시작했다. 그 이후 20여 년이 흘렀다. 빈곤의 여성화는 빈곤의 여성 노인화, 곧 빈곤의 할머니화로 진행되고 있다. 차별적 고용, 임금 격차, 모성 페널티 Motherhood Penalty▲, 성폭력 등으로 여성은 노동시장에서 차별받고 생애 내내 남성보다 경제적으로 취약하다.▲▲

경제적으로 약자인 노인은 주거취약계층이 되기 쉽기에 오늘날 기후위기로 인한 빈곤에도 더욱 영향을 받는다.[25] 여성과 노인의 이러한 취약성을 고려하면 여성 노인은 약자 중의 약자가 되기 쉽다. 게다가 전업주부의 경우 연금에 가입하지 않은 경우가 많다. 할머니가 되어서도 이들은 돌봄받는 입장이기보다는 손자들을 돌보며 자식의 경제 활동에 도움을 준다. 요양보호사의 평균 연령은 점점 높아져서 60세에 가깝다. 보건복지부가 발표한 '2019 장기요양 실태조사'에 따르면 요양보호사의 평균 연

▲ 어머니인 여성들이 일터에서 겪는 불이익을 말한다.
▲▲ 2019년 기준으로 20대 남성 연간 평균임금은 2340만 원, 20대 여성은 2160만 원(격차 180만 원), 30대 남성 4260만 원-여성 3110만 원(격차 1150만 원), 40대 남성 5640만 원-여성 3300만 원(격차 2340만 원), 50대 남성 6010만 원-여성 2860만 원(격차 3150만 원), 박고은, "'20대 180만 원, 50대 3150만 원…남녀 소득격차 키운 '경력단절'", 2021. 8. 3.《한겨레》참조.

령은 58.7세로, 이 가운데 60대가 40.4퍼센트를 차지한다. 성별
은 대부분 여성이다(94.7%). 할머니들은 평생 누군가를 돌보고
살았지만, 정작 자신은 가장 돌봄받지 못한 채 저임금으로 불안
정한 노동을 한다.

코로나19는 여성과 노인을 경제적으로 더욱 취약하게 만들
었다. 한국보건사회연구원이 2021년 11월에 발간한 보고서 '최
근 분배 현황과 정책적 시사점'에 따르면 여성 가구주 노년 세대
는 세 명 중 두 명이 빈곤 상태이다. 이는 남성 가구주 노년 세대
빈곤율의 두 배가 넘는다.[26]

흔히 고령화 사회 문제를 들여다볼 때, 노인의 삶의 질보다
는 이 노인들을 부양할 청장년층의 부담을 걱정한다. 늙어서 죽
어가는 사람에게는 관심이 없고 출생률에만 관심을 보인다. 더
구나 남성을 생계부양자로 여기는 사회에서 남성 청년은 경제활
동인구지만 여성과 노인은 비경제활동인구로 취급받는다. 결국
고령화 사회 문제 해소 방안은 새로운 인간을 빨리 낳으라고 재
촉하는 방향으로 흘러간다. 그렇기에 전통적 성역할에서 이탈하
려는 청년 여성에 대한 공격이 극심해지는 반면 청년 남성의 목
소리는 과대 대표된다. 게다가 저출생과 고령화는 늘 세트처럼
함께 붙어 다닌다. '저출산 고령사회'라고 부르며 저출산과 고령
사회가 마치 인과관계를 가진 것처럼 보이게 만든다. 김정호는
'저출산·고령사회기본법'의 명명에서도 이런 인식이 보인다고
지적하며 저출생과 인구 고령화를 구분해서 생각해야 한다고 설
명한다.[27]

코로나19의 영향으로 고용, 소득, 기업실적, 자산 등 다방면에 걸쳐 일부 고소득층과 빈곤층의 격차가 극심해지는 K자형 양극화가 심화하고 있다. 브랜드로서의 K-할머니가 아니라 K자형 양극화 사회에서 노인과 여성이 처한 상황에 주목해야 한다. 남성 청년들에게 정치적 구애를 하는 많은 정치인들은 할머니의 삶을 쳐다보지 않는다. 희생이 '성역할'로 여겨지는 이들의 고통은 상대적으로 덜 정치화한다. 따라서 '빈곤한 할머니들'의 삶은 정치화되지 않는다.

되고 싶은 할머니

노인을 어르신으로 부르게 되면서 '어르신센터'도 생겼다. 어느새 '노인'은 부정적 언어로 자리 잡았다. 노인은 점점 더 괴팍하고 고집불통에 과거에 집착하는 낡은 이미지를 가진 언어가 되어간다. 나이 듦은 곧 죽음에 가까워짐을 뜻하기 때문에 나이가 들어갈수록 몸에 나타나는 표식은 부정적으로 여겨진다. 피부에 생기는 검버섯은 '죽음꽃'이라고도 불린다. 최현숙은 피부 색소의 변화를 죽음과 연결 지을 근거가 없다며 그 명칭에 반대한다.[28]

'나이 듦'을 대하는 이 사회의 태도에 나는 거부감을 갖고 있지만, 그 거부감의 정체는 그리 단순하지 않다. 늙음을 비하하지 말라고 하면서도 나 역시 늙음이 두렵다. 두려움의 대상이 비하의 대상이 되기란 얼마나 쉬운가. 늙음에 대한 내 마음속의 불안은 현재 노인인 나의 부모에게 향한다. 꼼짝 말고 가만히 있어!

이 말은 누군가에게 총구를 들이댄 폭력배의 언어가 아니다. 코로나 이후 내가 수시로 엄마에게 하는 말이다. 부모님이 혹시라도 코로나에 걸리면 위험하니 "어디 가지 말고, 집에 가만히 있어! 꼼짝 말고 가만히 있어!"라고 말한다. 전화를 끊고 나면 내 입에서 나오는 말이라는 게 고작 '가만히 있어'라는 사실에 씁쓸해진다.

내 또래나 혹은 더 젊은 사람들에게서 미래에 자기는 귀여운 할머니가 되고 싶다는 말을 들을 때마다 상상해봤다. 알록달록한 니트 스웨터를 입고 염색하지 않은 흰머리에 웃는 모습이 귀엽고 젊은 사람과 말도 잘 통하는 그런 모습? 어릴 때 보았던 만화 〈호호 아줌마〉가 떠오른다. 아니면 세련된 단발머리에 청바지도 여전히 잘 어울리는 모습? 멋지다고 칭송받는 시니어 모델 같은 그런 노인인가? 아니면 인스타그램이나 유튜브의 인플루언서? 그러다가 생각했다. 그렇다면 지금 우리 곁에 존재하는 할머니들은 어떤 모습일까. 어쩌면 현재 타인의 늙음은 곧 미래 나의 늙음일 것이다.

요양원에 있던 내 할머니는 표정이 없고 다른 사람들과 식별이 어려울 정도로 똑같은 머리를 하고 있었다. 노인은 시설에 있는 것이 당연한가라는 논의는 둘째 치고라도, 할머니들의 모습은 왜 그리 비슷한 것일까. 할머니는 자기 관리를 못해서 개성도 없이 똑같은 모습으로 늙어가는 것일까. 미래의 할머니상을 새로이 구할수록 현재의 할머니들이 소외된다는 점에서 '나는 이러이러한 할머니가 될 거야'라는 말이 어쩐지 울적하게 다가

왔다. 이 말은 늙음을 소외시키는 또 다른 방식일 뿐이다. 쪽방촌의 삶을 다룬 《노랑의 미로》의 서혜자, 폐지 줍는 여성 노인의 삶을 분석한 《가난의 문법》의 윤영자, 다양한 소수자의 목소리가 담긴 《나는 숨지 않는다》의 노숙인 김복자, 이 가난한 여성 노인들은 누군가의 미래에서는 물론이고 지금 여기, 현재 시점에서도 지워진 존재다. 돈도 '효도 자원'도 없는 이들은 수시로 위험에 처하지만 노인학대는 아동학대처럼 공분을 일으키지도 않는다. 늙어갈수록 외모만이 아니라 문화적으로도 세월에 열심히 저항해야 '자기 관리' 잘하는 사람으로 여겨진다.

늙은 호박은 달고 어여쁘다. 수백 년 된 고목은 보호받고 신령스럽게 여겨진다. 그러나 늙은 사람은 아름답지 않게 여겨지며 그 노동력도 싼값에 후려쳐진다. 돈 없이 늙으면 쓸모없고 보기 흉한 인간 취급을 받지만 그나마 돈 많은 노인은 자본주의 시장에서 마치 재개발 대상의 낡은 아파트처럼 쓸모를 인정받는다. 그들의 노화, 질병 나아가 죽음도 모두 돈벌이 수단이 되기 때문이다. 실버타운에 거주하다가 알츠하이머에 걸려 서서히 죽어간 어머니의 마지막을 기록한 최현숙의 《작별일기》는 이러한 대비를 잘 보여준다. 저자의 어머니는 보증금 2억에 매달 200만 원씩 돈을 내야 하는 실버타운에 있지만 저자는 평범한 요양원에서 요양보호사로 일하며 전혀 다른 계층의 늙음을 마주한다. 알츠하이머가 심한 여성 노인도 화장 서비스를 받을 때 행복해한다고 한다. 우아한 늙음에 환호하기에는 돈의 실체가 결코 가볍지 않음을 증명하는 일련의 대비되는 사건들을 목격한다. 대다수의 노인들은 생계를 걱정한다. 게다가 비싼 서비스를 받을 수 있는 실버타운에는 남성이 많고 일반 요양원에는 여성이 더 많다. 평균수명은 여성이 더 길지만 그만큼 긴 노년의 삶을 여성이 더 가난하게 살아간다.

늙음의 보조
'''''

'틀딱'이라는 말이 있다. '틀니 딱딱'의 줄임말로 틀니가 딱딱 부딪치는 소리를 형상화한 단어다. 틀니를 낀 노인을 비하하는 말로 '틀딱충'이라고도 한다. 틀딱은 분명히 노인 비하이지만 정확히는 가난한 노인 비하에 가깝다. '갓플란트'는 갓God과 임플란트의 합성어로 틀니보다 상대적으로 값비싼 임플란트 시술을 한 노인을 일컫는다. '갓'을 붙여 임플란트를 한 노인을 추켜세운다. 다시 말해 단지 치아를 상실한 늙음을 비하하는 차원을 넘어 상실된 치아를 대체할 수 있는 경제력에 따라 노인의 계급을 나누는 것이다.

이처럼 치아 건강은 계층을 반영한다. 평소 치아를 신경 쓰고 관리할 수 있는 돈과 시간, 치과 의사와의 인맥 유무에 따라 애초에 치아 상실의 위험 또한 달라진다. 최현숙은 빈곤 노인 현장에서 본 거의 모든 임종 장면에서 가장 마음 아픈 부분이 얼굴이라고 했다. 틀니를 뺀 노인들의 푹 팬 볼 때문이다.[29] 한승태는 양계장에서 함께 일하는 사람들과 식사하면서 "계급이란 것은 옷차림이나 대학 졸업장으로 드러나지 않을 때 이빨로 드러"

난다는 사실을 발견했다. 한승태가 만난 양계장 노동자들 중에 치아에 문제가 없는 사람이 없었다. 저임금으로 혹독한 노동을 하는 노동자들에게 "이빨에 생긴 문제는 참을 수 있을 만한 불치병"처럼 여겨졌던 것이다.[30]

나이가 들면 노화된 신체를 보조하기 위해 여러 가지 도구가 필요하다. 보행을 보조하는 지팡이나 보행 보조기, 시력을 보조하는 돋보기, 치아를 대신하는 틀니만이 아니라 홀로 대소변을 해결할 수 없을 때 기저귀도 착용해야 한다. 기저귀를 찬 아이의 두툼한 엉덩이는 귀엽지만 기저귀를 찬 노인은 성인으로서 배변을 스스로 조절하지 못한다는 면에서 수치심을 느낀다. 힘이 약해진 노인은 타인에게 의존하는 존재가 되었기에 부족한 인간으로 취급받는다. 흔히 사람들은 의존과 독립을 대립적인 관계로 이해한다. 그렇기에 타인의 돌봄이나 여러 보조 기구를 이용해 신체 노화를 보조하는 노인은 독립적이지 못한 인간이며 사회에서 더 이상 생산성이 없는 퇴물 취급을 받는다.

존중받는 늙음의 보조 도구는 오직 돈이다. 흔히 우스갯소리로 나이를 먹으면 '입은 다물고 지갑을 열라'고 한다. 지갑으로 대신 말할 수 있는 사람만이 갖출 수 있는 '우아함'일 것이다. 현실에서는 지갑을 여는 사람이 입도 잘 열고, 그들의 말이 세상에 더 잘 들린다. 다시 말해 지갑을 열지 못하는 사람은 입도 열지 못한다. 즉, 발화권은 경제력과 비례한다. 게다가 나이 들어갈수록 입을 다물어야 한다는 '덕담'도 썩 편히 들리진 않는다. 실제로 현실 정치는 진보적일수록 나이 든 사람의 목소리를 무시한다. 그래서 민주당 황운하 의원은 "대부분 저학력 빈곤층 그리고 고령층"이 윤석열을 지지한다는 발언까지 서슴없이 했다. 2004년 정동영이 60~70대는 투표하지 말고 집에서 쉬라는 발언을 한 이후 정치적으로 얼마나 큰 타격을 받았는지 잊었나 보다. '태극기 노인' 혹은 '태극기 부대'는 정치적으로 진보라고 생각하는 사람들의 입장에서 보수적인 노인을 이르는 멸칭으로 자리 잡았다. 더 심하게는 노인이라는 점을 강조하기 위해 '틀극기'라고도 부른다. '진보'는 꾸준히 나이 듦을 업신여기며 나아가려 한다. 아마 나이 든 당사자들이 목소리 내기 어렵기 때문일 것이다. 자본주의 사회에서 노인이란 그저 비생산적인 무노동 존재라 여겨진다.

노인을 정치적으로 중요한 주체로 생각하지 않는 현상은 여성 노인을 향해서 더 도드라진다. 가령 윤석열이 대선 경선 토론회에 나올 때 손바닥에 '왕王'자를 쓴 사실이 알려진 일이 있었다. 무속인의 도움을 받는다는 의혹에 대해 윤석열 측은 "동네 할머니들이 토론회 갈 때 몇 차례 힘 받으라고" 써준 것이라 해명했다. 윤석열 본인도 동네 할머니가 써줬다는 '왕'자에 대해 "아무래도 우리나라 여자들이 점 보러 많이 다니니까"라고 해명했다. 페미니즘이 저출생의 원인이며, 군 사기 저하는 여성의 사회진출 탓이라던 그에게 여성은 정치적 권리를 가진 시민이 아니라 출산을 하고 사회로 진출하지 말아야 하며, 점을 보러 다니는 존재인 것이다.

색깔

우리가 인간을 색깔로 말하지 않는다면

색으로 말하다

"손수건을 흔들면 임이 오신다기에 흔들었던 손수건 노란 손~수
~건" 태진아의 노래 〈노란 손수건〉. 빨간 손수건이나 보라, 검정
손수건이 아니라 왜 노란 손수건이어야 했을까. 노란색은 안전
을 뜻한다. 임이 오신다니 안전하게 돌아오길 바라며 노란 손수
건을 흔든 것이다. 세월호 사건 이후 노란 리본 달기 캠페인을 한
이유도 희생자들의 무사 귀환을 바라는 의미였다.

　　인간은 대체로 다른 동물보다 후각이나 청각은 약하지만 시
각이 예민하여 다양한 색을 인지한다. 그래서 우리는 종종 색으
로 소통한다. 장례식에 조문을 갈 때는 가급적 검은 옷을 입고,
소방차는 빨간색이며, 신호등의 색깔은 붉은색과 초록색 계열로
만들어졌다. 노란색은 경고를 준다. 몇몇 색은 세계 어디에서나
동일한 의미를 가지는 공통 언어처럼 사용되기도 한다. 각각의
색은 마음속에 어떤 형태와 느낌을 전달한다. 예를 들어 향토색
이라고 할 때 핑크색을 떠올리진 않는다. 주로 흙과 초록색 식물
이 어우러진 이미지를 연상한다. 시각 장애인에게 색을 설명할
경우 붉은색은 뜨겁거나 따뜻한 색으로, 푸른색은 차가운 색으
로 설명한다. 육체노동자와 사무직 노동자를 각각 '블루칼라'와
'화이트칼라'라고 부르듯이 색은 때로 계층을 상징하기도 한다.
물론 나는 '블루'와 '화이트'의 계층 구별은 근대 이후 남성 노동
자를 대상으로 한 언어라고 생각한다. 여성의 작업복인 앞치마
는 대체로 동서양 모두 전통적으로 흰색이었으며 르네상스 시대

유럽의 남성 석공들도 흰색 앞치마를 사용했다.[▲]

오늘날 정치에서 빨간색은 빨갱이라는 의심을 받을 일이 없는 정치 집단, 곧 레드 콤플렉스에서 자유로운 집단이 사용한다. 한국의 국민의힘, 미국의 공화당은 모두 빨간색을 쓴다. 최서원(최순실의 개명)이 박근혜 정부에서 정부 상징색을 오방색으로 바꾸었듯이, 색의 의미는 종종 정치적이며 무언가를 기원하는 의미를 담는다. 정치인이라면 각자 넥타이와 마스크 등의 색깔을 소속 정당의 색깔로 맞추는 정도는 하기 마련이다. 이처럼 인간은 색깔을 '읽기' 때문에 언어 속에서 색은 여러 역할을 해왔다.

색깔을 언어적 수사로 활용하는 인간은 과연 색의 차이를 어디까지 구별할 수 있을까. 김초엽의 단편소설 〈스펙트럼〉은 인간의 색채 언어 활용이 극히 일부분에 불과할지 모른다는 상상에서 탄생했다. 인류 최초로 외계 생명체와 조우해 40년간 함께 지냈던 우주인 희진은 지구로 돌아올 때까지 그들의 언어를 해석할 수 없었다. 희진이 우주를 떠돌다 만난 그 생명체들은 색의 차이와 패턴으로 서로 소통하고 생각을 기록했다. 그들은 색상의 차이로 의미를 만드는 섬세한 색채 언어 사용자였다. 색이 곧 그들의 문자였던 셈이다.

인간에게 문자는 문명의 상징이고 인간을 다른 동물과 구별

▲   예를 들어 한국의 고구려 벽화 안악3호분에는 여성이 흰색 앞치마를 두르고 주방일을 하는 모습이 그려져 있다. 김주희·채금석, 〈동·서양 복식사를 통해 살펴본 한국 앞치마(apron)의 특성〉,《한국의류학회지》, Vol. 42, No. 1 (2018) 159~171쪽.

해주는 최고의 발명품이다. 이 문자 덕분에 기록을 남겨 역사를 전할 수 있었다. 문자가 가지는 권위는 한편으로는 다른 소통 언어에 대한 경시를 만든다. 색채 언어, 몸짓 언어 등 비문자 언어는 낮은 문명의 것으로 취급받는다. 그러나 〈스펙트럼〉의 우주에서 희진은 "도구가 없어 무력한 학자"일 뿐이었다. 인간이 자부심을 느끼는 문자와 도구는 희진이 만난 세계에서 무력화된다. 인간의 눈으로는 도저히 식별할 수 없는 색의 차이처럼, 인간은 언어의 수많은 가능성 중에서 극히 일부만 이해하고 있을지도 모른다.

오늘날 성소수자 운동의 상징색은 무지개색이다. 무지개는 다양성을 잘 보여주는 자연현상이다. 무지개처럼 다양한 색으로 어떤 세계의 다양성을 표현하는 건 비단 성소수자 운동에서만 볼 수 있는 현상은 아니다. 19세기 스리랑카에서 제작된 '국제불교기'도 파랑, 노랑, 빨강, 흰색, 주황 등 여러 색으로 이루어졌다. 색은 어울림이 중요하다. 홀로 아름답기보다 주변의 다른 색과 어울려야 한다. 같은 색상의 옷이라도 그 사람의 피부색과 체형 등에 따라 달리 보인다. 색은 결코 그 자체의 힘으로만 빛날 수 없고 주변과의 어우러짐 속에서 의미를 갖는다. 그러나 색을 보는 사람, 색의 위계를 규정짓는 사람, 존재가 색이 되는 사람은 각기 다른 위치에 있어 어우러질 수 없다. 색을 지배하는 인간은 동물의 색깔도 지배하려고 한다. 근친교배를 해서라도 특정 색의 몸을 가진 동물을 얻어내려고 한다.[31] 인위적으로 만들어진 동물의 몸 색깔은 인간이 사용하는 가죽을 위해서다. 색을 지배하고 소유하며 때로 배척하려는 그 욕망이 인간의 삶 곳곳에서 작용한다는 사실을 알 수 있다.

흑과 백

"어둠은 빛을 이길 수 없다"는 은폐된 진실을 갈구할 때 많이 쓰이는 말이다. 2008년 천주교 정의구현사제단의 시국미사를 통해 널리 알려진 이 문장은 성서의 요한복음 1장 5절에서 인용했다. 2014년 세월호 사건 이후 발표된 〈진실은 침몰하지 않는다〉라는 노래도 "어둠은 빛을 이길 수 없다"로 시작하고 그 뒤에 바로 이어지는 문장은 "거짓은 참을 이길 수 없다"이다. 어둠과 빛, 거짓과 참이 대구를 이룬다. 어둠은 거짓이고 빛은 참이다. 어둠은 검정으로, 빛은 흰색으로 그려진다. 이 '정의로운' 문장에 괜히 부적절한 시비를 거는 듯하여 망설여졌지만, 이 문장의 의도를 이해하면서도 한계를 동시에 알아갈 때 오히려 다양한 진실이 더 잘 보이리라 생각한다.

색깔로 표현하기는 시각적 수사와 언어적 수사를 동시에 사용하는 방식이다. 색의 이름을 들을 때 시각적 연상작용이 일어나기 때문이다. 예를 들어 여성 생리용품의 이름은 청결한 느낌을 주기 위해 '화이트'로 짓는다. 다른 어떤 색보다도 특히 흰색과 검은색은 절대적인 대비를 이룬다. 과거의 명예를 잃고 변질된 사람을 향해 속어로 '흑화'되었다고 하고, 과거의 수치스러운 경험은 '흑역사'라고 한다. 검정을 뜻하는 '흑'은 이처럼 타락과

악을 상징한다. 결핵은 폐에 산소가 제대로 공급되지 않아 얼굴이 점점 하얗게 질려가는 병이다. 그래서 '하얀 죽음'이라 불린다. 하지만 '하얀'색이 이 질병을 상징하는 색깔이 되면서 질병의 고통은 미화되었다. 반면 '검은 죽음'이라 불리는 흑사병은 질병에 대해 구체적으로 알지 못하더라도 '검은'색의 이미지가 공포를 불러일으킨다.

모든 색은 보색이 있다. 빨강과 초록은 보색이지만 이 둘은 도덕적으로 적대하지 않는다. 그러나 흰색과 검은색은 도덕적으로 완벽하게 반대를 뜻한다. 흰색과 검은색은 일반적으로 색상환에 포함되지 않는다. 이 색들은 색이면서도 색이 아니다. 또한 흰색과 검은색은 인간의 이분법적 사고를 가장 선명하게 보여주는 색깔들이다. 《그들의 눈은 신을 보고 있었다》에서 "피부가 우윳빛"인 터너 부인은 "커피에 크림을 탄 것 같은" 재니의 피부가 상대적으로 덜 까맣기 때문에 재니를 그나마 다른 흑인보다 좋아한다. 터너 부인은 흑인들과 결혼하는 건 생각만 해도 끔찍하다며, "우리는 인류를 좀 더 밝은색으로 만들어야" 한다고 주장한다.[32]

흰색이 순수와 선함, 고결함을 뜻할 때 검은색은 오염되고 타락하고 더럽고 거짓된 성질을 상징한다. '까마귀 노는 곳에 백로야 가지 마라'라고 할 때 까마귀(악)와 백로(선)는 단지 그 색깔 때문에 인간의 시각에서 선악의 상징이 되었다. 그런데 흰색이 가진 '선'의 이미지는 고대 언어학자에 따르면 르네상스 이후에 자리 잡았다.[33] 하지만 한국이나 중국 문화에서는 훨씬 더 이

전부터 흰색과 검은색을 선악 구도로 여긴 듯하다. 검은 먹을 가까이하면 사람도 검게 변하니 나쁜 사람을 가까이하지 말라는 뜻을 가진 '근묵자흑近墨者黑'이 3세기 중국 서진의 학자의 글에 나오기 때문이다.

'새빨간' 거짓말, '시커먼' 속내는 부정적 이미지를 연상시킨다. 반면 거짓말에도 'White'가 붙으면 '선의의 거짓말White lie'이 된다. '회색분자'라는 단어는 상당히 부정적 의미로 쓰이는데 회색이 바로 그 이분법적 틀에 맞지 않기 때문이다. 이분법적 대립은 인종을 구별하는 언어에서 특히 강한 정치적 효과를 발휘한다. 백인은 정말 피부가 흰색인가. 흑인은 오직 검은색 피부만을 가졌는가. 내 피부는 노란색과 거의 무관하지만 아시아인이기에 노란색(황인종)으로 구별된다.

인권 의식이 발달하면서 많은 언어들이 인종에 대해 언급할 때 색을 강조하지 않는 방식으로 변해왔다. Black 대신 African으로, Yellow 대신 Asian으로 부르며 지리적 위치가 색을 대신하게 되었다. 한국에서 오랫동안 '살색'이라 부르던 색은 '살구색'으로 이름이 바뀌었다. 살색은 한 가지 색이 아니기 때문이다. 살색이 살구색으로 이름을 바꿔가는 동안에도 여전히 누군가는 사람을 부를 때 '검둥이'나 '깜댕이'와 같은 말을 고집한다. 그 반대인 '흰둥이'는 '검둥이'처럼 사람을 향해 사용하지 않는다. 흰둥이는 주로 개나 동물의 이름에 한정된다. 다시 말해 동일한 인격체로 여길수록 색깔로 표현하지 않는다.

'백인'이라는 단어엔 '백White'이라는 색이 들어가지만 이

때의 흰색은 '색깔 없음'을 뜻하기도 한다. 그래서 비백인을 '색이 있는Colored' 사람으로 분류한다. '백인'에는 어떠한 비하나 멸시의 의미가 담겨 있지 않다. 흰색은 언제나 도덕적 우위를 점한다. 나치가 정권을 잡았을 때나 아파르트헤이트 정책이 실행되었을 때, 일본인을 다른 '유색인'과 분리하기 위해 '명예백인Honorary whites'이라 불렀다. 즉, 백인성의 부여는 곧 인간으로 인정하는 것이다.[34]

2022년 2월 러시아의 우크라이나 침공으로 전 세계가 술렁였다. 이때 서구 언론에서는 유럽에 속하는, 곧 '문명'에 속하는 우크라이나가 초토화되고 '백인'들이 피난민이 된다는 사실에 더욱 감정적으로 동요했다. 금발에 푸른 눈의 사람들이 죽어간다고 보도했다. "그들은 우리와 정말 닮았다They seem so like us."[35]고 하면서 다른 어떤 전쟁보다 고통에 감정이입하는 모습을 보였다. 물론 인간은 자신과 닮은 대상에게 더 쉽게 감정이입한다. 그러나 그 태도는 단지 생물학적으로 닮았기 때문만은 아니다. 미국인을 대상으로 누가 사람으로 느껴지는지 조사했을 때 미국인을 제외하면 유럽인이 가장 사람으로 느껴지고 그다음이 일본인이라고 답했다. 가장 사람으로 느껴지지 않는 그룹은 무슬림이었다.[36] 생물학적 외양만이 아니라 정치적 관계에 따라 사람으로 느끼는 정도가 달라진다.

색과 인종주의
′ ′ ′ ′ ′ ′

색과 인종주의는 생각보다 치밀한 관계로 얽혀 있다. 아프리카를 '검은 대륙'이라 부를 때 이 언어 안에 인종주의적 편견이 없다고 우길 수 있을까. 색과 인종의 연결은 19세기에 노골적으로 진행되었다. 안타깝지만 비백인인 한국인도 이 인종주의 시각을 내면화했다. "피부색에 대한 현대인이 가지고 있는 편견의 원인을 신체나 문화적 요인이 아니라 역사적 사실에서 찾아야 한다"는 W.E.B. 듀보이스W.E.B. Du Bois의 진단이 옳다.[37] 한국 언론이 아프리카를 칭하는 방식을 보자.

> "검은 대륙의 코로나, 더 암울하다" 2020. 12《경향신문》
> "검은 대륙의 코로나… 속수무책" 2021. 1 MBC

20년 전 뉴스라면 다행이지만 우리는 여전히 아프리카를 '검은 대륙'이라 호명하는 언론과 마주한다. 넬슨 만델라Nelson Mandela는 수없이 '검은 대륙의 대통령'으로 불리곤 했다. '하얀 대륙'이라는 말은 사용하지 않는다. 어쩌다 러시아를 '하얀 대륙'이라 부르기도 하지만 이는 피부색이 아닌 추운 날씨와 눈이 많이 쌓인 설경으로부터 비롯된 말이다.

백인 재현의 정치학을 파헤친 리처드 다이어Richard Dyer가 저서《화이트》에서 말했듯이 "우리가 인간 집단을 가리키는 말로 색 용어를 사용하지 않았다면 분명 더 좋은 세상이 되었을 것이다." 한국인의 외모지만 실제로 한국 국적이 아닌 사람을 검은 머리 외국인이라 한다. '검은 머리'는 한국, 나아가 아시아인의 외모를 상징한다. 한편 '금발에 파란 눈'은 백인의 전형적 외모로 여겨지지만, '금발'은 서구에서도 그들이 동경하는 미의 기준이다. 밝을수록 더 아름답다고 생각하기 때문이다. 그리고 그 밝은 아름다움이 곧 '선'이라 여겨진다. 윤석열 대통령 당선 후 쏟아져 나오는 언론의 찬양 기사 중에는 목욕탕에서 만난 주민이 윤석열의 피부가 "뽀얘"라고 말했다는 내용까지 있었다.[38] 뽀얗다는 말은 단순히 '하얗다'와는 달리 보기 좋은 건강함을 의미한다.

색깔로 표현하기는 때로 존재를 물화한다. 인격체를 색깔로 표현하는 것에 익숙해지면 고등학생들이 아프리카의 장례 문화를 패러디하며 얼굴에 검은 칠을 한 것이 왜 문제인지 모르는 상태가 된다.▲ 백인 분장을 위해 얼굴을 하얗게 칠하진 않는다. 한국인은 얼굴을 검게 분장해도 '흑인이 아닌' 존재다. 흑인 분장은 흑인 아닌 정체성을 더욱 강조한다. 흑인이 아닐수록, 얼굴에 검은 칠을 하는 위치에 있을수록 백인과 동일시된다. 백인이 태닝으로 피부를 어둡게 만들어도 그 색은 조롱받지 않는다. 태닝은 백인의 정체성을 결코 조롱하지 않는다. 중산층의 태닝이 야외에서 일하는 농부와 노동자의 그을린 피부로 '오해'받을 우려가

▲ 2020년 의정부고등학교 졸업사진 가운데 학생들이 '관짝소년단'을 패러디하며 얼굴에 검은색을 칠하고 흑인으로 분장한 사진이 '인종차별적'이라는 논란이 일었다. 가나의 장례식장에서 관을 이동하는 상여꾼들이 춤을 추는 영상이 'Coffin Dancer'란 이름으로 알려지면서 유튜브에서 일종의 '밈 Meme'으로 소비되어 여러 나라에서 큰 인기를 끌었다.

없듯이, 인위적으로 피부를 짙은 색깔로 만드는 행위는 자신의 인종과 계층이 안전한 '색깔'을 갖고 있기 때문에 가능하다.

토니 모리슨Toni Morrison의 《빌러비드》에서 할머니 베이비 석스는 말년에 색깔만 찾았다. 노예였던 그에게 색깔은 어떤 의미였을까. 베이비 석스의 죽음 후 가족인 세서는 생각한다. 곧 세서는 왜 베이비 석스가 말년에 색깔만 생각하고 살았는지 그 이유를 알게 된다. 피부색으로 모든 것이 규정되던 비인격체 흑인이었던 베이비 석스는 더 이상 노예가 아닌 신분이 되자 세상의 색깔을 읊는다. '색이 있는' 존재이기만 한 것이 아니라 그도 색을 보며 즐기는 존재이다. 베이비 석스가 사는 동안 색을 즐기기는커녕 제대로 색을 바라볼 틈도 없었다는 사실을 세서는 알아간다. 베이비 석스는 죽음에 다다르면서 색을 하나하나 느끼고 즐기기 시작했다. 파란색, 노란색, 초록색, 분홍색까지 즐기다가 세상을 떠났다. 베이비 석스에게 색은 무엇이었을까. 그 자신은 색을 보는 사람이 될 수 없었다. 자신이 바로 색깔이었으므로. 색으로 대상화된 인간은 색을 바라보는 주체가 될 수 없었다. 따라서 노예 신분에서 벗어난 인생 말년이 되어서야 베이비 석스의 눈에 색이 들어온 것이다. 그렇지만 마지막까지 그는 붉은색만은 즐길 수 없었다고 한다. 아마도 수많은 죽음을 연상시키기 때문이었을 것이다.

미셸 오바마의 2016년 전당대회 연설 중에서 가장 인상적인 부분은 '백악관' 안에 있는 '흑인'의 존재를 부각하는 문장이었다. "매일 아침 나는 노예들이 지은 집에서 일어나 내 딸들, 아름답고 지적인 젊은 흑인 여성 두 명이 백악관 잔디밭에서 개들과 노는 걸 봅니다." 백악관과 가장 거리가 먼 존재처럼 여겨지는 젊은 흑인 여성들이 개들과 노는 모습을 전달하는 한 문장만으로도 시대의 변화를 압축적으로 설명한다. 게다가 그는 '아름답고 지적인'이라는 형용사를 사용했다.

1960년대 흑인 민권운동에서 "검정(흑인)은 아름답다Black is Beautiful"는 문화운동의 구호였다. 이는 1930년대 프랑스 식민지의 흑인 작가들이 주체가 된 네그리튀드Négritude 운동▲에서 비롯되었다. 한국인이 흰 피부를 선호하듯이 벨 훅스bell hooks는 흑인들 사이에서도 덜 흑인처럼 보일수록 아름답게 여겨진다는 점을 지적했다. '검정은 아름답다'는 악하고 열등한 상징으로 쓰이는 검정에 대한 관념을 바꾸기 위해서, 검정이 검정을 사랑하게 만들기 위해서, 검정 안에는 여러 색이 포함되어 있음을 보여주기 위해서 시작된 운동이다. 색의 3색을 섞으면 검정이 되지만 빛의 3원색을 섞으면 흰색이 된다. 다시 말해 검정 안에도, 흰색 안에도 실은 여러 색이 섞여 있다.

20세기 초《니그로》를 통해 아프리카의 역사와 서구가 자행한 흑인 차별 및 폭력을 정리한 듀보이스는 흑인의 피부가 실제로는 매우 다양하다는 사실을 강조한다. "사람들이 말하는 것

▲ 레오폴 세다르 상고르, 에메 세제르, 레옹 다마스가 1930년대 프랑스에서 이끈 흑인문학운동 단체이며 이념이다. 주로 프랑스 식민지 출신 작가들로 인종차별에 대항하고 흑인 문화유산을 통해 프랑스의 식민 지배에 저항하고자 했다.

처럼 아주 새까맣거나 남빛이 아니다. 옅은 갈색이거나 황색인 경우가" 많으며, "피부 색소는 햇볕으로부터 피부를 보호하기 때문에 햇볕의 강도에 따라 피부색이 달라진다. 따라서 아프리카에서는 사막의 뜨거운 햇볕 아래 사는 새까만 흑인, 숲에 사는 붉은 피그니족, 남쪽의 서늘한 고원에 사는 황색 부시먼족 등"으로 나뉜다고 한다.[39]

흑과 백의 선명한 분리, 나아가 백의 뚜렷한 도덕적 우위는 다른 모든 '색깔'이 백을 선망하도록 만든다. 흑과 구별되려면 백이 되어야 한다. 그렇게 비백인은 인종주의를 내면화한다. 소위 'K-뷰티'의 피부색주의Colorism는 이러한 인종주의를 더욱 부추긴다. 상대적으로 한국보다 피부색이 짙은 동남아시아 시장을 대상으로 한국의 '미백' 산업은 더욱 효과를 발휘한다. 한국은 '미백의 나라'이다.[40] 그리고 지금, 여기에서 '화이트'가 아닌, '색깔 있는' 한국인이 다른 색깔에 대해 꾸준히 차별적 언행을 쏟아낸다. 나아가 이분법적 인종주의 구도 안에서 아시아인은 보이지 않는 인간이 되어간다.

황색 주의
▎ ▎ ▎ ▎

지명은 정치적 목적에 따라 강조되거나 감춰진다. 예를 들어 원자력 발전소에 월성, 고리 등의 이름을 붙여서 어디에 있는지 해당 지역 사람이 아니라면 곧장 인지하기 어렵게 만들었다. 월성은 경주에 있고 고리는 부산에 있다. 경주와 부산 대신 월성과 고리라는 지명을 원전에 붙임으로써 위험이 상대적으로 멀리 있는 것처럼 착각하게 만든다.

오늘날 '코로나19'로 불리는 바이러스는 초기에는 발생 지역의 이름을 따서 '우한 폐렴'이라 불렸다. 순식간에 중국에 대한 경계심이 형성되었다. 백신도 치료제도 없는 데다 물리적으로 가까운 중국에서 많은 사람들이 감염되어 사망하고 있으니 충분히 공포스러울 만하다. 개개인의 과잉 공포를 너무 탓할 수는 없다. 문제는 이때다 싶어 정치적 혼란을 만들어내는 정치인이다. 이들은 공포를 부추겨 정치적 야심을 이루려 한다. 일부 보수 언론도 이에 합세한다. 질병에 대한 사회 구조적 원인을 찾는 등 사태를 해결하기 위한 노력을 오히려 교란하려 애쓴다. '우한'이라는 지역명과 '중국인'이라는 국적에 과도하게 집착하도록 만든다. 대선 토론에서도 윤석열은 '코로나19'라는 공식적 이름이 생긴 지 2년이나 지난 시점에서 굳이 "우한 바이러스"라는 표현을 썼다. 중국인 혐오에 편승하기 위해서다. 이처럼 정치적 의도에 따라 어떤 지명은 숨기고 어떤 지명은 강조한다.

'우한 폐렴'이라 이름 붙이고, 중국인을 막으면 '우리'는 안전한가. 내 면전에서 '유럽 내 중국인 혐오'에 대해 말하며 "한국인은 괜찮다"고 하던 우스운 배려를 보여준 한 '유럽인'이 생각났다. 중국인 혐오에서 한국인이 깔끔하게 분리되는 건 가능하지 않다. 그토록 잘 구별한다면 왜 길거리에서 아시아인을 희롱할 때 '니하오~'라 말할까. 곧, 중국인에 대한 배척은 모든 아시아인에 대한 혐오로 나아간다. 실제 아시아 바깥에서는 이미 그러한 현상이 진행 중이다. 프랑스의 한 언론에서는 코로나19 초기에 "황색 주의Alerte Jaune", "황색 위험Le Péril Jaune"이라는 인종차별적 표현을 사용했다.▲ 논란이 일자 언론사는 곧장 사과와 함께 입장을 발표했다. 인종차별 의도는 없고, '빨간색' 이전의 '노란색' 단계의 경고를 의미했다는 궁색한 변명을 늘어놓았다. 색깔 언어가 인종주의와 결합한 사실을 모른 척한 것이다. 이처럼 언론은 바이러스에 대한 공포심을 특정 인종에게 향하게 만들어 인종차별을 부추겼다. 이런 분위기 속에서 아시아인에게 물리적 구타를 행하고, 공공장소에서 대놓고 눈치를 주는 행동이 벌어졌다. 평시에는 잘 감춰져 있던 차별적 의식이 위기 상황이 되자 이렇게 떠오른 것이다. 중국인을 비롯한 많은 아시아인이 '나는 바이러스가 아닙니다'라고 SNS에 해시태그를 거는 운동에 동참했다.

아시아인을 황색과 연결 지어 비하하는 것은 이미 서구 문화 곳곳에서는 흔한 일이었다. 실비아 플라스는 《벨 자》에서 부정적 의미를 표현할 때 "난 중국 사람처럼 누렇게 떴다"라고 썼다.

"크고 뿌연 눈으로 날 멍하게 바라보는 중국 여자가 보였다. 물론 거울에 비친 나였다."

▲ 프랑스의 지역 언론인 《르 쿠리에 피카르Le Courier Picard》는 2020년 1월 26일 자 발행 신문에서 1면에 마스크를 쓴 여성 사진과 함께 "황색 주의! ALERTE JAUNE!"라고 크게 표기하며 코로나 소식을 전했다. "황색 주의" 위에는 "중국 코로나바이러스Coronavirus Chinois"라고 작게 덧붙였다.

"그럼 땅딸막하겠네. 아즈텍족처럼 못생겼을 거고."

"거울에 비친 얼굴은 병든 인디언 같았다."⁴¹

〈겨울나기〉라는 그의 시에서도 "어렴풋한 중국인같이 누르스름한 빛"이라는 표현이 등장한다. 플라스는 중국인과 미국 원주민들을 지속적으로 '못생기고', '병든' 상태를 은유할 때 끌어온다. 백인이 미의 기준점이 된다는 의미다. 백인은 색이 없음으로써 색의 우위를 점한다. 그렇기에 색깔로 불리는 타자들은 모두 백인보다 열등한 존재가 된다. 미국의 보수적이고 교양 없는 백인을 경멸적으로 이를 때면 '레드넥Redneck'▲이라고 불러 그들의 '색깔 있음'을 강조하듯이, 백인의 기준에서 사람에게 색을 넣어 부르는 행위는 모욕을 주기 위해서다. 요즘은 잘 쓰이지 않지만 19세기에 '홍인종Red Men'이라는 단어는 아메리카 원주민을 가리키는 대단히 모욕적인 말이었다.

인종주의는 다양하게 분화한다. '새까만' 혹은 '누런'이라는 색깔로 지칭되는 원색적인 인종주의부터 국가의 경제 수준에 따라 한국인이 차별적 태도를 보인다는 뜻으로 박노자가 만든 GDP인종주의에 이르기까지 차별은 섬세하게 이루어진다. 백인, 정확히는 잘사는 백인 남성과 동화되려는 욕망은 이 조건에서 멀어진 정체성을 쉽게 지운다. 이제는 '코로나 인종주의'까지

▲ 19세기 후반에 나온 표현으로, 미국 남부 백인 농부의 햇빛에 그을린 붉은 목을 가리킨다. 가난하고 저학력인 남성 농부 혹은 노동자의 정치적 보수성을 비하하는 표현으로 자리 잡았다.

등장했다. 이때 바이러스는 인종주의를 합리화하기 위한 핑계에 해당한다. 한 인격체는 거대한 바이러스가 된다.

게다가 한국인이 나라 밖에서 중국인으로 오해받을까 봐 걱정하는 마음과 중국인 국내 입국을 금지하자는 목소리 사이에는 얼마나 큰 차이가 있을까. 나라 밖에서는 인종주의의 피해자처럼 구는 동시에 나라 안에서는 적극적으로 인종주의를 생산한다. 이 모순을 돌아보지 않는 한 이와 같은 현상은 반복될 것이다. 실제로 한국인의 내면화된 인종주의도 심각한 상태다. 미국에서 조 바이든의 대통령 취임 이후 다양한 정체성의 정치 참여를 두고 한국의 언론이 "백악관 색이 달라진다… 흑인·여성·라티노 부른 바이든 백악관"(《중앙일보》, 2020. 11. 18.)이라고 했다. 사람을 그저 색으로만 구별하는 인종주의 시각이 잘 드러난다.

순자와 순자

나라 밖의 인종주의와 우리 내면의 인종주의는 이처럼 긴밀하게 연결되었다. 인종주의의 복잡한 얼굴은 한국인이 다른 나라에서 어떤 위치에 있느냐에 따라 한국에서 보여주는 관심의 차이에서도 나타난다.

태평양을 건너 한국에서 미국으로 온 할머니. 그는 딸네 부부의 육아와 가사노동을 돕기 위해 말도 통하지 않는 먼 곳에 왔다. 딸 부부는 당시 한국인들이 많이 하던 병아리 감별사로 일하지만 그 일에 큰 희망은 없다. 딸의 가족은 바퀴 달린 이동식 주택에 거주하며 어떻게든 미국에 정착하려 애쓴다. 할머니는 어린 손자와 한방에서 생활하며 손자의 침대 밑에서 요를 깔고 잔다. 어느 날 아침 손자는 할머니가 누워 있는 이불이 축축하게 젖어 있음을 발견한다. 할머니를 깨웠지만 할머니는 말도 제대로 못 하고 일어나지도 못한다. 딸을 돕기 위해 미국까지 와서 돌봄노동을 하던 할머니는 갑작스러운 뇌졸중으로 오히려 딸에게 부담을 안기는 존재가 되고 말았다. 조금이라도 자식들에게 짐이 되지 않으려 애쓰던 할머니는 불편한 몸으로 뭐라도 해보려 하지만 역부족이다. 바로 영화 〈미나리〉의 순자 이야기다. 순자를 연기한 배우 윤여정은 아카데미 여우조연상을 받으며 아시아 여성으로는 두 번째 오스카 수상자가 되었다. 한국 배우로서는 최초의 수상자다.

또 다른 순자가 있다. 69세의 김순자는 미국에 이민 간 후에 여러 직종의 일을 전전하며 자식과 손자들을 먹여 살렸다. "우리 할머니는 파이터였다"고 손녀가 말할 정도로 가족들의 생계를 책임져왔다. 그는 2021년 3월 16일 애틀랜타 총격 사건으로 희생되었다. 〈미나리〉에서 순자를 연기한 배우 윤여정이 아카데미 여우조연상 후보에 올라 관심받고 있던 시기에 실재하는 이민자 순자는 총격 사건으로 억울하게 숨졌다. 전자의 순자는 미국과 한국에서 모두 환대받는 존재지만 후자의 순자는 너무도 확실한 인종차별, 성차별의 희생양이다. 아무 상관없는 순자들의 운명이 시기적으로 겹쳤을 뿐이다. 그러나 현실 속의 순자가 픽션 속의 순자만큼 관심받지 못한다는 점이 내내 마음에 남았다. 이민자들이 받는 관심의 격차도 빈익빈 부익부가 심하다. 소위 성공한 이민자가 '세계의 시민'이 된다면 보이지 않는 곳에서 노동하는 이민자는 자신이 떠나온 나라와 도착한 나라 양쪽 사이에서 모두 잊힌 채 부유한다.

애틀랜타 총격 사건은 백인 남성이 애틀랜타의 아시아인 밀집 지역 마사지 가게 세 군데를 습격한 사건이다. 이 사건은 정황상 아시아/여성을 향한 명확한 증오 범죄에 해당한다. 모두 8명이 사망했고 그중에 여성이 7명이다. 이 7명 중에서 6명이 아시아인이며 이 중에서 4명이 한국계이다. 다시 말해 애틀랜타 총격 사건 희생자의 50퍼센트는 한국계 여성이다. 만약 희생자들이 나이 많은 여성이 아니라 젊은 남성이었다면, 마사지 가게에서 일하는 저임금 노동자가 아니라 하버드 대학을 다니는 젊은 학생이었다면, 훨씬 더 많은 사람들의 입에 화제로 오르내리며 관심 받았을 것이라 짐작한다면 억측일까.

애틀랜타 총격 사건으로 희생된 4명의 한국계 여성 중 김순자 씨 외에 다른 3명에 대해서도 간단히 언급하고 싶다. 51세 그랜트 현정 박 씨는 홀로 두 아들을 키웠다. 자동차가 없었던 그는 제집이 아니라 직장인 마사지 가게에서 숙식하곤 했다. 미국에서 자동차 없이 돈을 벌려면 많은 제약이 따른다. 74세 박순정 씨는 습격받은 마사지 가게에서 직원들의 식사를 담당하는 노동자였다. 마지막으로 63세 영 A. 유 씨는 코로나19의 여파로 2020년 직장에서 해고되었고 그 후 마사지 가게에서 일해왔다. 미국에서 마사지 가게와 네일 가게는 주로 아시아 여성들이 저임금으로 일하는 장소이다.

코로나19 이후로 미국에서 아시아인 증오 범죄는 눈에 띄게 증가했다. 도널드 트럼프가 대통령 시절 퍼뜨렸던 '차이나 바이러스' 발언은 어쩌면 실제 바이러스보다 더 위험할지도 모른다. 아시아인은 표적이 되기 쉬워졌다. 2020년에 아시아인 대상 범죄는 코로나 이전보다 2.5배가량 증가했다. 이 중에서 68퍼센트는 여성 대상 범죄이다.[42] 아시아인 대상 범죄는 아시아 여성 대상 범죄나 마찬가지다. 여성일수록, 나이가 많을수록 범죄의 대상이 된다. 증오는 약자에게 향한다.

아시아 여성들이 이 폭력에 저항하며 거리에 나왔다. 자신이 겪은 수많은 차별을 이야기했다. 그중 누군가는 다음과 같이 말했다. "상담사가 제게 아름답다 칭찬하며 자신은 색맹이라 말합니다."

보이지 않는 '속헹'들
ｊｊｊｊｊ ｊｊｊ

우리가 제일 모르는 것, 우리가 아시아인이라는것
우리가 제일 모르는 것, 우리가 짐승이라는 것
우리가 제일 모르는 것, 우리가 끝끝내 여자라는 것
— 김혜순, 《여자, 짐승, 아시아하기》

아시아인 차별은 인종차별 속에서도 잘 보이지 않는 차별이다. 한국인에게는 '스탑 아시안 헤이트Stop Asian Hate'라는 구호보다

'블랙 라이브즈 매터Black Lives Matter'가 어쩐지 더 익숙하다. 한국인을 비롯한 아시아인에게는 대체로 백인 사회의 관점에서 '모범적인 소수자'의 이미지가 있다. 얌전해 보이고 상대적으로 공부를 잘하며 전문직으로 진출하는 경우도 많기 때문이다. 모범적인 아시아인과 폭력적인 흑인의 구도를 통해 가장 이득을 보는 건 백인 사회다. 모범적인 소수자가 된다고 한들 인종차별에서 과연 자유로울까. 영국에서 활동하는 손흥민 선수도 인종차별에서 예외가 될 수 없었다. "팀에서 가장 눈이 작은 선수", "개나먹어라"라는 폭언을 들었다.

미국 사회에서 아시아인 차별의 역사는 상당히 오래되었다. 미국 내 아시아인 인구는 약 6.5퍼센트 정도이다. 19세기 말부터 미국에서 중국인 이민자가 본격적으로 급증했다. 중국인 이민자가 늘어나자 미국에서는 1882년 중국인 배척법Chinese Exclusion Act이 생겼다. 1924년 다시 이민법이 개정되는데 중국인만이 아니라 사실상 아시아인 이민 금지법으로 활용되었다. 2차 대전 중이던 1943년 이 법은 폐지되었으나 여전히 아시아인 이민자에 대한 제한이 있었다. 아시아인의 자유로운 미국 이주는 1965년 새로운 이민법이 만들어진 이후부터 가능해졌다. 차이나타운은 이러한 배척의 역사 속에서 만들어진 장소다.

거듭 말하지만 우리는 결코 인종차별의 피해자만은 아니다. 한국 안에서 피부색을 두고 벌어지는 차별에 무심한 채 인종차별을 말하는 건 어불성설이다. 이주민 비율이 5퍼센트를 넘으면 흔히 다문화 사회라 한다. 한국의 이주민 비율은 거의 5퍼센트에 가까워지고 있으며 체류하는 외국인만 놓고 보자면 2020년 기준 250만이 넘어 전체 인구의 6.6퍼센트를 넘어섰다. 이미 다문화 사회나 다름없다. 그런데 한국에서 '다문화'는 포용의 언어가 아니라 배척의 언어다. 백인들이 많이 오는 이태원은 '다문화'거리라고 부르지 않지만 동남아에서 온 이주노동자들이 많이 사는 안산은 다문화거리라고 부른다. '다문화'는 '재벌'같은 고유명사다.[43] 홍세화의 정확한 지적처럼 "백인과 결합한 가족은 '글로벌 가족'이고 비백인과 결합한 가족은 '다문화 가정'"[44]이다. 다문화는 비백인을 분리시키는 언어로 자리 잡았다.

현재 한국은 이주노동자의 손길을 빼면 농업, 어업, 축산업, 건설업 등이 굴러갈 수 없을 정도다. 이주노동자 중 다수가 중국이나 동남아에서 온 아시아인이다. 한국 바깥의 노동계층 한인의 삶이 관심받지 못하듯, 한국 안에서 살고 있는 다른 아시아인 노동자의 삶도 외면받는다. 서구 사회로의 진출과 그들의 인정을 갈망하면 할수록 우리 안에 '아시안 혐오'는 무척 깊숙이 자리한다.

어떻게든 살기 위해 미국으로 떠났을 '순자들'이 어처구니없이 죽었듯이, 어떻게든 살기 위해 한국에 온 캄보디아 출신 노동자 속헹 씨는 한겨울에 비닐하우스에서 자다가 숨졌다.▲ 채소

▲ 채소농장에서 일하던 캄보디아 출신 31세 여성 누온 속헹Nuon Sokkheng은 2020년 12월 20일 영하 18도의 한파 속에 비닐하우스에서 사망했다. 사인은 간경화로 인한 합병증이지만, 이 사건에는 이주노동자의 열악한 주거환경과 건강권 문제가 숨어 있다.

농장에서 일하던 그의 죽음을 통해 이주노동자들의 열악한 숙소 문제가 알려졌다. 속헹 씨가 머물던 비닐하우스의 경우 난방이 잘 되지 않았을 뿐 아니라 창문이 없어 햇빛도 들지 않았다. 이주노동자들의 숙소는 주로 농장 곁에 있고 비좁은 공간에서 여러 명이 함께 지낸다. 간이 화장실은 사생활 보호가 어려울 정도로 열악하다. 이런 환경에 노동자들은 월세까지 지불한다. 파프리카, 토마토, 미나리, 상추 등 우리가 일상적으로 먹는 싱그러운 채소들 뒤에는 이주노동자의 저임금 노동, 학대에 가까운 생활이 있다.

다른 나라에 성공적으로 진출하는 이민자에 대한 환호만이 아닌, 우리 사회에서 보이지 않는 이민자의 목소리가 들려야 한다. 속헹의 수많은 동료들은 오늘도 어디에서 잠이 들었을까. 그들은 무엇을 먹고 있을까. 그들은 자유롭게 병원에 갈 수 있을까.

2019년 황교안은 "외국인은 그동안 우리나라에 기여해온 것이 없다"라며 임금을 차등적으로 지불하는 것이 합리적이라는 주장을 폈다. '세금 내는 내국인'과 '세금 안 내고 임금만 받는 외국인'이라는 구도를 만들어 마치 내국인의 세금으로 외국인 노동자를 부양하는 것처럼 보이게 만든다. 전혀 사실이 아니다. 외국인 노동자들도 세금을 낸다. 이런 주장은 외국인 혐오를 부추기는 극우의 주장인데 윤석열 대통령도 후보 시절 "국민 밥상에 숟가락 얹는 외국인 건강보험" 문제를 해결하겠다는 주장을 했다. 역시 사실이 아니다. 비닐하우스에서 사망한 속헹도 의료보험료를 12만 원씩 냈다. 농업 분야 이주노동자들은 직장가입자가 아니라 지역가입자인 경우가 많아 오히려 더 많은 의료보험료를 낸다. 한편, 언어가 서툴고 병원에 대한 정보가 부족하며 일을 쉬기 어려운 환경 때문에 보험료를 납부하면서도 정작 병원에 가지 못한다. 2015년에서 2018년까지 4년 동안 외국인 가입자의 건강보험재정 수지는 무려 9417억 원 흑자였다.[45] 더구나 국내 간병노동자의 다수는 중국동포 여성이다. 외국인 노동자가 내국인의 밥상에 숟가락을 얹고 있는 것이 아니라, 내국인의 돌봄이 이주노동자 여성의 저임금 노동에 기대어 있다는 사실을 인식해야 한다.

이처럼 일부 정치인들은 사실과 전혀 다른 이야기를 퍼뜨리며 자국민을 외국인에 의한 피해자로 만든다. 이들은 억울한 인종차별의 피해자인 듯 굴지만 실은 또 다른 인종차별의 가해자다. 한국은 '선진국'이다. 이 선진국의 여성, 선진국의 이주노동자, 선진국의 동물을 보면 '선진국'의 실체가 보인다.

선진국에서 돌봄의 얼굴, 그리고 언어

그들은 '우리'와 닮았다. 그들은 '우리'와 가장 친밀한 노동을 한다. 동포이며 이주민이다. 조선족 혹은 재중동포라 불린다. 한국인과 비교해도 전혀 위화감 없는 외모에 한국어로 의사소통할 수 있는 장점을 가진 '외국인'. 더구나 한국 국적자보다 더 낮은 임금으로도 일할 의사가 있는 외국인이라는 점에서 재중동포 여성은 간병노동에서 선호하는 노동자이다.

다른 어떤 노동보다 간병노동은 '친밀한 돌봄'을 필요로 한다. 몸의 구석구석을 직접 만져야 하고 배설물 처리까지 도맡아야 하기에 환자가 정서적인 안전함을 느껴야 한다. 간병노동은 육체노동이며 감정노동이다. 몸을 직접 만지는 돌봄노동은 민족적 동질성을 공유하는 이주민들에게 맡긴다. 피부색이 같은 이주민에게 감정노동을 더 기대한다. 자국민 여성이 전담하며 성별화되었던 돌봄노동은 이제 가난한 나라 여성에게 외주를 주면서 성별화, 인종화되었다. 우리와 닮은 사람들에게 각종 더러운 일을 외주 준다. 이처럼 세계화는 그동안 집안에서 여성에게 집중적으로 몰려 있던 돌봄노동을 더 가난한 나라의 여성들에게 분배하는 방향으로 흘러갔다. 상대적으로 가난한 나라의 여성이 이주를 통해 도착지 나라에서 저임금 노동을 도맡는다. 전 지구적 빈곤의 여성화는 이주의 여성화를 만들었다.

간병노동에서 구매자가 돈을 주고 구매하는 서비스 상품에는 친근한 대화까지 포함된다. 조선족 노동자들은 한국어로 기본적인 소통이 되지만 말투에서 드러나는 그들의 정체성, 때로 오해를 빚는 언어 사용 등으로 인해 불리한 위치에 놓인다. 민족적 동질성을 느끼지만 이들의 '연변 말투'는 한국인 노동자들 사이에서 위계를 만든다. 환자와 보호자들은 병원에서 간병노동자들끼리 중국어를 사용하는 모습도 보기 불편해한다. 간병인들끼리 혹여 환자에 대한 험담을 할까 봐 경계하고 환자나 환자 가족의 요구사항을 회피하기 위해 중국어를 사용하는 것은 아닌지 의심한다.[46] 이 여성들은 주로 돌보는 노동에 종사하지만 정작 자신들의 몸은 돌보기 힘들다. 환자의 몸은 치유되고 돌보는 몸은 골병이 든다.

이삿짐센터의 노동자들 중에는 몽골인이 많다. 대체로 남성 서너 명에 여성 한 명이 포함되어 있는데 이 여성은 주방 살림살이를 담당한다. 동남아 노동자는 피부색이 달라 고객들이 꺼려하지만 몽골인은 우리와 비슷하게 생겨서 거부감을 덜 가진다고 한다. 살림살이를 직접 만지는 사람들이 우리와 비슷하게 생겨야 고객들이 더 안심한다. 그들은 주로 식당, 보육, 간병, 가사노동 등 생활에 밀착된 노동에 종사한다. 비슷하게 생긴, 닮은 얼굴이라 더 가깝게 느끼면서 동시에 닮은 얼굴이라 더 쉽게 착취한다.

억울함

억울함은 어떻게 번역되어야 하는가

억울함을 밝히려 하지 말라고요?
❜❜❜❜ ❜❜❜❜ ❜❜ ❜❜❜❜

불교 경전 〈보왕삼매론〉에는 "억울함을 당해서 밝히려고 하지 말라. 억울함을 밝히면 원망하는 마음을 돕게 되나니"라는 구절이 있다. 나로선 〈보왕삼매론〉에서 가장 이해가 안 되는 부분이지만, 엄마는 가장 자주 인용하는 구절이다. 나는 엄마가 이 구절을 인용할 때 마음에 들지 않았다. 가족들이 이에 동의할 때면 속으로 '웃기고 있네'라고 생각한다. 난 그러기 싫은데? 억울함을 왜 당하고 살아? 난 밝히고 살 거야! 그렇게 보살 흉내 내고 사니까 못된 인간들이 설치는 거야!라고 외친다. '쿨'한 척은 질색이다. 그럼에도 사사로운 인간관계에서 억울한 마음은 번역되기 어려워 차라리 침묵을 택한다. 내가 차라리 말을 말지. 할 말이 많지만 하지 않겠다는 뜻인 "할많하않"이라는 인터넷 조어는 바로 억울함에 대처하는 일상적 수행자의 자세이다.

언젠가 한 스님의 법문을 접한 이후, 〈보왕삼매론〉에서 말하는 이 '억울함'에 대해 비로소 이해했다. 억울한 일을 그냥 당하라고요? 왜 밝히지 말라고 합니까? 난 불교의 이런 태평한 태도가 싫어요. 나처럼 생각하는 어리석은 중생을 위해 친절히 이를 해석해준 스님의 법문을 보며 알았다. 인간관계에서 숱하게 일어나는 억울함은 굳이 밝히지 않아도 된다, 이를 밝히려 할수록 자기 억울함에만 집중해서 상황을 더 악화시키기 때문이다, 그렇다고 당하고 살라는 뜻이 아니다, 밝히려 하지 않아도 다 밝혀지기 때문이다,라는 이야기이다. 여기까지는 흔한 말이다. 그

다음이 중요하다. "단 적극적으로 억울함을 밝혀야 할 때가 있다. 내 억울함을 밝히지 않아 다른 사람도 그와 같은 억울함을 당할 일이 생긴다면 이때는 적극적으로 밝혀야 한다. 이를 적극적으로 밝히지 않으면 다른 사람이 억울한 일을 겪도록 돕는 꼴이기 때문이다." 그때 나는 비로소 알았다. 자기연민에 휩싸인 자와 투쟁하는 자는 바로 이 지점에서 갈린다는 사실을.

우리 현실에서 보면 대체로 억울함을 대하는 방식은 이와는 반대로 움직인다. 사사로운 억울함을 밝히겠다고 자신의 밑바닥을 드러내는 데 여념이 없는가 하면, 정작 다른 사람도 억울해질 수 있는 사안에 대해서는 오히려 방관한다. 예를 들어 백인이어서 잠재적 인종차별주의자로 여겨지거나, 남성이라 잠재적 성폭력 가해자로 여겨진다며 억울해하는 사람들이 있다. 나는 아닌데, 왜 나를 의심하느냐며 몹시 분노하고 억울해한다. 이런 억울함은 굳이 밝히려 할 필요가 없다. 그런 감정은 자신의 위치가 만들어낸 권력을 외면하는 것과 마찬가지기 때문이다.

억울함을 투쟁으로 전환시키는 사람들

타인의 고통과 억울함에 대한 공감이 없는 공정은 오직 나의 억울함에 대한 집착으로 향한다. 이 집착은 개인의 억울함을 사회적 의제로 만들기보다 다른 사람에게 분풀이를 하는 방향으로 흘러간다. 그렇게 억울함은 폭력을 낳는다.

억울함을 기반으로 폭력적 진화를 하는 인물이 있는 반면 억울함을 투쟁으로 전환시키는 사람들도 있다. 이들은 '나'의 억울함만이 아니라 '우리'의 억울함을 위해 싸운다. 2007년 삼성반도체 공장에서 일하다 백혈병으로 숨진 황유미 씨의 아버지 황상기 씨는 또 다른 피해자들을 찾아다녔고, 이는 현재 '반올림(반도체노동자의건강과인권지킴이)'이 만들어지는 계기가 됐다. 또한 노동운동 끝에 스스로 삶을 마감한 이들의 유서에는 정말 원통하게도 '억울함'을 무릅쓰고 "나 한 사람 죽어" 우리가 더 좋아지길 갈망한다.

> "나 한 사람 죽어 많은 동지들을 살릴 수 있다면" (2003년, 한진중공업 지회장 김주익의 유서 중)
> "나 한 사람 죽음으로써 다른 사람이 잘되면" (2004년, 한진중공업 비정규직 노동자 김춘봉의 유서 중)

살아남은 이들은 죽은 자의 억울함과 연대한다. 또 다른 예로 간첩 조작 사건 피해자들의 억울함은 이루 헤아릴 수 없다. 그들의 말에는 '억울함'이라는 단어가 자주 나온다.[47] 그러나 놀랍게도 다른 억울한 희생자들과 연대하며 원한의 감정을 경계한다.

한 언론사가 2019년을 마감하며 올해의 인물로 '세상을 바꾼 엄마들'을 선정했다.▲ 자식을 억울하게 떠나보낸 후에 '싸우

▲　《오마이뉴스》가 선정한 2019 올해의 인물은 '세상을 바꾸는 엄마들'이었다. 인천 송도신도시 한 사설 축구클럽의 노란색 승합차가 사고가 나면서 사망한 태호의 엄마 이소현, 어린이집 앞에서 교통사고를 당하고 응급처치가 늦

는 사람'으로 살아가는 인물들. 나는 김용균 씨▲ 어머니인 김용균 재단 대표 김미숙 씨를 보며, 그리고 '민식이법'을 비롯해 자식의 이름으로 불리는 여러 법안을 통과시키기 위해 싸우는 부모들을 보며 많은 생각이 들었다. 아무리 싸워도 돌아올 수 없는 자식의 이름을 들고 싸운다. 그들의 분노와 억울함은 법안이 만들어진 다고 해결되진 않는다. 죽은 사람은 결코 다시 돌아오지 못하므로. 그럼에도 싸운다. 다른 사람도 그와 같은 억울함을 겪지 않게 하기 위해서 싸운다.

"내 새끼는 못 지켰지만, 더는 저희 같은 고통 속에 절망하는 사람이 없기를 바란다."
(2014년 현장실습 중 자살한 김동준의 어머니 강석경)
"저는 다시는 이런 죽음이 없는 것이 정의라고 생각합니다." (김용균 재단 이사장 김미숙)
"우리가 만나서 슬퍼하고만 있을 수는 없습니다. 다시는 우리 아이들 같은 죽음이 없도록 해야 합니다." (2016년

어 세상을 떠난 해인이의 엄마 고은미, 용균 엄마 김미숙, 서울랜드 동문주차장에서 경사로에 굴러 내려온 차량에 치여 사망한 하준이의 엄마 고유미, 어린이보호구역(스쿨존)에서 차 사고로 사망한 민식이의 엄마 박초희이다. 각각 아이들의 이름으로 불리는 법이 발의되었다.
▲ 2018년 12월 10일 한국발전기술 소속으로 태안화력발전소에서 일하다가 기계에 끼어 사망했다. 당시 24세였다. 이 사건으로 2인 1조 근무규정이 지켜지지 않았다는 사실이 알려졌다. 김용균 사망 사건은 산업재해를 상징하는 이름이 되었다.

과도한 업무와 폭력적인 조직 문제 때문에 자살한 이한빛
PD의 아버지 이용관)

'더는' 혹은 '다시는'이라는 언어에서 이 투쟁들이 개인의
억울함 해소를 넘어 억울함을 공적 사안으로 만들기 위해 이뤄지
고 있음을 알 수 있다. 실제로 산업재해 유가족 연대 이름은 '산
재 피해가족 네트워크 다시는'이다.

중대재해기업처벌법 제정을 위해 2년을 싸우고도 진전이
없자, 2020년 김미숙 이사장은 급기야 한겨울에 거리에서 곡기
를 끊고 온몸으로 호소했다. 굶어본 적이 없어 잘할 수 있을지 두
렵다고 하면서도 그 결연한 단식은 29일 동안이나 이어졌다. 그
러나 결과는 참담했다. 중대재해기업처벌법은 교묘하게 기업의
처벌을 최소화하며, 그 이름에서도 '기업'을 없앴다. 이 법의 공
식 이름은 '중대재해 처벌 등에 관한 법률'이 되었다. '기업'은 정
작 책임져야 할 순간에는 그 이름을 감춘다. 법은 이미 수없이 반
복되었던 억울한 죽음이 '다시는' 발생하지 않도록 방지하는 것
보다, 혹여 기업이 억울한 일을 당할까 봐 최선을 다해 기업의 입
장을 배려하는 데 집중했다. 그렇게 사람보다 기업이 더 인격체
로 대우받는다.

권력은 억울함을 오역한다
ʼ ʼ ʼ ʼ ʼ ʼ ʼ ʼ ʼ ʼ ʼ ʼ

'억울抑鬱'은 억제抑制를 받거나 애먼 일을 당해서 원통冤痛하고 가

습이 답답하다는 뜻이다. 불공정하다고 느끼는, 내 잘못이 아닌 일로 피해를 입었으나 이 고통을 아무도 들어주지 않아 원통한 마음이다. 이 '억울'은 맥락에 따라 다양하게 번역될 수 있으나 영어로 옮기면 'Unfairness불공정' 혹은 'Resentment분노'다. 억울함은 다소 억울하게도 정확하게 번역되기 어렵다. 그러나 억울함은 공통적으로 '불공정에 따른 고통'이라는 감정을 포함한다. 2010년대 이후 한국 사회의 화두인 '공정'은 바로 억울함을 바탕으로 싹을 틔웠고, 다른 누군가의 억울함을 밟으며 무럭무럭 자라는 중이다.

언어는 정치의 장이며 정치는 언어의 장이다. 공적 발화를 하는 사람일수록 타인의 억울함을 번역할 권력을 가진다. 그들은 위치에 따라 자신들의 억울함을 '공정'이라는 개념으로 번역하는 동시에 타인의 억울함을 무능력의 대가로 취급한다. 누구의 억울함을 번역할 것인가. 종부세 '폭탄'을 맞아 억울한 사람들? 가사노동자에게 퇴직금을 주면 등골이 휜다고 이 법안을 두고 '조선족 보호법'[48]이라고 지칭하는 사람들? 공공의대 설립이 억울한 '전교 1등' 출신 의사들?▲

권력은 억울함을 오역한다. 그렇기에 어떤 억울함이 더 잘

▲ 2020년 공공의대 설립과 의대 정원 확대 등에 반대하며 전공의들이 파업을 이어갈 때 한 의료정책 연구기관에서 파업을 합리화하기 위한 홍보물을 제작했다. 홍보물에는 "'학창 시절 매년 전교 1등을 놓치지 않기 위해 공부에 매진한 의사'와 '성적이 한참 모자라 추천제로 입학한 공공의대 의사' 중 누구에게 수술을 받겠습니까?"라는 내용이 들어 있어 지나친 학벌주의를 부추긴다는 지적이 있었다.

보이고 어떤 억울함이 은폐되는지, 억울함의 위계를 면밀히 들여다보아야 한다. 다행히 이 세상에는 분노와 억울함이 증오와 냉소로 향하지 않도록 도와주는 생각의 길잡이들이 많다.《정의의 아이디어》에서 아마르티아 센Amartya Sen은 '완벽한 정의'에 대한 인식보다는 "우리 주변에 분명히 바로잡을 수 있는 부정의가 존재하며 그것을 없애고 싶다는 인식"을 강조하며 글을 연다.

대체로 '완벽한 정의'를 갈망하다가 제 억울함에 함몰되어 냉소하거나 지금 여기에서 벌어지는 '명백한 부정의'를 희미하게 바라본다. 현재 공정이라는 언어는 명백한 부정의를 짓누르고 있다. 윤리를 상실한 '능력주의'를 내세운다. 사람을 '그런 대접을 받아도 마땅한' 신분과 그렇지 않은 신분으로 나누려 한다. 《한국의 능력주의》에서 바로 이 유령처럼 떠도는 한국의 능력주의를 정리한 박권일은 "현실적 능력주의는 지대 추구적 시험주의Testocracy로 수렴하거나 다른 위장된 신분제로 귀결"된다고 한다.[49] 억울함과 원망에 사로잡힌 사람들을 보면 공통적으로 '내가 진짜 열심히 했다'는 사실에 집착한다. 그런데 세상에서 열심히 살지 않는 사람을 찾기가 오히려 어렵다. 대체로 많은 사람들이 살아내는 것 자체만으로도 힘겨워서 열심히 살지 않을 도리가 없다. '나만' 열심히 사는 게 아니다.

설탕 제거 작업을 하다가 설탕에 깔려 사망한 노동자, 한겨울에 채소를 키우는 비닐하우스에서 사망한 이주노동자, 물류센터에서 추락사한 중국동포 등 수많은 사람들이 열심히 살았기 때문에 오히려 억울하게 죽었다. 능력과 노력에 바탕을 둔 공정이라는 말로 오역된 억울함이 아니라 '다시는'이 가리키는 방향에서 억울함의 실체를 찾아야 할 것이다.

합법적인 불평등

한국 사회의 공적 담론에서 일명 '조국 사태'는 중요한 분기점이었다. 위조된 표창장, 전문직 학부모들끼리 서로의 자녀를 위해 나눈 '스펙 품앗이', 논문의 저자로 만들어주기 등 '내 새끼를 위한' 각종 부정한 행위들이 알려졌다.

2019년 당시 법무부 장관 후보였던 조국을 둘러싼 논란을 두고 한 민주당 의원은 "누구나 노력하면 접근할 수 있는 기회"라며 "보편적 기회"라고 했다. 어쩌면 그가 아는 세계에서는 '보편적'일지도 모른다. 예를 들어 특목고에는 전문직 부모를 활용한 인턴십 프로그램이 있었다. 공식 프로그램은 아니었다지만, 특목고의 전문직 학부모 인턴십은 의미심장하다. 조국 후보자의 딸이 고등학생일 때는 아버지가 유명인이 아니었기에 대가성이 없었다고 한다. 하지만 조 후보자가 유명하지 않던 시절이라 오히려 더욱 문제적으로 느껴진다. 한 개인이 유명하냐 아니냐와 무관하게 어떤 계층에선 이미 당연한 관행이라는 뜻이기 때문이다. 이는 특권층끼리 비공식적으로 자식 입시를 도와주는 구조로, 특정 계층 학부모들의 '진보적인' 공동 돌봄(?)인 셈이다. 누군가는 '자식 문제'라며 이해하고, 누군가는 '자식 문제'라서 분개했다. 다른 듯 보이지만 후자의 경우도 '능력만 된다면' 얼마든지 전자가 될 수 있다. 자식 문제라서 이해받기 때문이다.

조국의 딸이 대학원에서 유급되자 교수가 "격려를 위해" 장학금까지 줬다. 부모 재산이 50억 원이 넘는데도 낙제를 하면 격려 차원의 장학금을 받을 수 있다. 성실히 2주간 인턴십에 참여하면 논문의 제1 저자로 만들어주는 교수도 있다. 이들은 모두 불법 행위를 하지 않았다. 대신 불법이 아닌 특혜를 공유하며 계층의 장벽을 쌓아 올리는 데 이바지한다. 이런 행위들은 모두 '관행'이라 불린다.

한편 서울대에서는 폭염을 견디며 노동하던 청소노동자가 휴게실에서 숨졌다.▲ 대학 내 불평등을 극단적으로 보여주는 예다. 작업 수칙을 다 지킨 노동자도 어처구니없이 목숨을 잃는다. 게다가 노동자들의 죽음에 대해 기업평가를 할 때 매기는 점수는 정규직과 비정규직이 다르게 적용된다. 정규직의 죽음은 12점 감점이고, 하청노동자의 죽음은 4점 감점이다. 비정규직의 '목숨값'이 정규직의 3분의 1인 셈이다. 끔찍하고 충격적인 현실이다. 이러한 공기업의 경영평가 시스템은 하청노동자의 안전을 위협한다. 기득권을 유지하고 세습하는 행동이 '불법은 아닌 관행'이었듯 사람의 목숨을 두고 점수에 차등을 두는 행위도 '불법은 아닌 목숨값'일 뿐이다. 이런 구조 속에서 과연 공정과 불공정에 대한 논의가 얼마나 잘 이뤄질 수 있을지 의문이다.

아르바이트를 하는 학생은 공부할 시간이 부족하고, 생계를

▲　2019년 여름 폭염으로 에어컨도 없는 휴게실에서 청소노동자가 숨졌으나, 2년 후인 2021년 똑같은 사건이 반복되었다.

위해 강의를 다니는 강사들은 현실적으로 논문 쓸 시간도 기회도 없다. 이들은 공부를 '못하고', 논문을 '못 쓰니까' 제도적으로 '공정하게' 밀려난다. 대신 '능력 있는' 고등학생이 논문을 쓴다. 논문은 학문이 아니라 '스펙'이 되었다.

한쪽에 부모의 학력과 자본을 세습하는 학생들이 있다면 다른 한쪽에는 위험천만한 실습현장에서 안전도 보장받지 못하는 학생들이 있다. 논문 쓰고 학회에 참석하는 인턴십을 하며 '스펙'을 늘리는 특목고 학생들과 노동 현장으로 실습을 나가 산재 피해자가 되는 특성화고 학생들 사이에 놓인 인생의 기회는 전혀 공평하지 않다. 이 기회의 차이를 정말 개인 노력의 차이라고 말할 수 있을까. 특성화고에는 특목고보다 저소득층 학생이 10배 정도 많다.[50] 특성화고와 특목고의 세계는 전혀 다르다. 이들은 살면서 점점 더 만날 일이 없어진다. 저소득층은 상위 계층이 얼마나 특혜를 누리는지 상상하기 힘들고, 상위 계층은 저소득층이 얼마나 불공정한 시스템 속에 살아가는지 알려고 하지 않는다. 주로 상대적 특혜를 누린 이들의 억울한 목소리만 크게 울려 퍼진다.

어떤 주상복합 아파트는 같은 건물에서 임대 세대와 자가 세대의 엘리베이터 사용을 분리했다. 서로 다른 통로를 사용하여 마주치지 않도록 설계했다. 임대 세대는 비상시 옥상으로 올라갈 수 없는 구조로, 위기 상황에서 탈출할 수 있는 기회가 더 적다. 이 건물 구조는 현재 한국 사회를 도식적으로 설명하기 좋은 예다.

죽음과 세습의 시스템은 이렇게 굴러간다. 불법은 아니다. 다만 합법적인 신분사회다. 이 합법적인 불평등 시스템이 더 무섭다. 나의 특권도 너의 도태도 모두 공정한 노력의 결과일 뿐 불평등의 증거가 아니라고 착각하기 때문이다. '기회는 평등하게, 과정은 공정하게, 결과는 정의롭게'는 문재인 정부의 정책을 상징하는 슬로건이었다. 조국 사태는 이 말이 허울뿐임을 보여준 상징적 사건으로 남았다.

두 개의 꼭대기 : 피라미드와 고공농성

아사로 제집에서 엄마와 함께 죽은 6세 아이▲, 실습 나갔다가 죽은 특성화고 청소년, 발전소에서 일하다가 죽은 20대 청년, 아스팔트 공장에서 작업하다 추락해 숨진 50대 노동자, 폭염 속 창문도 없는 휴게실에서 숨진 서울대학교의 60대 청소노동자, 주민등록번호도 없이 오래된 여인숙에 머물며 폐지를 줍다가 방화로 사망한 70대▲▲ 노인. 헤어나올 수 없는 이 빈곤의 실체들은 마치 한 사람의 이야기처럼 보인다. 전 생애를 휘감은 빈곤에 의한 사

▲ 2019년 7월 31일 서울 봉천동의 한 임대아파트에서 40대 탈북 여성과 그의 6세 아들이 숨진 채 발견되었다. 발견되기 두 달 전에 숨진 것으로 보이며 발견 당시 집에 식료품이 하나도 없고 타살 흔적이 없어 경찰은 아사로 추정했다.

▲▲ 2019년 8월 전주 여인숙 방화 사건으로 3명이 숨졌다. 장기 투숙하던 70~80대 노인은 폐지를 주워 생활하는 빈곤층이었고 이 중에는 주민등록이 말소되어 신원 확인이 어려운 피해자도 있었다.

망은 생애 주기에 따라 그 장소와 방식에 차이가 있을 뿐이다. 이들에게 기회, 과정, 결과는 평등하지도 공정하지도 정의롭지도 않다.

2019년 아사로 숨진 모자는 식량난을 겪는 북한이 아니라 '먹방'과 보신에 환호하는 남한의 서울에서 발견되었다. 이처럼 불평등의 극단에는 바로 '생명 불평등'이 있다. 기대수명은 계층에 따라 다르다. 중상류층은 더 오래 산다. 1퍼센트와 99퍼센트라는 구도는 마치 99퍼센트가 하나의 집단이며 1퍼센트만이 '진정한' 권력인 것처럼 보이게 한다.

중상류층이 스스로를 중상류층으로 인식하는 경우는 보기 어렵다. 이들은 더 꼭대기를 쳐다보느라 '상대적 박탈감'이라는 감정을 과잉되게 품는다. 물론 이 감정도 나름 변호받을 면은 있다. 불평등한 사회일수록 계층 하락은 심한 공포를 준다. 계층 하락에 대한 두려움은 제 계층을 유지하고 자식에게 세습하려는 욕망을 더욱 자극한다. 리처드 리브스Richard Reeves의 지적대로 "하향 이동을 할 때 연착륙을 할 수 있게 해주는 정책"[51]이 필요하다. 하향 이동이 치명적인 사회일수록 부모들은 자식의 추락을 막기 위해 기를 쓴다.

반면 빈곤 계층은 어떠한 쿠션도 없는 맨바닥에 떨어진다. 이 사회는 누구의 추락에 더 관심을 가질 것인가. 모두를 만족시키는 '평등'은 없다. 가장 취약하고 위험한 추락을 우선적으로 막아야 하지 않을까. 그러나 집이 없는 사람의 목소리보다 집값이 오르지 않아 '상대적 박탈감'을 느끼는 사람의 목소리가 더 크다. 월세를 내느라 저축이 힘든 사람보다 종부세 '폭탄'을 맞는 사람들이 부동산 정책의 피해자로 묘사된다. 대선 토론에서 심상정은 윤석열에게 "종부세 폭탄 맞아서 집이 무너졌습니까?"라고 따졌다. 30억 아파트를 가진 사람의 100만 원도 안 되는 종부세는 '폭탄'이 된다. 정치는 누구의 억울함을 듣느냐에 달려 있다. 어떤 계층의 억울함에는 응답하면서 어떤 계층의 절박함은 묵살한다.

리처드 리브스는 《20 VS 80의 사회》에서 철학자 클레어 챔버스Clare Chambers의 말을 인용하여 "각각에서의 결과는 그다음에서의 기회다"라고 한다. 곧 지금 단계의 결과는 다음 단계의 기회이기에 한 단계를 지날 때마다 점점 더 계층 간 격차가 벌어진다. 계층 하향 이동성이 적은 사회일수록 중상류층은 계층 간의 격차를 벌리기 위해 공을 들인다. 거주지, 학교, 인간관계까지. 빈곤은 돈이 없다는 뜻만이 아니라, 관계의 절대적 소외 또한 뜻한다. 누군가는 '스펙'을 위해 동원할 인맥이 많지만 누군가는 한 끼 식사를 부탁할 이웃조차 없는 법이다. 출발선의 작은 차이는 시간이 갈수록 도저히 만날 수 없는 차이로 벌려진다. 그렇기에 "생애 첫 20년 사이에 생기는 격차를 줄여야 한다"는 제안에 동의한다. 부유한 아이들에게 '부'는 '기회'로 전환되고 '특혜'는 '노력'으로 번역된다.

특히 부모의 마음을 내세운 부정의가 가득한 사회에서 부모의 마음은 더욱 이기적이 될 것이다. '남 부럽지 않게', '내 아이만큼은'이라는 말이 수시로 입에 오르내리는 사회에서 내 새끼를 지키기 위해 부모의 마음은 불공정한 진화를 거듭한다. 부모가 자기 아이에게 불공정하게 이득을 주면서 다른 아이들의 기회를 제약하는 '관행'이 없어지기를 바라야 한다.

세상에는 두 개의 꼭대기가 있다. 누군가는 피라미드의 꼭대기에 오르려 하고 누군가는 이에 대항해 고공농성을 벌이기 위해 위로 오른다. 어느 꼭대기를 바라볼 것인가. 지그문트 바우만Zygmunt Bauman은 '경고를 들으시오'라는 글에서 반복적으로 말했다. "'이럴 줄 몰랐다'는 변명을 멈추기에 딱 좋은 때"라고[52]. 경고는 언제나 있었다.

망언

망언이 권력을 얻을 때

비유는 당신의 세계를 보여준다
▼ ▼ ▼ ▼ ▼ ▼ ▼ ▼ ▼ ▼ ▼ ▼ ▼

비유를 활용하는 이유는 말하고자 하는 바를 상대에게 효과적으로 잘 전달하기 위해서다. 보편적으로 알려진 개념을 통해 특정한 상황을 쉽게 이해하도록 돕는다. 수사는 지성을 잘 함축해서 보여준다. 지성만이 아니라 때로 발화자의 인권 의식까지 드러낸다.

　말의 전장이나 다름없는 정치에서 정치인들은 열심히 수사의 힘을 발휘한다. 박근혜 정부에서 역대 정부 최초로 대통령의 비유집이 나왔었다. 그렇다면 박근혜 전 대통령은 수사를 잘 활용했을까. 박근혜 전 대통령은 2016년 국민경제자문회의에서 '노동개악'을 좋은 약과 처방전, 몸에 맞는 옷으로 표현했다. 그는 비슷한 시기 청와대에서 9차 무역투자진흥회의를 주재한 자리에서 "일단 모두 물에 빠뜨려놓고 꼭 살려내야 할 규제만 살려두도록 전면 재검토하겠다"라는 발언을 했다. 규제 완화를 강조하기 위해 불필요한 규제를 없앤다는 뜻으로 "모두 물에 빠뜨려놓고"라고 표현한 것이다. 2014년 세월호 사건 이후 "물에 빠뜨려"라는 말은 적어도 공직에 있는 사람이 공식 석상에서 쓸 수 없는 비유다.

　2019년 4월 강원도 산불로 국가재난사태가 선포된 와중에 김문수는 "촛불 좋아하더니 온 나라에 산불"이라는 망언을 쏟아냈다. 재앙은 바로 이들의 입에서 나온다. 재난을 정치적으로 즐기는 이들. 타인의 고통을 이용하고 상실에 대한 애도를 할 줄 모르는 이들. 세월호 참사 유족을 조롱했던 차명진 전 자유한국당 의원의 발언은 굳이 옮기고 싶지도 않다. 경쟁이라도 하겠다는 듯 이어지는 모든 망언들은 일회적인 실수가 아니라 정치적 행동이다.

특히 박근혜의 "물에 빠뜨려"에는 기업 활동에 '방해'가 되는 것이라면 무엇이든 없애야 한다는 시장 만능주의와 반노동 인식이 담겨 있다. 보수적인 종교인들과의 만남의 자리에서 차별의식을 적극적으로 드러내어 종교인들을 안심시키듯이▲, 정치인들의 반노동 인식은 기업인들과의 자리에서 강하게 드러난다. 윤석열은 당선자 신분에서 경제단체장들을 만났을 때 기업의 해외 활동을 올림픽에 출전하는 국가대표에 비유했다. 각종 규제, 노동법, 중대재해처벌법 등을 "모래주머니 달고 메달을 따오라 한 것"이라 했다. 노동자의 삶과 직결된 문제를 오직 기업 활동을 방해하는 '모래주머니'로 여기는 것이다.

이처럼 메시지의 효과적 전달을 위해 사용하는 수사는 때로 메신저가 누구인지 알려준다. 페미니스트를 나치로, 간장 종지가 사람 수대로 나오지 않은 식당을 아우슈비츠로▲▲, 시민을 IS

▲ 2016년 민주당 박영선은 한기총과의 만남에서 "차별금지법, 동성애법, 인권 관련 법 이거 저희 다 반대한다. 누가 이것을 찬성하겠느냐"라고 말하며 "자연의 섭리와 하느님의 섭리를 어긋나게 하는 법"이라고 강경한 태도를 보였다. 특히 차별금지법을 재차 '동성애법'이라고 불렀다.

▲▲ "여기가 무슨 배급사회인가. 내가 아우슈비츠에 끌려가다가 "마지막 소원이 있으니 그것은 바로 짬뽕 한 그릇과 탕수육 몇 점 먹는 것이오"라고 애걸하고, 검은 제복을 입은 간수가 "네 마지막 소원을 들어주마. 그러나 간장은

로 비유하는 피해망상형. 자연훼손을 강간, 가족을 살해한 '가장'을 시대의 계백이라 하는 성차별형. 흑인의 얼굴을 연탄에 비유하는 인종차별형[▲]. 모두 발화자의 세계관을 드러낸다. 자가당착형 비유도 있다. 니콜라 사르코지 프랑스 전 대통령은 2016년 출간한 자서전이 비판받자 〈페드르〉로 혹평받았던 프랑스의 대표적인 극작가 라신Jean Racine에 자신을 비유했다. 비판은 잊혀도 라신은 남았다며. 스티브 잡스로도 부족했는지 안철수는 자신을 버니 샌더스에 비유했다.

　　정치인들의 수사는 특히 선거 때 강렬해진다. 이들은 선거유세 기간에는 스스로를 '머슴'이라 일컫는다. 이재명과 윤석열 모두 자신을 "일 잘하는 머슴"과 "정직한 머슴"에 빗대었다. 그러나 당선 후에 윤석열은 문재인 정부와 인사권 문제로 각을 세우며 자신을 "부동산으로 치면 잔금 다 치르고" 입주할 날만 기다리는 '매입자'에 비유했다. "집을 사면 소유권이 매도자에게 있더라도 집을 고치고 이런 거 잘 안 하지 않습니까"라며 '윤석열 정부'를 집을 사서 들어오는 새로운 주인으로 표현했다. 선거 때는 너도나도 전통시장을 찾아 서민들을 만나는 척하지만 일단 당선이 되면 기업인들과 회동을 우선순위로 삼듯이, 선거 전에는 일하는 머슴이고 당선 후에는 소유하는 집주인이다.

　　2인당 하나"라고 말하는, 뭐 그런 것인가.", 황현우, '간장 두 종지', 《조선일보》, 2015. 11. 28.
▲　　2015년 새누리당 대표 시절 김무성은 연탄 배달 봉사 중에 만난 흑인 유학생에게 "얼굴색이랑 연탄색이랑 똑같네"라는 발언을 했다. 비판이 일자 페이스북을 통해 사과했다.

‘아무 말’의 난립 속에서 많은 사람들이 갈수록 ‘사이다’ 같은 말을 찾는다. 말의 ‘사이다 효과’를 딱히 지향하지 않지만 그만큼 말의 체증이 심한 현상을 읽을 수 있다. 수사 과잉은 점점 극단적인 언어를 낳는다. 자유한국당 대표였던 황교안은 공수처 설립을 반대하며 기자회견을 통해 "공수처는 독일 나치의 정치 경찰인 게슈타포가 될 것"이라 했다. ‘좌파독재’라는 언어를 사용하던 그는 ‘나치’와 ‘게슈타포’의 의미도 바꿔나갔다. 쉽지만 잘못된 말, 의미가 텅 빈 화려한 수사야말로 경계의 대상이다. 게다가 망언이 항상 상스럽게 들리는 것은 아니다. 때로는 꽤 그럴듯하게 들린다.

침묵하는 다수
ㅣㅣㅣㅣㅣㅣ

‘침묵하는 다수The Silent Majority’라는 개념은 20세기 전까지는 대체로 망자를 뜻하던 말이었다. 로마 제국 네로 시대의 작가 페트로니우스Petronius의 표현에서 비롯되었다고 알려져 있다. 이 세계에는 살아 있는 사람보다 죽은 사람들의 수가 많기에 죽음을 ‘다수에게 돌아갔다’고 완곡하게 표현한 것이다. 게다가 죽은 자는 말이 없다.

오늘날 사용하는 ‘침묵하는 다수’의 개념을 정치적으로 가장 잘 활용한 사람은 미국 대통령 리처드 닉슨Richard Nixon이다. 베트남 전쟁이 한창이던 시기, 미국 내에서는 반전의 목소리가 높아지고 있었다. 1969년 취임한 닉슨 대통령은 전쟁을 지속할

명분을 얻어내기 위해 방송 연설에서 "침묵하는 다수의 미국인 여러분"에게 호소했다. 그는 전쟁을 반대하는 사람들 때문에 오히려 전쟁을 더 빨리 끝내지 못하고 있다는 암시를 주었다. 종전을 빨리 끌어내기 위해선 미국인들이 하나의 목소리를 내야 한다며 반전을 외치는 사람들을 분란을 만드는 집단으로 왜곡했다.

그렇다면 이 '침묵하는 다수'는 실체가 있는가. 적극적으로 반전운동을 하지 않는다고 해서 전쟁에 찬성하는 '침묵하는 다수'라고 볼 수는 없다. 그러나 반전운동이 못마땅한 사람들에게 침묵하지 말고 더 적극적으로 전쟁을 지지해도 된다는 메시지는 충분히 준다. 보수 정치인들은 '침묵하는 다수'라는 가상의 집단을 언급하길 좋아한다. 특정한 이념을 가진 극성스러운 소수가 선량한 다수를 지배하고 있다는 인상을 줄 수 있기 때문이다. 도널드 트럼프도 2016년 대통령 선거에서 '침묵하는 다수'가 무시당한다고 주장했다.

윤석열은 대통령 후보 시절 '군사 쿠데타와 5·18만 빼면 정치는 잘했다'는 취지의 전두환 옹호 발언을 했다.▲ 이어 "호남에도 이런 얘기 하는 분들이 꽤 있다"라고 말했다. 그는 단지 자신의 생각을 이야기하는 차원을 넘어 호남에도 '꽤' 있다는 언급을 통해 마치 호남에 '침묵하는 다수'가 존재하는 양 증명되지 않은 사실을 퍼뜨렸다. 광주민주화항쟁에 대해 증언하는 목소리, 전두환에게 사과를 요구하는 목소리, 여전히 이어지는 진상규명을

▲　2021년 10월 19일 부산 해운대갑 당협 사무실을 방문했을 때 당원들에게 전한 말이다.

요구하는 목소리에 눌려서 전두환에 대한 올바른 생각을 말하지 못하는 사람이 '꽤' 있다는 듯한 인상을 주었다.

5·18기념재단 통계에 따르면 광주항쟁으로 사망한 사람만 260여 명에 이른다. 아직도 '실종'이라는 이름으로 공식적 생사 확인조차 되지 않은 이들이 많아 원통한 곡성은 지금까지 이어진다. 학살에 대한 증언을 침묵시키는 권력이 있었고, 학살의 당사자인 전두환은 41년이 지난 후에도 사과하지 않았다.▲ 그런데 윤석열은 사과를 요구하기는커녕 '그것만 빼면' 정치는 잘했다는 입장을 밝혔다. 이런 발언은 실수가 아니라 신념의 산물로 읽힌다. 발언 다음 날 그는 페이스북에서 "어제 제가 하고자 했던 말씀은 대통령이 되면 각 분야 전문가 등 인재를 적재적소에 기용해 제 역량을 발휘하도록 하겠다는 것"이라고 썼다. 인재 기용의 모범 사례로 들 만한 인물이 그에게는 전두환이라는 것이다.

발언에 대한 논란이 일어나면 윤석열은 매번 자신의 발언이 왜곡되었으며 자신의 의도는 그렇지 않다고 억울해한다. 그는 누군가를 설득하기 위해 부단한 감정노동을 할 필요가 없는 권력자로 살아왔다. 해석하는 독자의 존재를 전혀 고려하지 않기에 의도를 과하게 내세운다. 자기 말을 못 알아듣는다고 사람들을 나무란다. 다시 말해, 상호소통의 의지가 없다. 내가 틀렸을 리 없다는 확신으로 가득하다. 주변에서 알아서 해석해주니 제대로 제 생각을 정확하게 옮기기 위해 아등바등 애쓸 필요 없는, 때로는

▲   전두환은 2021년 11월 23일 사망했다.

언제든지 말을 바꿔도 되는, 나아가 '모릅니다'라는 말을 애용해도 되는, 그런 위치에 있는 사람이다. 그래서 그가 겨우 사과 흉내를 내면서 한 말이 "아무리 '아, 이건 할 만한 말'이라고 생각했더라도, 국민들께서 적절하지 않다고 지적하시면 그 비판을 수용하는 게 맞다"였다. 풀어보자면, 나는 여전히 내가 틀린 말을 했다고 생각하지 않는다는 뜻이다. 그렇게 망언은 정치가 된다.

윤석열이 대한민국 민주화의 역사에 대해 아무런 인식이 없다는 사실은 일관되게 드러났었다. 윤석열은 2021년 7월 부산 민주공원을 방문했을 때 최루탄에 맞은 이한열 열사의 모습이 담긴 벽화를 보면서 "부마항쟁이죠?"라고 했다. 쓰러지는 이한열과 그를 부축하는 친구의 모습은 너무도 유명한 민주화 운동의 상징적 이미지다. 87년의 이미지를 보고 79년의 부마항쟁을 언급하며 자신이 대학교 1학년 때였다는 기억을 소환하는 사람도 어이가 없었지만, 당시 주위에서 아무도 '아니오'라고 말하지 않았다는 점이 가장 이상했다. 그들이 모두 몰랐다고 해도 문제이며, 알면서도 바로잡아주지 않았다고 해도 문제다. 그의 주위에는 다른 의견을 제시하기는커녕 사실관계를 똑바로 알려주는 사람조차 드물다는 뜻이다. 이것이 바로 '석열이 형'의 정치다. 그의 이어지는 망언들은 그의 세계에서는 보편적으로 공유되는 공통 감각이다.

자유라는 이름으로 쏟아지는 증오
▼ ▼ ▼ ▼ ▼ ▼ ▼ ▼ ▼ ▼ ▼ ▼ ▼ ▼

도널드 트럼프를 지지했던 사람들은 오늘날 정치적 올바름을 '강요'받고 있어서 자신들이 침묵할 수밖에 없다고 주장했다. 무서워서 말도 못 하겠다며 억울함을 표한다. 거침없이 인종차별, 성차별 등의 발언을 쏟아내는 트럼프는 이들의 입에 자유를 준다. 도널드 트럼프, 이준석 전 국민의힘 대표, 인종차별을 선동하며 지지층을 끌어모아 대선 후보까지 되었던 프랑스의 에릭 제무르Éric Zemmour▲의 공통점은 방송을 통해 대중적 인지도를 높이며 차별과 선동의 언어를 대중화시켰다는 점이다. 이들은 의도적으로 논란을 만들어 시선을 집중시키고 사람들이 편을 지어 극단으로 나뉘게 한다.

검찰 총장에서 대통령 후보로 직행한 윤석열은 이들처럼 방송활동을 할 기회는 많지 않았으나 젊은 남성을 대변한다는 이준석을 통해 남성 커뮤니티의 언어를 빠르게 흡수했다. 또한 후보 시절 남성 출연자들로만 구성된 한 예능 방송에 출연해 "석열이 형이라 불러"라고 말하며 적어도 남성들에게는 친근한 '형'으로 보이려 했다. 이러한 친근함을 바탕으로 '우리끼리 하는 말'에 머물던 망언을 공식적인 장으로 끌어들인다.

윤석열과 트럼프처럼 망언을 통해 지지자들을 결속시키는

▲   프랑스의 언론인이며 극우 정치인. 무슬림 비하 발언으로 벌금형을 받는 등 사회적 물의를 일으키는 발언을 많이 했으나 오히려 이를 바탕으로 극우 정치인으로 성장했다. 2022년 대통령 후보로 출마했다.

정치인이 정치적 힘을 가질 때 민주주의는 위협받는다. 망언은 사람들이 사회에서 기본적으로 공유하고 있는 윤리적 감각을 흔든다. 역사를 왜곡하고, '침묵하는 다수'라는 실체가 있다는 믿음을 심어준다. 결국 혐오 감정을 배설하고 싶어 하는 사람들에게 권력자의 망언은 윤리적 해방감을 준다. 이 감정이 바로 극우의 정치적 자양분이다. 망언, 곧 헛되고 망령스러운 말이 윤석열이라는 극우 정치인에게는 헛되지 않고 쓸모 있는 말이 된다.

윤석열의 출마 선언에서 여러 번 중요하게 언급되는 개념은 '자유'였다. 약 950개의 단어로 구성된 출마 선언에서 '자유'는 22회 등장한다. '자유민주주의'를 빼면 13회이다. 그다음 '공정'이 9회, '법치'가 8회, '상식'이 7회이다. 대통령 취임사에서는 '자유'가 35회 등장했다. 모순되게도 보수 정치는 '자유'를 좋아한다. 윤석열은 가난한 사람도 부정 식품을 선택할 수 있어야 한다고 했다. 한편 윤석열과 경쟁하던 홍준표는 "부자에게 돈을 쓸 수 있는 자유"를 주겠다고 했다. 다시 말해 이들은 '선택의 자유'라는 이름으로 노동착취를 자유롭게 하는 사회를 지향하고, 빈곤층을 비하하고, 각종 막말을 하나의 의견처럼 둔갑시킨다. 반면 기득권을 핍박받는 피해자처럼 묘사한다.

자유를 강조하는 윤석열은 적어도 지금까지 어떤 대선 후보보다 자유로워 보였다. 마음대로 다리를 쩍 벌리고 앉아 마음대로 말한다. 스스로 '정치 신인'이라 하면서도 화내는 모습을 상대적으로 많이 보였다. "미친 소리", "미친 사람들", "삼류 바보", "버르장머리 없는", "정신머리", "돼먹지 못한 머슴 갈아치워야", "히틀러처럼", "전체주의 정당", "독일의 나치, 이탈리아 파시즘, 소련의 공산주의자들이 하던 짓" 등 길지 않은 정치 활동 기간에 그는 상대를 공격하기 위해 원색적인 표현을 쏟아냈다. 그의 수사에서 에토스(태도 혹은 성품)와 로고스(이성과 논리)는 실종되었지만 정권에 대한 증오의 감정에 기댄 파토스(감정적 호소)는 넘쳐흐른다. 또한 지속적으로 여성 유권자를 무시하거나 지역혐오를 조장하는 발언도 서슴지 않았다.▲ 그야말로 망령스러운 정치를 자유분방하게 펼쳤다. 증오가 자유의 이름으로 대방출되었다.

국민의힘 내부 경선 당시 홍준표와 윤석열은 서로 '망언 리스트 25건'과 '막말 리스트 25건'을 만들었다. 어쩐지 기시감이 들었다. 2017년 대선에서도 홍준표의 말이 수시로 문제가 되어 당시 민주당 캠프에서 '홍준표 후보의 10대 막말'을 선정하기도 했다. 대표적인 막말 정치인으로 꼽히던 홍준표가 뱉은 수많은 발언이 잠시 가려질 정도로 윤석열은 분야별로 부지런하게 망언의 기록을 쌓는 중이다. 그들이 경쟁적으로 주고받은 망언과 막말로 타격을 받는 사람은 그들 자신이 아니다. 그들의 말 속에서 난타당하는 노동자, 여성, 호남 사람 등이다. 죽어서도 할 말이 많은 사람들, 이들이야말로 침묵당하는 다수가 아닌가.

▲ 2021년 7월 대구를 방문했을 때 코로나 초기 방역 성과를 언급하며 "대구가 아닌 다른 지역이었다면 정말 질서 있는 처치가 잘 안 되고 민란부터 일어났을 것"이라고 했다.

망언은 망각을 주도한다
ㅣㅣ ㅣㅣ ㅣㅣ ㅣㅣㅣㅣ

영화 〈김군〉을 봤다고 했을 때 이렇게 묻는 사람이 있었다. 구
의역에서 지하철 스크린 수리를 하다가 사망한 김 군? 아니. 페
미니스트가 싫어 IS로 떠났다는 김 군? 아니. 그렇다면 어떤 김
군? 새로운 김 군이 알려지고 사회는 과거의 김 군을 잊는다.

한국에서 가장 많은 성씨인 김씨는 천만 명이 넘는다. 네댓
명 중 한 명이 김씨다. 그렇기에 '김 군'이라는 호명은 다양한 사
건을 연상시킨다. 2019년 개봉한 영화 〈김군〉은 1980년 5월 광
주에서 찍힌 사진 속 한 인물을 추적하며 그가 누구였고 어떻게
사라졌는지 밝혀내는 다큐멘터리다. 카메라를 쏘아보는 날카로
운 눈빛의 한 무장 시민. 그를 기억하는 사람을 찾기 위해 제작진
은 여러 사람을 만났고 그가 '김 군'으로 불렸음을 알아낸다. 언
제 어디에서 누구에 의해 그의 삶이 끝났는지 80분간 (4년의 제
작 기간 동안) 집요하게 묻는다. 여기서 김 군은 그러니까 '광주
의 김 군'이다. 그는 누구였는가. 또한 그가 누구였는지 밝혀내
는 일에 왜 어떤 이들은 이토록 몰두하는가. 이는 침묵당하지 않
으려는 집요한 몸부림이다.

2010년대 이후 광주항쟁에 참여한 시민의 정체성을 공격하
는 극우의 목소리가 다시 부상했다. 보수 논객 지만원이 80년 광
주에 북한군 600명이 왔다고 주장하며 그들을 '광수'라 호명했
다. 김 군은 지만원이 '광수 1호'라 지목한 인물이다. 이런 것까
지 대응해야 하나? 소모적이라는 생각도 들었다. '상대할 가치

도 없는' 망언이 한두 번이 아니라 지속적으로 여러 형태로 재생산된다. 반복되는 거짓은 어느새 진실의 자리를 넘본다. 그렇다면 이는 상대할 수밖에 없는 발언이 된다. 망언이 발언이 되어 역사를 휘젓는다.

김 군이 누구인지 추적하는 과정에서 만난 한 시민군 생존자는 이러한 추적을 '역행'으로 본다. 자신이 누구인지를 증명해야 하는 상황에 처한 당사자의 피로감과 울분이 느껴졌다. 지만원을 비롯한 극우세력이 시민을 북한군으로 규정하면 '북한군이 아님'을 증명해야 한다. 이를 증명하지 못하면 북한군이 된다. 부당한 낙인과 공격은 당사자에게는 존재를 걸고 증명해야 하는 문제가 되지만 공격하는 이들은 '아니면 말고' 식이다.

이처럼 망언은 생각보다 자생력이 강하고 생산된 뒤로는 스스로 영역을 넓혀간다. 또한 이 망언들은 공통적으로 죽음을 모독한다. 사실을 왜곡하여 죽은 자를 조롱하는 행위는 오늘날 하나의 오락이 되었다. 극우세력은 광주항쟁 희생자와 유가족, 세월호 참사 희생자와 유가족을 조롱한다. 이러한 태도는 인터넷 기반의 누리꾼 활동에 머물지 않고 극우 정치인의 정치적 발언으로까지 이어졌다. 망언은 꾸준히 증언을 방해한다. 죽은 사람을 대리해 살아남은 이가 증언할 때 권력은 망언을 통해 이 증언의 고리를 끊으려 한다.

김 군을 기억하는 이들이 있었기에 40년에 가까운 시간이 흘렀어도 간신히 그를 추적할 수 있었다. 영화 〈김군〉이 나온 지 2년이 지난 2021년, 드디어 김 군이 누구인지 밝혀졌다. 그는 차

복환이다. 우연히 영화를 본 그는 5·18 재단에 연락해 자신의 존재를 알렸다. 그때 그 장소에 있던 사람들은 점점 사라지는 중이다. 시간이 갈수록 단서는 사라진다. 그렇다면 앞으로 광주를 기억하지 못하는 세대에게 어떻게 광주를 남길 것인가.

말을 부수는 말

증언

망언에 맞서기

증언자는 거짓말쟁이가 된다

시위자를 간첩, 곧 북한에서 지령을 받고 남한을 교란시키는 인물로 만드는 행위는 비단 지만원 개인의 방식이 아니다. 냉전시대가 아님에도 우리 사회 곳곳에는 이런 시각이 스며들어 있다. 예를 들어 영화 〈간첩〉(2012)은 미국산 소고기 수입 반대 시위자를 간첩으로 그린다. 창작에서 '이 정도는' 허용될 수 있겠으나 사회에 왜곡된 시각을 전달한다는 점에서 결과물에 대한 비판도 겸허히 감수해야 한다. 남파간첩들이 남한의 일상생활을 교란시키는 방식을 코미디로 소비하도록 만들었으나 실상은 어정쩡한 반공영화였다. 이처럼 광주항쟁에 참여한 시민들이, 미국산 소고기 수입 반대에 참여한 시민들이 '진짜 남한 시민'이 아니라 시민으로 가장하고 외부에서 들어온 교란 세력이라는 메시지를 자꾸 전달한다. 그들은 가짜 정체성을 가진 인물이며 곧 그들의 말도 가짜라고 믿게 만든다.

증언자를 거짓말쟁이로 내몰기는 흔한 수법이다. 시위자를 간첩으로 만들 듯이, 어떤 사건의 목격자이자 증언자인 사람을 신뢰할 수 없는 거짓말쟁이로 만들어서 그의 말을 산산조각 낸다. 조정환은 《증언혐오》에서 장자연 사건의 증언자인 윤지오에 대한 공격들을 치밀하게 분석하며 반박한다. 그는 윤지오 이전에 홍가혜가 유사한 방식으로 공격받았음을 일깨워준다. 홍가혜는 2014년 세월호 사건 직후 해경의 구조 소홀에 대해 방송 인터뷰를 했다가 해경을 명예훼손했다는 죄로 구속까지 되었다. 최종적으로 무죄 판결을 받았지만 그는 인터넷에서 허언증 환자로 취급받았다.▲ 누군가의 거짓선동, 이에 쉽게 동참하는 누리꾼 집단에 의해 훼손된 홍가혜의 명예는 누가 책임질 것인가. 단지 익명의 누리꾼만이 아니라 홍가혜와 윤지오의 증언에 대해서는 언론도 거리를 두거나 비판에 동참했다.

조정환은 윤지오에 대한 극심한 공격들을 반성폭력 공통장을 해체하려는 반발로 보았다. 동의한다. 윤지오는 '장자연 리스트'에 대해 말했고, 연예기획사와 배우의 불공정한 종속적 관계 등에 대해 말했다. 그의 이야기는 버닝썬 사건이나 김학의 사건처럼 권력형 성범죄가 가능한 사회의 구조를 이해하도록 도와준다. 여성들에게 흔하게 강요되는 '술 접대'는 가부장제 사회에 만연하다. 윤지오의 증언으로 장자연 사건 재수사를 요구하는 목소리가 거세어졌지만, 어느새 윤지오를 거짓말쟁이, 피해망상 환자 등으로 몰아가면서 사건의 논점은 윤지오 검증으로 옮겨졌다. 게다가 성착취를 증언한 윤지오가 '술집에서 일했다'고 조작했다. 이러한 조작도 문제지만 '술집에서 일한 여자'의 말은 진실되지 않은 것이라 규정하는 행위도 문제다. 해경의 문제를 지적했다가 온 국민에게 공격받으며 천하의 거짓말쟁이가 된 홍가혜처럼 윤지오는 진실을 말하겠다고 나섰다가 돈을 목적으로 한 뻔뻔한 거짓말쟁이 취급을 받으며 자신의 거처가 있는 캐나다로 출국했다.

▲   홍가혜는 가로세로연구소 김용호를 명예훼손으로 고소했다.

《증언혐오》에서 눈여겨볼 지점은 조정환이 성폭력 구조의 진실을 말하려는 장자연-윤지오를 보면서 그들과 비슷한 나이에 자신이 '빨갱이'로 몰렸던 사건을 떠올린다는 점이다. 서른 살에 빨갱이로 몰려 국가보안법을 위반한 범죄자가 된 그는 자신과 다른 시대지만 여전히 젊은 여성들이 성착취의 대상이 되고 이를 증언하려다 사기꾼이 되는 상황에서 공통점을 찾는다. 이 책에서는 70~80년대 조정환이 겪은 부당한 정치적 억압, 구속, 고문 등에 대한 과거 이야기와 2000년대 이후 장자연을 비롯한 여성 연예인이 겪는 성착취를 목격한 윤지오의 증언을 억압하는 현재 이야기가 계속 교차한다. 조정환은 자신이 활동하던 민중미학연구회에서의 공부와 윤지오의 증언이 동일한 구조 속에서 억압받았다고 본다. "증언과 공부는 진실을 규명하는 행위라는 점에서 공통"[53]되기 때문이다.

예술이 증언이 될 때

진실 찾기는 지난한 작업이다. 진실은 계속해서 다툰다. 그렇다면 역사를 어떻게 남길 것인가. 〈김군〉에서 생존자의 간절한 바람은 "왜곡하지 않았으면 좋겠어요"였다. 지만원이 20년간 망언을 늘어놓을 수 있었던 이유는 자신의 망언을 증명할 당사자가 거의 생존하지 않으리라 생각했기 때문이다. 나아가 자신의 망언을 믿고 싶어 하는 사람들이 여전히 존재하기 때문이다. '광주 사태'에서 '광주 민주화 항쟁'으로 사건의 명명이 바뀌는 동안에도 그때 거기 있었던 사람들은 여전히 존재를 증명해야 한다.

살아서 증언할 수 있는 사람들이 이 세계에서 사라진 이후에도 증언을 이어가는 활동은 남은 사람들의 과제다. 나는 광주라는 장소와 그때의 시간을 기억하지 못한다. 〈김군〉의 강상우 감독 역시 광주 출신이 아니며 80년 광주를 기억하는 세대가 아니다. 이처럼 그때 그 장소를 기억하지 못하는 세대가 그때 그 장소를 기록하는 경우가 점점 늘어난다. 망언이 망각을 주도하도록 내버려둘 수 없기 때문이다. 김 군이 누구였는가를 추적하는 일은 망각에 맞서는 행동이다.

한강의 소설 《소년이 온다》는 바로 이러한 왜곡에 맞선 증언문학이며 산 자가 할 수 있는 최선의 애도를 담은 작품이다. 예술의 여러 역할 중 하나는 증언이다. 소외된 개인의 존재부터 역사적 사실에 이르기까지 무언가를 증언한다. 우리가 거기 있었다, 혹은 그 일은 일어났다를 증언한다. 대표적으로 전쟁에 대한 문학이 이와 같은 역할을 한다. '참전'했던 많은 사람들이 살아 돌아오지 못했고 그들이 그때 거기에서 겪은 이야기를 생존자와 목격자는 증언하고 싶어 한다. 한국전쟁에 참전한 미국인, 베트남 전쟁에 참전한 미국인과 한국인은 '우리가 거기에 있었다'를 증언하는 문학을 생산한다. 베트남인은 베트남의 입장에서 전쟁을 증언한다. 하지만 이러한 증언은 늘 정치적 방해를 받는다. 증언을 막기 위해 망언이 등장한다. 이러한 망언은 눈덩이처럼 세를 불린다. 그럴수록 증언의 가치를 회복해야 한다.

광주뿐 아니라 일본군 '위안부' 생존자가 줄어드는 상황에서 같은 고민이 찾아온다. 광주항쟁에 대한 증언으로 〈김군〉이 있다면 비슷한 시기에 위안부 피해 생존자의 이야기를 다룬 다큐멘터리 〈김복동〉이 개봉했다. 2019년 사망한 김복동은 1993년 유엔인권위원회에서 처음으로 일본군 위안부 피해자로서 피해 사실을 증언했다. 증언이 인권운동이 되는 순간이다. 누구의 언어로 누구의 기억을 따라갈 것인가.

여성학자 정희진은 "윤리적인 증언자가 되고 싶었다"[54]고 했다. 아내폭력을 지원하는 '여성의 전화' 상근자로 일했던 경험은 그를 가정에서 벌어진 수많은 여성 대상 폭력의 간접적인 목격자로 만들었다. 그리고 이 목격자는 '윤리적인 증언자'가 되고 싶어 한다. 사회 곳곳에서 일어나는 폭력을 대할 때 절실하게 필요한 마음이다. 윤리적인 목격자이며 증언자가 되기.

증언하는 각주들
ʼ ʼ ʼ ʼ ʼ ʼ ʼ

살아본 자들, 경험한 자들이 증명하고 싶은 고통이 있다. 고통의 증언과 증명하려는 몸부림이 거셀수록 윤리적인 미학에 접근한다. 2022년 5월 시점에서 위안부 생존자는 11명이다. 위안부 피해자들은 삶이 다하여 사라지는 중이고 그들이 사라지는 속도만큼이나, 혹은 그보다 더 빠른 속도로 소녀상이 곳곳에 만들어진다. 국내의 소녀상은 120~130개에 달한다. 하지만 소녀상은 말하지 못한다. 살아서 말할 수 있는 사람들이 사라질수록 우리는 이야기를 잃어간다. 이 세상에 위안부 피해자가 단 한 명만 남는 순간이 올 것이고 언젠가는 모두 사라질 것이다. 그 전에 그들의 이야기를 어떻게 구출할 것인가.

김숨은 꾸준히 증언문학의 세계를 일궈왔다.《군인이 천사가 되기를 바란 적 있는가》,《숭고함은 나를 들여다보는 거야》,《흐르는 편지》그리고《한 명》은 위안부 증언 소설 연작이다.《듣기 시간》은 그가 이어온 증언문학의 행보에서도 담지 못했던 침묵을 기록했다. 생존자를 만나 인터뷰하지만 생존자의 입에서는 제대로 된 한 문장도 듣기 어렵다. 질문 이후에 이어지는 침묵이 녹음된다. '나'는 "내 목소리를 삭제하고 싶은 충동을 억누른다. 그럼 내 목소리와 함께 녹음된 그녀의 침묵도 지워지니까, 내 말보다 그녀의 침묵이 중요하니까, 그녀의 침묵은 발화되지 못한 말이기도 하니까."[55] '나'는 침묵마저 기록한다.

증언의 목소리를 듣고 싶었으나 침묵을 녹음하는 이 상황에서 '나'는 질문자의 윤리와 증언의 고통까지 두루 고민한다. "트라우마이자 고통인 기억을 굳이 되살려야 할까. 누굴 위해서, 무엇을 위해서. 피해자 모두가 증언자가 될 수는 없다."[56] 질문은 고통스러운 기억을 되살리는 행위다. 당신의 고통을 고백해주세요. 당신의 경험을 들려주세요. 더 나은 공동체를 위해 개인에게 다가가 폭력의 경험을 들려달라고 한다. 듣기를 원하는 이 마음은 때로 피해자 개인에게 또 다른 방식의 폭력이 된다. 오직 이야기를 뺏기만 할 뿐 말하는 사람의 고통을 쉽게 간과한다. '나'는 그래서 재촉하지 않는다. '말할 수 없음'의 상태, 그 침묵의 상태가 녹음되도록 한다.

이처럼 꾸준히 소멸되려는 이야기를 끌어내는 증언문학에 집중했던 김숨은 바로 위안부 생존자가 한 명만 남게 될 시점을 배경으로 《한 명》을 썼다. 이 소설은 한 명의 이야기이며 동시에 여러 명의 이야기다. 김숨은 여러 명의 말을 하나의 소설로 엮으며 각주를 활용했다. 각주는 글에서 신뢰를 담당한다. 글쓴이의 주장을 뒷받침하거나, 그 말이 실제로 존재함을 알린다. 누군가의 말에 각주를 달지 않으면 원저자를 알기 어렵기 때문에, 어떤 말의 원작자를 알려주는 역할도 한다. 그 말을 인용하는 사람들이 늘어나면 늘어날수록 한 개인의 말은 점점 신뢰를 얻는다. 즉 각주 달기는 일종의 연대다. 김숨은 허구의 형식인 소설에 각주를 달아 발화의 사실적 근거를 제시했다. 《한 명》에는 무려 316개의 각주가 달렸다. 실제 생존자들의 구술기록과 여러 인터뷰 등에 남아 있는 발언들은 소설 속 인물의 이야기며 동시에 생존자의 증언으로 남았다. 《한 명》은 소설이며 동시에 증언집인 셈이다.

소설 속 '그녀'는 공식적으로 신고하지 않아 세상에 알려지지 않은 생존자다. 그는 어느 날 뉴스를 보다가 위안부 생존자가 '한 명' 남았다는 소식을 듣는다. 그 한 명은 "죽을 수가 없어. 내가 죽으면 말할 사람이 없다는 생각을 하면…"이라고 병원에서 인공호흡기를 단 채 띄엄띄엄 말한다. 이 말은 실제 김학순의 말이다. 최초의 증언자 김학순 이후 여기저기에서 "나도 피해자요, 나도 피해자요"를 말하기 시작했다. 소설에서 '그녀'는 자신도 "피해자요"라고 말하고 싶지만 말이 입 밖으로 나오지 않는다. 열세 살에 강제로 끌려가 스무 살이 되어 도망쳤던 '그녀'는 글을 몰랐다. 세월이 흘러 글을 배웠고, 글을 배웠으나 여전히 자신이 피해자라는 사실을 말하지 못했다.

피해자는 어떤 존재인가. 피해자는 신뢰받는가. 피해자라는 정체성은 낙인으로 작용하곤 한다. 수많은 위안부 생존자들이 살아 있으면서도 자신의 존재를 드러내기까지 50여 년의 세월이 필요했던 이유다. 《듣기 시간》에서 생존자는 정신병원 수감 경험이 있다. 생존자의 동생은 이 경험을 들어 언니의 말을 신뢰할 수 없는 내용으로 만든다. 마찬가지로 《한 명》의 주인공도 아흔이 넘은 고령이라 가끔 그의 '이해할 수 없는 말'을 주변인들은 치매 가능성으로 본다. 만약 《한 명》에 각주가 없다면 소설 속의 말들도 온전히 신뢰받기 어려울 것이다. 작가가 설정한 허구이며 어디까지나 소설 안에 머무는 이야기로만 받아들여질 것이다. 그렇지만 316개의 각주는 이 모든 이야기가 사실임을 증명한다. 그렇기에 《한 명》은 소설이며 증언이다. 한 명의 이야기이자 여러 명의 이야기이다. 이처럼 연구든 창작이든 역사적 사실을 다루는 일은 기억하는 작업이다. 증언은 문학이 되고 운동이 된다.

광주/여성/증언

역사도 경력도 되지 못한 목소리들

기억의 점유
' ' ' ' '

1980년 5월 광주에서 진압군으로 참여했던 남성의 죄의식을 다룬 〈박하사탕〉은 순수했던 청년이 폭력적 역사의 소용돌이 속에서 어떻게 타락하고, 스스로 그 타락을 얼마나 괴로워하는지 20년의 시간을 거슬러 올라가며 보여준다. 광주항쟁을 다룬 영화가 여럿 있지만, 이 영화는 폭력에 가담한 사람의 평범성과 죄의식을 다룬다는 점에서 인상적이었다. 평범한 시민이 어떻게 끔찍한 국가폭력의 역사에 발을 담그게 되는지 보여주면서 자연스럽게 그의 트라우마에 관객이 감정이입하도록 이끈다.

〈박하사탕〉의 영호는 계엄군의 폭력에 가담했던 기억으로 자괴감과 자기연민 사이를 오간다. 그는 형사가 되어 역시 공권력의 일원으로 살아간다. 80년대 민주화 과정에서 영호는 운동권 학생들을 고문하며 점점 더 적극적으로 폭력의 주체가 되어간다. 고문하던 손은 아내를 구타하는 손이 된다. 주로 흰옷을 입고 등장하는 영호의 첫사랑 순임은 타락한 자아가 그리워하는 순수의 세계를 상징한다. 그렇기에 순임의 죽음은 영호가 붙들고 있던 순수했던 과거의 종말이다.

나는 하루에 박하사탕을 1000개씩 포장하는 노동자 순임과 영호와의 결혼 생활을 끝낸 홍자가 살아가는 인생이 더 궁금하다. 이 영화 속에서 여성들은 순수한 첫사랑, 사랑하지 않는 아내, 정부, 하룻밤 자는 여자, 무고하게 희생되는 학생 등의 역할로 등장한다. 어디까지나 주인공 영호와의 관계 속에서 단편적으로 보이는 인물일 뿐, 그들은 역사 속에서 움직이지 않는다. 사진작가를 꿈꿨던 영호의 시각으로, 영호의 손가락이 만든 사각틀 안에서만 보이는 인물일 뿐이다. 그렇기에 이 여성들에게는 남자로 인한 사랑의 상처는 있을지언정 역사의 상처는 찾을 수 없다.

계엄군과 시민군, 어느 쪽의 기억이든 대체로 남성 중심적이다. "대한민국의 민주화와 진보의 역사 한복판에 언제나 우상호가 있었다"▲는 목소리를 들으며 "내 청춘은 역사도 경력도 되지 못했다"는 한 여성 활동가의 목소리가 떠올랐다. 여성 서사로 본 국가보안법을 다룬 《말의 세계에 감금된 것들》에 나오는 양은영의 구술기록이다. 언제나 절반의 진실이 공식적 기억을 점유해왔다. 운동이 경력이 되어 지역사회에서 한자리 맡거나, 혹은 '중앙'으로 진출하는 남성들이 있는가 하면, 여성들의 투쟁 경험은 상대적으로 경력이 되지 못하고 오히려 숨겨지는 경우가 더 많다.

광주에서의 폭력을 기억하기에 미쳐버린 영화 〈꽃잎〉의 소녀는 목격자이지만 '미친년'이기에 신뢰받을 수 없는 화자이다. 그의 말은 중얼거림, 울부짖음, 헛소리라는 형식에 갇히고, 말을 할수록 '미친년'이 된다. 그보다는 소녀를 찾아다니는 소녀 오빠의 대학생 친구들인 '우리들'이 '우리'가 일반적으로 이해할 수 있는 언어로 말한다. 그 소녀가 보고 경험한 것, 말하고자 하는

▲ 2020년 12월 우상호가 서울시장 보궐선거를 위한 민주당 내부 경선에 출마하며 했던 말이다.

것은 여전히 제대로 해석되지 못한 채 많이 남아 있을 것이다.

남성·학생을 중심으로 민주화 운동은 알려지고, 유관순 '누나'나 수많은 '어머니'처럼, 혹은 통일의 '꽃' 임수경처럼 여성들은 예외적인 존재가 된다. 광주항쟁 당시 앞서서 가두방송을 했던 전옥주 선생도 때로 '5·18의 꽃'으로 불린다. 2021년 2월 16일 그는 세상을 떠났고 광주 5·18민주묘지에 영면했다. 영화 〈화려한 휴가〉에 등장하는 박신애(이요원)의 실제 모델이다.

기억의 재구성

영화 〈김군〉은 광주항쟁에 참여했던 사람들 중에 넝마주이가 있었음을 알려준다. 이름조차 모르는 사진 속의 한 남성을 두고 지만원은 '광수 1호', 북한이 내려보낸 특수부대원이라고 주장했지만, 그 남성을 추적하는 과정에서 그가 김 군이라 불렸고, 넝마주이였을 가능성을 제시하는 의견도 있었다. 하지만 결코 영웅이 되지 못한 채 사라진 수많은 '김 군'들만이 아니라 '김 양'들도 있을 것이다.

2012년 출간된 《광주, 여성》은 광주전남여성단체연합 기획으로 항쟁에 참여한 여성들 중 19명의 이야기를 모았다. 살아 숨 쉬는 생명만 보면 밥을 해서 먹이던 여성들이 있었고, 부상당한 시민군과 계엄군 모두를 치료한 간호사들이 있었으며, 두들겨 맞으면서도 이미 죽은 몸에 수의를 입히며 모르는 몸들을 돌보던 여성들이 있었다. 총탄이 날아드는 항쟁의 한복판에서 열심히 사람들을 모으던 목소리들이 있었으며 이들은 함께 피 흘리고, 피를 나누었다. 그중 한 사람이 전옥주이다. 그는 광주항쟁에 참여한 사람들 중에 구두닦이, 거지, 넝마주이, '술집 아가씨' 등 사회적 약자들이 많았다는 점을 강조한다. 역사가 주목하지 않은 인물들이 그때 그곳에 있었다.

전옥주는 광주에 도착해서 군인들이 시민들을 폭력적으로 진압하는 모습을 목격하자마자 이를 알리기 위해 행동했다. 마이크를 들고 버스와 트럭을 타고 광주를 누비며 적극적인 목격자이자 전달자로 활동했다. 그의 가두방송은 앞장서서 묵살에 저항한 행위다. 그는 군인을 잡은 시민군에게 풀어주라고 말하는 설득의 목소리였으며, 동시에 계엄군에 맞서도록 시민들을 독려하는 목소리였으며, 왜 무고한 시민에게 폭력을 자행하는지 따져 묻는 저항의 목소리였다. 항쟁 이후에는 민간인 피해가 없었다는 거짓말에 대항해 이를 증언하는 목소리였다. 전옥주는 1989년 국회 청문회에 출석해 광주항쟁에 대해 증언했다.

항쟁의 목소리였던 사람을 추모하는 발언들 속에는 고문에 대한 언급이 많았다. 얼마나 고통받았는지를 강조하기 위해서다. 고문 피해를 언어로 옮기면 고문받지 않은 사람들에게 그가 얼마나 힘든 고통을 겪었는지 강조해 전달할 수 있다. 그러나 이 태도는 적극적인 목격자이자 말하는 주체였던 이의 입을 폭력 피해자의 수동적 몸으로 전시하기도 한다. 내용은 주로 1996년 〈신동아〉에 실린 '전옥주 충격고백 수기'를 바탕으로 한다. 당시 〈신동아〉의 표지 제목 아래에는 "간첩조작 성고문도 버텨냈다"

고 적혀 있다. 수기의 본문에는 항쟁 당시 전옥주의 감정과 진실을 알리겠다는 의지가 표현돼 있다.

"눈앞에서 벌어지고 있는 믿을 수 없는 폭력과 참상, 거대한 불의에 대한 맹렬한 적개심과 분노가 솟구쳐 나를 어떤 지점으로 끝없이 휘몰고 가는 것을 느낄 수 있었다."[57]

그러나 여성을 피해자화하려는 남성적 응시는 이러한 서사와 전옥주의 감정에 집중하지 않는다. 그 몸이 무엇을 했는가보다는 그 몸이 어떻게 '당했는가'를 중심으로 여성을 재현한다. 이는 여성들이 연달아 성폭력을 폭로한 운동인 '미투'를 초기에 언론에서 '나도 당했다'라고 번역하던 태도와 일맥상통한다. 로자 룩셈부르크Rosa Luxemburg의 행적보다 그가 마지막 순간 어떻게 죽었는지를 더 구체적으로 말하듯이, 저항하는 여성을 기억하는 방식은 유난히 몸의 피해를 묘사하는 것에 국한된다. 특히 여성이 겪는 성고문은 듣는 남성에게 고통을 주기보다 다른 방식의 권력을 확인시킨다. 고통받는 '그 몸'과 다른 몸이라는 확인 덕분이다. 그렇기에 꼬박꼬박 "여자로서 견디기 어려운"이라는 말이 따라붙는다.

정작 전옥주를 더 힘들게 했던 '진짜 고문'은 출소 후에도 지속된 빨갱이라는 오명이었음을 구술을 통해 알 수 있다. 사면받았지만 늘 감시받았고, 취업하기도 어려워 경제적 고통에 시달렸고, 아무도 자신의 말을 믿지 않는 그 상황이야말로 그에겐 '고문'이었다.

5·18과 여성 관련 연구도 초창기에는 여성의 피해를 중점적

으로 다뤘으나 점차 여성이 어떻게 주체적으로 항쟁에 참여했는지에 집중했다. 민주화와 여성, 국가폭력과 소수자의 관계에 대해서는 아직도 재구성해야 할 사실들이 많이 남아 있다. 기억은 마음속으로 그때 그 일을 소환하는 작업이다. 이 작업은 설명하고 해석하는 과정을 포함한다. 그렇게 기억의 재구성은 언제나 저항이며 정치적 행위다.

폭력의 목격자, 저항의 참여자

목소리는 몸을 벗어나 존재를 확장시키는 역할을 한다. 그렇기에 역사는 약자의 목소리를 묵살한다. 대신 몸으로만 재현한다. 묵살默殺은 잠잠히 죽인다는 뜻이다. 여성의 주체적 경험이 지식화되거나 역사화되지 못하도록 방해받는 이유는 지속적으로 이들을 피해자의 위치에만 한정해서 바라보려 하기 때문이다. 하지만 전옥주는 5·18 여성동지회를 만들어 투쟁했던 여성들과 연대한 '연결된 몸'이었고, 폭력의 목격자이며 저항의 참여자로서 '말하는 몸'으로 살아왔다.《광주, 여성》에 담긴 여성들의 이야기는 내가 관념적으로 이해하던 '살아남은 자의 슬픔'이라는 개념을 전복시켰다. 과연 살아남은 자의 슬픔은 누구의 감정일까. "어떤 방식으로든 5·18에 참여한 여성들에게는 '더불어 죽지 못한 죄의식'을 발견할 수 없었다. 여성들의 관심은 오롯이 삶"이었다는 편집자의 말처럼 실제 이 여성들의 구술에는 온통 연결에 대한 갈망, 새로운 배움에 대한 희망, 증언하고자 하는 의지 등이 드러나 있었다.

전옥주는 "그해 5월 광주에서 내가 얻은 건 슬픔과 공포만은 아니었다"며, 그는 "살아 있음으로 이 모든 것들을 증명할 수 있기 때문"이라고 했다. 그는 "방송할 내용이 생겨서" 오히려 반가워했던 적극적인 목격자였다. 다른 생존자들의 증언에서도 충분히 이런 의지를 발견할 수 있다. "말이나 하고 죽어야 쓰겠다"(방귀례), "이렇게 이야기를 하는, 이런 일도 좋은 일이제"(김동심), "그때 당시에 여성들이 얼마나 큰 힘이었나 하는 것"(이정희), "내가 하고 싶은 것은 글 쓰는 것인데, 가만히 앉아서 글 쓰는 것은 울화통이 터져서 밖으로 나갔어… 여성운동 52년, 민주화 운동 35년, 봉사활동 55년, 인권운동 35년, 이렇게 해왔어"(송희성), "나는 우리 삶과 자연과 우주를 사랑하는 그런 것이 취미예요"(오경자), "내가 날마다 버섯들하고 대화를 해요"(정숙경), "5·18에 대해서도 써보려고 했는데, 그게 기회가 안 맞아떨어졌어요"(이현옥), "옛날에 닭이 울면 집안이 망한다 했는데 지금은 닭이 많이 울어야 달걀이 나온다. 여자가 힘을 써야 되는 시대가 왔지"(정순덕), "재미있게 같이 어울리면서 사는 것을 찾아야 하지 않을까 고민 중이에요."(정미례)

굳이 기억하고 싶지 않아 증언에 참여하지 않는 사람들도 있지만, 여성운동, 지역운동 등으로 삶을 확장하며 동지를 끌어모으고 새로운 투쟁을 조직하는 여성들도 많다. '피해자'라는 하나의 정체성만 가지고 살아온 게 아니다. 그들에겐 삶에 대한 적극적 의지와 사회에 개입하고자 하는 욕망이 있다.

게다가 이들의 증언은 남성들의 증언과는 다른 형태를 띤다. 국가폭력에 저항하던 이 여성들은 가부장제 속에서 겪는 경험도 함께 말한다. 광주항쟁에 참여했던 여성들의 경우는 '여자라 못 배웠다', '내 딸은 이렇게 안 살았으면 좋겠다', '아들 못 낳았다고 구박받았다' 등의 내용을 분노와 서러움 가득한 목소리로 말한다. 이런 목소리는 민주화 운동에 참여했던 다른 여성들에게서도 발견된다. 함께 학생운동을 했던 '동지'였어도 결혼 후에 성역할에 갇히는 쪽은 여성이었다. "남편은 집행위원장 하면서 평양도 두 번 가고 금강산도 네 번이나 갈 때, 저는 한 번도 못 가고 집에서 애를 봤어요."[58] 명지대학교 총여학생회장 출신 양은영은 함께 운동하던 남성과 결혼 뒤 마주한 현실에 대해 말한다. "여성들은 머지않은 훗날 이름조차 상실하리라는 것을"[59] 젊은 시절에는 알지 못했다고. 막연한 어머니로 용해되어버린 개개인의 이름들은 여전히 할 말이 많다.

민주화는 무엇일까. '화化'는 끊임없이 움직이며 모양이 변하는 것이다. 과거에 머물러 있는 상태가 아니다. 무엇이 나를 변하게 하는가. "상대의 말이 듣기 싫어도 마지막까지 경청해줄 수 있는 게 민주화"라는 소신을 지니고 있다는 전옥주 선생의 말을 계속 생각했다. 그가 항쟁 당시의 가두방송에서 끝나는 것이 아니라 평생 말하기에 대한 신념을 가져왔음을 알 수 있다. 아마도 민주화는 끊임없는 증언을 통해 탈락된 역사를 재구성하면서 현재를 바꿔가는 과정, 그 자체일 것이다.

세대

세대를 호명하는 말은 과연 세대를 가리키는가

잃어버린 세대
′ ′ ′ ′ ′ ′

'잃어버린 세대Lost Generation'라는 말은 어니스트 헤밍웨이Ernest Hemingway가《태양은 다시 떠오른다》(1926)의 서문에 거트루드 스타인Gertrude Stein의 말을 인용하면서 대중적으로 널리 알려졌다. 거트루드 스타인은 차를 빨리 고치지 못하는 젊은 정비 기사에게 사장이 "너희들은 모두 잃어버린 세대Génération Perdue야"라고 소리치는 걸 보게 되었고, 이 말을 헤밍웨이에게 전한다. "당신들이 바로 그 잃어버린 세대다. 전쟁에 참여한 젊은이들이 모두 잃어버린 세대다."

스타인이 처음 정비소에서 이 말을 들었을 때의 정황을 고려하면 '잃어버린 세대'보다 '실패한 세대'라는 번역이 더 적절할지도 모른다. 그러나 언어는 항상 출발할 때와 동일한 의미를 갖지는 않으며, 듣는 사람의 위치와 상황에 따라 다양한 의미로 수용되기에 '잃어버린 세대'라는 의미도 가능하다.

1차 세계대전이 끝난 후, 많은 미국의 예술가와 지식인들이 파리에서 활동했다. 1874년생인 거트루드 스타인도 그중 한 명으로, 당시 파리에서 젊은 미국인 예술가와 지식인들에게 상당히 영향력 있는 인물이었다. '전후 세대와 예술가들'이라는 배경 속에서, 스타인은 프랑스 정비소에서 들은 말을 새롭게 해석한 것이다. 다시 말해, '잃어버린 세대'는 1차 세계대전 이후 (이전 세대보다) 상대적으로 불안정한 경제활동을 하는 주로 1880~1900년에 태어난 이들, 육체적인 부상과 정서적인 상실감을 겪고 방황하는 미국의 젊은 지식인과 예술가를 가리키는 말이 되었다. 스콧 피츠제럴드Scott Fitzgerald, 어니스트 헤밍웨이 등이 이에 속한다.

즉, 1920년대에 '상실'을 드러내는 이 '세대'를 조금 더 구체적으로 들여다보면 실은 중산층 백인 남성의 기준에 가깝다. 이 시기는 여성들에게는 '신여성'이 등장하는 상징적인 때였으며, 흑인들에게는 남부에서 북부로의 '1차 대이동'▲이 활발하던 때였다. 전쟁으로 많은 젊은 남성이 유럽으로 떠나 자동차, 철도산업, 각종 제조업의 인력이 부족할 때, 흑인들의 저렴한 노동력이 그 자리를 채웠고, 북부 대도시에 흑인 인구가 폭발적으로 증가했다. 이러한 배경 속에서 1920년대 뉴욕의 할렘이 흑인 문화의 중심지가 될 수 있었고, 그곳에 '할렘 르네상스Harlem Renaissance'가 번성할 수 있었다.

이처럼 '○○ 세대'를 가리키는 말은 사실상 계층, 인종, 지역, 젠더를 교차시켜보면 정확하지 않을 때가 많다. 그럼에도 마치 보편적인 세대를 아우르는 말처럼 쓰이곤 한다. 주로 중산층 남성의 관점인데, 그 중산층 남성이 '보편적인 세대'의 개념을 지배하기 때문이다.

▲   1910~1970년 사이 미국 남부에 거주하던 흑인들의 북부 도시로의 이동을 '흑인 대이동Great Migration'이라 부른다. 이 중 1차 세계대전이 발발한 1910년대부터 대공황으로 이동이 일시적으로 줄어든 1930년대까지는 1차 대이동이라 부르고, 2차 대전 발발로 다시 흑인 노동력이 이동한 1940년부터 인종분리정책이 사라진 1970년까지를 2차 대이동이라 한다.

86학번, X세대…
계층의 언어는 어떻게 세대의 언어로 둔갑하는가

《알지 못하는 아이의 죽음》의 들어가는 글에서 저자는 특성화고 졸업생을 한 번도 본 적이 없다고 말하는 사람을 만났던 상황을 소개한다. 그 말을 듣고 있는 저자가 바로 상고를 나왔지만 그는 특성화고 졸업생을 '본 적이 없다'. 글을 쓰는 사람이면 으레 대학을 나왔으리라 생각한 탓이다. 저자인 은유 작가를 만났을 때 나는 이 상황에 대해 조금 더 구체적으로 물어봤다. 실제로 무례하거나 불쾌한 상황은 아니었다고 한다. 충분히 가능한 일이다. 단지 그 상대방은 정말 특성화고 졸업생을 본 적이 없을 뿐이다. 대졸자가 아닌 사람이 드러날 기회가 별로 없기 때문이다. 아무리 90년대생이 오고, 70년대생이 울어도, 대체로 대졸자만 보이고 대졸자의 울음소리만 크게 들린다.

"몇 학번이세요?"라는 질문은 이러한 한국 사회의 모순을 잘 반영한다. 학번을 묻는 습관은 한국 사회의 연령주의가 학력주의와 결합하여 나타난 결과다. 학력 자본을 가진 사람이 나이를 직접적으로 묻지 않고 에둘러 묻는 완곡어법이다. 표면적으로는 완곡한 어법이지만, 이러한 질문을 주고받아도 되는 계층의 언어를 습득한 자신의 위치를 무의식적으로 드러내는 질문이다. 그러면서 조심해야 할 필요도 느끼지 않는다. 학번을 물어도 되는 '좁은 세계'에 산다는 것은 결코 부끄러운 일이 아니기 때문이다. 주류의 언어는 빠르게 체화된다. '요즘 대학 안 가는 사람이 어디 있어?', '내가 아는 사람 중에 고졸은 없는데', '나는 특성화고 나온 사람을 한 번도 못 봤어'라는 말들은 비대졸자의 보이지 않음을 정상화한다. 대학 진학률은 95년에 처음으로 50퍼센트를 넘겼다. 다시 말해 70년대 중반 이전에 태어난 사람들 중에는 비대졸자가 더 많다.

86세대라는 호명처럼, 스스럼없이 학번과 세대를 동일시하는 오류는 정치와 언론의 장에서 여론 주도층을 누구로 여기는지에 대한 태도에서 들통난다. 보수 언론과 정치가 주로 생산수단을 소유한 계급이나 상위 계층의 목소리를 전한다면, 진보 언론은 상대적으로 제도와 싸우는 사람들의 목소리를 전한다. 그럼에도 '나름의 엘리트주의'를 결코 포기하지 못한다.

2017년 5월 〈한겨레 21〉 1161호에 실린 기사는 상당히 좋은 사례다. 당시 언론사는 탄핵과 촛불 시위로 새로 들어설 정권을 진단하며 두 개의 대담을 마련했다. 하나는 (남성들로만 구성된) 전문가 대담이었고 다른 하나는 "386세대의 맏형인 '80학번' 대담"이었다. 그렇다면 이 대담에 참여한 인물들은 구체적으로 누구였을까. 그들은 '정담 80'이라는 모임의 회원이었으며, '정담 80'은 서울대 동기생들의 산행 모임으로 "대학 시절 학생 운동을 함께 한 오랜 벗"이라 서로를 설명한다. 같은 시절 같은 학교를 다닌 남성 중심의 산행 모임이라는 사적 모임은 공적 연대의 위치를 얻고 시사 주간지에서 특정 세대를 대표하여 발화한다.

정리하자면, 남성 전문가 그룹에게 정책 진단을 받고 '박정희 세대'인 386 맏형의 대담을 들은 'X세대' 남성 편집장은 선배들의 다짐에 박수를 보냈다. 그 선배들의 다짐이란 "사회를 개선하는 일에 작은 헌신"을 하겠다는 것이다. '헌신'이라는 표현은 이미 스스로의 사회적 위치를 가진 이들이 윤리적 태도를 드러낼 때 사용하는 말이다. 그 대담은 이미 과하게 목소리 내는 자들의 윤리적 우월감을 표현할 기회까지 마련해준 자리였던 셈이다. 이 모임이 촛불시위의 대표성을 가져야 할 이유가 전혀 없음에도 그들은 촛불 이후 대표적인 얼굴로 한 지면을 차지했다. 서울대 출신으로 현직 기자, 회계사 등으로 일하는 남성은 쉽게 대표성을 가진다.

편집장은 이 대담을 소개하며 "1990년대 중반 학번으로 한때 'X세대'라 불렸던 저"라며 자신의 위치도 소개한다. 게다가 편집장은 이들을 '맏형'이라 칭한다. 이들은 광주항쟁에 연대하거나 전두환 독재에 맞서 저항한 이들로 '민주화 세대'라고도 한다. 이처럼 세대와 학번은 제도권의 언어에서 긴밀하게 연결되어 있다. 90년대 중반 학번으로 X세대라 불렸던 나는 글쓴이인 편집장과 동년배지만 이 문장에서 괴리감을 느낀다. 그가 말한 '선배들'인 서울대 출신 남성들에게 비서울대 출신 여성 독자인 나는 아무런 연결고리를 찾지 못한다. 세대에 대한 연구와 분석은 필요하지만, '세대'는 종종 다른 조건들을 희미하게 만들기에 가장 좋은 수단이 된다. 학력, 인종, 젠더 권력은 모두 탈락되고 세대만 남는다.

여성이나 소수자들의 목소리 앞에서 계급을 강조하던 '진보'는 남성 앞에서는 쉽게 '세대'를 내세우며 연결고리를 찾는다. 한 한겨레신문 논설위원은 칼럼에서 성추행으로 제명된▲ 김종철 정의당 전 대표에 대해 "86세대의 마지막이면서 새로운 세대의 시작임을 자부했던 그"[60]였기에 새로운 변화를 기대했었다고 말했다. 김종철이 정의당 대표가 되었을 때는 "첫 70년대생 원내 정당 대표"라며 주목받았다. 여성과 비대졸자를 배척한 채 80년대 학번을 특정 세대의 맏형으로 바라보듯이, 70년생 남성은 그들 세대의 막내로 여긴다. 맏형에서 막내에 이르기까지, 이들이 아우르는 그 세대는 어디까지나 서울에서 대학 다닌 남성에게만 해당한다. 과잉대표는 다른 시각에서 보면 '거대한 박탈'이다. 민주당의 박용진과 박주민은 "70년대생 쌍두마차"[61]로 불렸다. 이미 19대 국회에 77년생 장하나 의원이 있었으나 이 '젊은 여성'은 미래로 여겨지지 않았다.

영화 〈삼진그룹 영어토익반〉의 초반에는 유니폼을 입고 커피를 타는 여성 노동자들이 모여 대화하는 장면이 있다. X세대가 거론되자 심보람(박혜수)은 질문한다. "대학 안 나와도 X세대 할 수 있어?" 그들은 모두 상고를 나왔다. 'OO 세대'라는 명명이 실은 계층의 언어임을 지적하는 대사다. X세대는 단지 70년대에 태어난 이들을 가리키는 언어는 아니다.

▲ 2021년 1월 같은 당 국회의원 장혜영 의원을 성추행한 사건이 알려져 김종철은 대표직에서 물러나고 제명되었다.

학번 없는 자들의 언어:
대학에 가지 않은 사람은 누가 대표하는가?

80년대에 대학진학률은 20퍼센트 후반에서 38퍼센트 사이를 오갔다. 80년대에 20대를 보낸 사람 중 '386'에 해당하는 사람은 소수이며, 고등학교나 중학교를 졸업한 후 노동 현장에 뛰어든 사람들이 훨씬 많다. 하지만 그들은 '세대'에서 배제된다. 1960년에 태어나 1981년에 한국에서 여성으로는 최초로 용접사가 된 김진숙은 노동운동과 민주화 운동에 참여한 해고 노동자이다. 그는 86세대 '맏형'들과 같은 세대이지만 결코 같은 세대로 불리지 않는다. "36년간 나는 유령이었습니다." 2021년 2월 7일 청와대 앞에서 김진숙의 발언이다. 그의 복직 투쟁은 1년 후인 2022년까지 이어졌다. 이 유령들은 다양한 정체성으로 오늘도 곳곳에서 발화를 실천한다.

"고졸 일자리 보장! 정부가 나서라!"

전국특성화고졸업생노동조합의 구호다. 이들은 2020년 11월 15일 서울 전태일다리에서 기자회견을 한 뒤 행진했다. 전태일의 대학생 친구는 권력을 얻었을지 몰라도, 전태일의 친구들은 여전히 유령으로 살아간다. 21대 국회는 100퍼센트 대졸자로 구성되었다. 그것도 2년제 졸업자는 1명이고 나머지는 모두 4년제 대졸 이상이다. 대학에 가지 않은 사람은 누가 대표하는가. 정치에서 대표되지 못한 이들의 목소리는 의회가 아니라 거리에서 들린다. 생존을 갈구하는 수많은 언어들은 오늘도 여전히 거리의 피켓 위에 새겨져 있다. 시위나 거리 행진, 장소 점거라는 방식은 개인이 아니라 집단을 드러냄으로써 공적이고 보편적인 존재를 알리는 데 기여한다. 정치의 소비자가 아닌 말하는 생산자가 되기 위해 거리로 나가는 것이다.

학번이 제 정체성의 일부를 구성하도록 내버려둔 채로 '계급으로 세상을 본다'고 말하는 이들도 보았다. 그렇게 전태일은 여전히 그 자리에 있고 전태일의 대학생 친구들은 권력을 얻었다. 이들은 민주화 운동의 대표 자리를 꿰찼다. 한국의 '진보'는 결코 학연을 포기하지 않는다. '공부 잘했던' 젊은 시절에 스스로를 가둔 채 옳음을 확신하기에 '진보'하지 못하면서 '진보'의 위상을 얻는다.

청년
▼ ▼

'청년'은 기성세대의 시각에서 꽤 자주 호명되는 집단이다. 2007년 20대의 경제적 상황을 분석한 우석훈과 박권일의 《88만원 세대》 출간 이후 당시 20대는 '88만원 세대'로 불렸다. 이전 세대보다 훨씬 더 경쟁적으로 살아왔지만 경제적으로는 더 나아질 수 없는 세대가 되었다. 한쪽에서는 '20대 개새끼론'이 횡행했다. '요즘 젊은것들은'이라는 시각은 늘 있었지만 '20대 개새끼론'이라고 이름 붙일 정도로 2000년대 이후 젊은 세대를 깎아내리는 어떤 경향이 있었다. 그 흐름 속에서 2009년 6월 김용민 PD가 충남대학교 신문에 '너희들에게는 희망이 없다'라는 글을 기고했다. 30대인 글쓴이는 당시 'IMF 세대'라 불리던 20대 초중반(80년대 중후반생)들을 '너희들'이라 부르며 80년대 대학을 다닌 세대와 비교해 이명박 정부에 대한 20대 대학생들의 소극적 저항을 꾸짖는다. 그는 10대에게 기대를 건다며 20대 "너희는 안 된다"고 못을 박았다.

그러나 대체로 '88만원 세대론' 이후 젊은 세대는 다소 암울하게 그려진다. 이들은 취업난과 경제적 어려움 속에서 많은 것을 포기해야 하는 상황에 처하기에 '3포 세대' 혹은 '5포 세대'라고도 불렸다. 이 '포기'는 곧 억울함을 만든다. 80년대생이 20대이던 시절을 지나 90년대생이 20대가 되자 억울함을 발판으로 공정을 화두에 올렸다. 90년대생은 '공정 세대'라고도 불린다. 이처럼 젊은 세대들에겐 지속적으로 새로운 이름이 붙여진다. 기성세대의 시각에 따라 '개새끼'에서 공정의 상징까지 격하게 오간다.

'90년대생들이 정말 원하는 것'이라는 화두를 풀어간 《공정하지 않다》의 80년대생 저자들은 "오늘날 20대는 집단적으로 억울하다"고 말한다. 공정은 90년대생을 대표하는 철학처럼 보인다. 부모보다 경제적 지위가 낮아진 세대라고들 한다. 이 모든 논쟁을 보면서 발견한 것은 결국 이 논쟁이 우리 사회에서 '사람'으로 인정받는 사람들 사이의 공정만을 다룬다는 점이다. 게다가 지속적으로 남성들이 그다음 세대를 호명하고 분석한다는 점이다. 2030을 'MZ세대'라고 부르지만 이들의 범위는 매우 넓어서 정작 그들은 '우리가 왜 같은 세대'인지 고개를 갸우뚱한다.

    한편 90년대생인 강남규는 '공정 세대'에 대한 다른 시각을 밝힌다. 《지금은 없는 시민》에서 그는 "여성이 취업시장에서 받아온 차별들에 대해서 남성들이 공정함을 요구하며 분노했다는 이야기도 들어본 적이 없다. 어쩌면 이들의 공정함이란 '내가 갖지 못한/할 것'에 대해서 선택적으로 분노하는 '죽창'과 같은 것은 아닐까."[62] 라며 무성한 공정 담론에 의구심을 표한다.

    오늘날 청년 세대가 공정에 더 민감한지에 대해서는 진위가 불분명하다. 불공정에 대한 분노에 비하면 불평등에 대한 분노는 상대적으로 작다. 2007년 《88만원 세대》를 쓴 박권일은 2021년 《한국의 능력주의》를 통해 한국인들이 특권의 불평등에 분노하는 게 아니라 "특권에 접근할 기회의 불평등에 분노"한다는 사실을 지적한다. '공정 세대'라는 개념은 특정 계층의 억울함을 특정 세대의 분노로 둔갑시킬 가능성이 크다.

인권

인권은 취향 문제가 아니고, 차별은 의견이 아니다

정체성 정치와 문화전쟁 탓하기
▼ ▼ ▼ ▼ ▼ ▼ ▼ ▼ ▼ ▼ ▼ ▼ ▼

2021년 6월 국민의힘의 새로운 대표로 이준석이 당선된 후 한겨레신문에 "트럼프는 왜 홍준표가 아니라 이준석에 빙의했나?"[63]라는 재미있는 분석이 실렸다. 대체로 동의하면서 읽다가 마지막 문단에서 갸웃했다. 이 글은 트럼프와 이준석의 등장 배경으로 "진보의 정체성 정치도 한몫했는지 성찰"하기를 제안했다. "소수와 약자의 정체성에 기댄 동원 정치"가 커졌고, "정체성 문제를 두고 첨예한 문화전쟁"이 벌어져 "진보운동의 동력이 되어야 할 다수 집단의 중하류층들이 보수화"된 것이 트럼프 출현의 배경이라고 정리했다.

나는 이러한 진단에 동의하지 않는다. 새로운 이야기는 아니고 매우 익숙하게 반복되어온 주장이다. 힐러리 클린턴의 패배-트럼프 출현의 배경 중 하나로 유독 진보의 정체성 정치가 지목되었고, 이 때문에 백인 노동자 계층의 지지를 잃었다는 주장이 수년째 이어졌다. 백인 남성의 63퍼센트가 트럼프를 찍었고, 실제로 당선에는 경제적 원인보다는 인종주의의 역할이 더 컸다는 연구 결과가 이미 나왔음에도[64], 꾸준히 백인 노동자 계층의 소외감에 비중을 두거나 이에 설득되는 사람들이 많다. 경제적으로 취약한 집단인 흑인 여성이 트럼프를 가장 덜 찍었다는 사실은 무시한다.

진보운동의 동력이 되어야 할 집단인 중하류층과 인종, 젠더, 종교 등의 정체성은 무관한가. 이러한 관점은 설사 의도하지 않았다 할지라도 결과적으로 소수자와 약자의 운동을 위축시키고 '나중에 정치'를 정당화하는 효과를 만든다. 그 경제적 중하류층에 바로 여성, 성소수자, 이민자, 장애인 등이 많다는 사실을 간과한다. 진보의 불성실한 계급 의식을 소수자들의 정체성 정치 탓으로 돌린다. 예를 들어 백인 남성이 저지른 총격으로 숨진 애틀랜타 마사지 가게의 희생자들은 '저소득 계층'이면서 '아시아 여성'이라는 인종과 성별 정체성 때문에 더 쉽게 범죄의 대상이 되었다. 그렇다면 주로 정치적 수사로 언급되는 중하류층은 도대체 누구를 말하는 것일까.

진보가 '백인 노동자 계층'의 지지를 잃었다고 할 때, 은근슬쩍 백인 노동자 계층의 소외가 마치 다른 모든 가치에 우선한다는 말을 하고 싶어 한다. 리베카 솔닛Rebecca Solnit은 "그들이 말하는 백인 노동자 계층이란 사실 백인 남성을 가리키는 암호"[65]라고 했다. 마찬가지로 한국에서 '중하류층'이라고 할 때, 이는 이리저리 다양한 '정체성'을 빼고 보편적 인간을 대표하는 남성을 가리키는 암호로 사용될 가능성이 농후하다. 청년에 대한 세대 담론도 마찬가지다. 서울 몇몇 대학 출신의 남성이 소위 '청년 논객'으로 주목받으며 청년을 대표하는 척한다. 수없이 남성이 대표자로 나서서 다양한 타자들을 배제해도 남성은 '정체성 정치'를 한다는 평가를 받지 않는다. 남성이 곧 인간이기에. 인류 역사상 가장 극단적인 정체성 정치는 남성 정체성 정치다. 최선을 다해 강력하고 배타적인 '정체성 정치'를 주도하지만 존재 자체가 '보편'이라는 권력을 쥐고 있어서 절대 스스로 '정체성 정

173
인권

치'를 한다고 인식하지 못한다.

'남성이 아닌 정체성'을 호명하면 부정적 의미를 가득 담아 '정체성 정치'라 부르며 덜 시급한 문제를 '동원'한다는 시각이야말로 얼마나 차별적인지 성찰할 필요가 있다. 젠더, 종교, 인종 등의 문제가 계층 혹은 계급 문제와 분리된다는 착각에서 벗어나야 한다. 이졸데 카림Isolde Charim은 《나와 타자들》에서 "오늘날 좌파가 계급 투쟁과 사회 문제를 잊어버렸다는 비판이 나올 때, 우리는 단호하게 반대해야 한다"고 정확하게 말한다. "좌파가 문화 투쟁에 연루되었고, 그 때문에 실제 계급 투쟁을 소홀히 했다는 말"은 "문화 투쟁과 계급 투쟁 사이의 엄격한 구별과 양자의 서열화에 기초한다."[66] 다시 말해, 자신의 정체성이 사회적으로 '문제'가 되지 않는 이들만이 정체성과 계급을 단순하게 구별한다. 오늘날 '정치적 올바름'과 '정체성 정치'라는 개념을 왜곡되게 끌어와 소수자들의 다양한 운동을 진압하는 방식은 마치 '진보'의 유행처럼 자리 잡았다.

보편적 인권의 확장
⫯ ⫯ ⫯ ⫯ ⫯ ⫯ ⫯ ⫯

누군가의 인권은 어떻게 '나중'이 되어왔을까. 중세 유럽에서 유대인은 토지를 소유할 수 없었다. 현재도 몇몇 이슬람 국가에서는 기독교로 개종한 사람은 처벌받는다. 불과 한 세기 전까지만 해도 여성은 제도 교육에서 배제되었고, 60년 전까지만 해도 미국에서 백인은 흑인을 특정 장소에서 내쫓아도 괜찮았다. 이승만 정권은 일국일민주의라는 인종차별적 정책하에 수많은 '혼혈' 아동들을 해외입양의 형식으로 사실상 국외로 추방했다. 인종, 성별, 종교 등 다양한 정체성에 따른 차별은 문화였고 제도였다. 정치와 여론의 주도권을 '보편적 정체성'을 가진 이들이 가졌기에 문화적 차별은 늘 '나중에' 해결해도 괜찮은 사안이었다.

1215년 영국의 대헌장Magna Carta은 왕권을 제한하면서 자유인의 일부 권리를 보장했다. 재판에 의하지 않고는 함부로 체포되거나, 투옥되거나, 재산이 몰수되거나, 추방당하는 등의 괴롭힘을 겪지 않을 권리를 자유인에게 보장했다. 이때의 자유인은 사유재산이 있는 남성이다. 17세기 후반 영국의 권리장전과 존 로크John Locke, 18세기 장자크 루소Jean-Jacques Rousseau 등의 철학, 그리고 미국 독립선언문과 프랑스혁명의 인권선언문을 거치며 인간의 보편적 권리에 대한 개념은 점점 더 구체화되었다. 하지만 이 권리에서 여성은 '당연히' 배제되었고 오늘날의 관점에서 보면 한계가 많다.

18세기에 올랭프 드 구주Olympe de Gouges와 메리 울스턴크래프트는 누구나 당연하다고 생각했던 관습과 문화 속에서 차별을 인식하며 여성의 권리를 주장했다. 그렇게 인권의 범주를 확장시켜왔다. 여성이 권리를 주장하고 노예가 자유인이 되는 것은 끊임없이 '남성 자유인'을 불편하게 만들면서 진행되었다. 구체적 존재들이 지워진, 막연한 '시민'이라는 개념은 공허하다. 이제는 인간 중심적 사고에서 벗어나야 한다는 목소리도 날로 높아져서 동물의 권리까지 논의의 대상이 되었다. 이처럼 다양한 정체성들이 각자의 위치에서 싸우고 연대하며 흩어진다. 각자의 정체성에 함몰되는 싸움이 아니라, 타자가 주체가 되는 투쟁을 통해 싸움의 영역을 넓힐수록 인권의 영역도 확장된다.

정말 한국에서 '첨예한 문화전쟁'이 벌어져서 다수 집단의 중하류층이 보수화되었을까. 아니다. 오히려 담론권력을 쥐고 있는 사람들의 혐오발화가 솔직함으로 둔갑하여 공적 영역에 쏟아져서 문제다. 문화전쟁이 아니라, 문화화된 차별 속에서 혐오 표출에 대한 부끄러움을 느끼지 못하는 게 문제다.

국가인권위원회의 권고마저 무시한 트랜스젠더 군인의 강제 전역, 수많은 여성이 겪는 취업 성차별 등은 모두 그 정체성 때문에 한 개인의 경제 활동이 방해받고 직업 선택의 자유를 침해당하는 사건이다. 우리는 전선의 복잡성을 이해할 수 있어야 한다. 혐오 표현이 활개 치는 사회에서 '문화전쟁'이라는 개념은 논쟁적이다. 자칫 세대론이 만들어내는 오류처럼, 세대 간에 정말 어떤 전선이 선명한 듯한 착각을 일으킨다. 세대 간에 문제가 없다는 뜻이 아니다. 기존의 권력에 타격을 덜 입히는 곳에 실제보다 더 강한 전선을 그어 상대적으로 다른 문제들을 흐릿하게 만들고 있을지도 모른다는 뜻이다.

차별금지법은 바로 지금

미국 조 바이든 대통령은 2021년 성소수자 차별 금지 법안 통과를 촉구하며 6월을 성소수자 인권의 달로 지정했다. 권리 간의 균형을 위한 최소한의 장치로 차별금지법이 필요하다. 차별이 의견이었던 시절을 과거로 만들면서, 당연했던 문화를 폭력으로 인식하도록 나아가는 과정이다. 제도는 차별이 속력을 내지 못하도록 최소한의 제동장치 역할을 해야 한다. "구조적 차별이 없다"▲고 생각하는 사람들은 '예전에 누리던 특권이 없어졌다'고 인식했을 때 차별이 없다고 착각한다. 가끔 여성들 중에도 나는 차별받지 않았다고 말하는 경우가 있다. 이 발언은 꽤 문제적인데, 차별을 지엽적이면서 개인적인 문제로 축소시키기 때문이다. '여성이 차별받는다'가 아니라 '차별받는 여성이 있다'로 논의의 지형을 바꿔버린다. 차별은 그저 개인적인 문제일 뿐이기에 차별에 제동을 거는 제도를 만들지 않겠다는 뜻이다. 그러나 사회의 제동장치가 없으면 차별에는 쉽게 가속도가 붙는다.

헌법 제11조에 "누구든지 성별·종교 또는 사회적 신분에 의하여 정치적·경제적·사회적·문화적 생활의 모든 영역에 있어서 차별을 받지 아니한다"라고 명시되어 있다. 차별에 대한 구체적인 법률로는 장애인차별금지법, 고용상 연령차별금지 및 고령자고용촉진에 관한 법률고령자고용법, 남녀고용평등과 일·가정 양립 지원에 관한 법률 등이 있다. 그럼에도 사회의 많은 차별을 구체적으로 담고 있지 못하며, 또 차별이 벌어졌을 때 어떻게 대응해야 하는지에 대해 아직 명확하지 않은 부분이 있다.

▲ 윤석열은 대통령 후보 시절부터 꾸준히 여성가족부 폐지를 주장하며 여성에 대한 구조적 차별이 없다는 말을 반복했다. 집단이 아닌 개인의 문제로 봐야 한다고 강조했다.

한국에서 차별금지법은 2006년 노무현 정부 당시 국가인권위원회가 국무총리에게 입법 추진을 권고한 이후 2007년 처음 발의되었다. 그동안 일곱 차례나 법안 제정 시도가 있었지만 꾸준히 무산되었다. 21대 국회에서 2020년 6월 정의당 장혜영 의원이 발의한 포괄적 차별금지법안은 공적·사적 모든 영역에서의 차별을 금지하고 예방하는 목적을 갖는다. 2021년에는 더불어민주당 이상민 의원이 차별을 금지하는 평등법을 발의했다. 장혜영 의원의 안은 보수 개신교 등의 동성애 반대 집회 등을 차별 행위로 규정할 수 있는 근거를 만들었기에 이상민 의원의 안보다 더 확장된 안이다. 또한 이상민 의원의 안은 민사상 손해배상 규정은 담고 있지만 형사처벌 조항이 빠져 있다. 이러한 차이들이 보이긴 하지만 의미 있는 법안이 꾸준히 발의되고 있다.

차별금지법은 종교, 인종, 젠더, 학력, 국적, 결혼 여부, 가족 형태, 사상과 정치적 의견 등에 따라 차별받지 않을 권리를 보호한다. 일부에서는 차별금지법이 이슬람 국가를 만든다거나, 동성애를 조장한다거나, 표현의 자유를 침해한다는 등의 유언비어를 퍼뜨린다. 무엇보다 가장 강한 반대를 불러오는 부분은 성적 지향과 정체성에 의한 차별을 금지하는 내용이다. 2010년대부터 등장한 '종북 게이'라는 언어는 오늘날 혐오가 향하는 방향을 잘 드러낸다. 또한 표현의 독재자들은 혐오를 표현의 자유로, 저항을 혐오로 바꿔치기해왔다. 예를 들어 정부 예술지원사업에서 일부 여성 창작자들을 '페미 성향'이라 낙인찍으며 배제한 행위는 명백히 차별이다.[▲] 성차별주의자들은 자신들이 마치 페미니즘이라는 어떤 권력에 저항하는 존재인 듯 착각한다.

2021년 국회 국민동의청원의 차별금지법 청원에 10만 명 이상이 동의해 국회 법제사법위원회에 회부되었다. 더는 사회적 합의라는 말로 정치인들이 의뭉스럽게 대처할 때가 아니다. 이준석은 국민의힘 대표 시절 차별금지법 제정에 긍정적 신호를 보내는 척하다가 다시 시기상조라고 말을 바꿨다. 민주당이 어영부영 눈치 보며 중도 세력을 놓칠까 봐 뭉그적거리는 동안 살아 있는 사람들은 차별 속에서 하나둘 죽어갔다. 차별금지법은 시기상조가 아니다. 차별의 역사를 생각하면 언제라도 '너무 늦은' 법이다.

물론 차별금지법만으로 차별이 사라지진 않는다. 그러나 차별금지법이라는 최소한의 장치조차 없다면 영원히 인권 후진국으로 남을 수밖에 없다. 차별금지법은 문화화된 차별을 제도적으로 인식할 수 있는 최소한의 근거를 마련해준다. 이 사회는 '국가의 위상'이나 '선진국'이란 말을 좋아하지만 인권에 있어서는 '선진국'을 지향하지 않는다. 정치는 사회적 합의를 기다리는 게 아니라 사회적 합의를 적극적으로 끌어내는 역할을 해야 한다. 오늘이 바로 과거의 '나중'이었다. 인권은 취향의 문제가 아니고

▲ 2021년 한국문화예술위원회의 다원예술 지원사업에 지원한 작가에게 돌아온 1차 예비심사 동료 평가에 혐오 표현과 모욕적 발언이 담겨 있었을 뿐 아니라 "페미니스트로 보임"이라고 적고 지원대상에서 배제한 사실 등이 알려졌다.

차별은 의견이 아니다.

부른 배 테제

시인이며 프랑스 식민지에서 해방된 후 세네갈의 초대 대통령을 지낸 레오폴 상고르Léopold Sédar Senghor는 "인권은 아침 식사에서 시작된다"고 했다. 단순하게 보면 이 말은 식량권이 보장되면 표현의 자유, 투표권, 사생활 보장 등의 권리도 따라온다는 뜻으로 읽힌다. 이 주장은 소위 '부른 배 테제Full Belly Thesis'라 불리며 한때 많은 사람들에게 의구심 없이 받아들여졌다.

식량권은 인권에 있어 중요한 필요조건이다. 하지만 이를 절대적 우선 조건으로만 이해할 때 인권을 좁은 개념으로 받아들여 왜곡하기 쉽다. 나는 자주 강의 시간에 이 부른 배 테제라는 화두를 던진 후 이렇게 질문한다. '우선은 끼니 걱정에서 해방되어야 한다. 이 문제가 해결된 후에 우리는 다른 권리를 논할 수 있다'라는 생각에 동의하십니까? 그러면 압도적으로 다수의 사람들이 고개를 끄덕인다. 때로는 확신에 차서 단호하게 '네!'라고 외치는 사람도 있다. 질문을 조금 바꿔본다. 그러면 우리 배를 불리면 인권이 차례대로 보장받게 되나요? 혹은 배부른 순서대로 인권을 보장받습니까? 사람들은 이내 혼란스러워한다.

실제로 식량권 보장이 저절로 시민권을 보장하는 방향으로 나아가지는 않았다. 한편 표현의 자유는 노동과 건강의 권리를 보호하면서 공동체의 안전과 경제를 개선할 수도 있다. 다시 말해, 권리의 우선순위가 아니라 권리의 상호작용을 통해 각각의 권리가 강화된다는 시각이 오늘날 더 인정받는다.

윤석열은 대통령 후보 시절 "자유의 본질은 일정 수준의 교육과 기본적인 경제 역량이 있어야만 존재한다"고 말했다.[▲] 그는 "극빈층과 못 배운 사람들은 자유가 뭔지" 모른다며, "교육과 경제(기반)의 기초를 만들어주는 게 자유의 필수적인 조건"이라 했다. 이런 주장은 역사적으로 자유를 쟁취해온 투쟁의 주체를 배운 자로 국한시킨다. 교육받고 경제적으로 여유 있는 사람만이 이 사회를 제대로 이끌 수 있다는 전형적인 엘리트 의식이다. '아래로부터 역사Histoire d'en Bas'를 보지 않으면 노예제에서 벗어나기 위해 목숨을 걸었던 무학의 노예가 아니라 백인 지도층 남성을 기억하고, 지배층의 부패와 착취에 민란을 일으키는 민중이 아니라 제도권 안에서 개혁을 실행하는 정치인이나 지식인만 보게 된다.

자유는 인권의 중요한 요소다. 오해와 달리 자유에 대한 갈망은 배부름과 비례하지 않는다. 경제학자 아마르티아 센이 정확하게 말했듯이 "경제적 부유함과 본질적 자유는 서로 무관하지 않지만 자주 괴리될 수 있다는 데 주의해야 한다."[67] 2021년 국제통화기금의 자료에 따르면 1인당 국내총생산 규모로 볼 때 8위인 싱가포르는 (한국은 26위) 여전히 언론의 자유가 위협받는 곳이다. 경제적 권리가 정치적·문화적 권리를 반드시 보장하지

▲   2021년 12월 22일 전북대에서 열린 타운홀미팅에서 한 발언이다.

않는 사례는 세계 여러 곳에서 발견된다.

물론 경제와 시민의 자유는 상관관계가 있다. 그러나 그것이 자유의 '본질'은 아니며 경제력이 자유의 절대적인 전제조건이라는 주장이야말로 인권침해적인 위험한 발상이다. 이런 시각이 그동안 국가의 성장과 경제발전을 위해 수많은 개인의 자유를 희생시키는 관행을 합리화해왔다. '그래도 경제는 살렸다'며 독재를 옹호하게 만든다. 이때 '경제는 살렸다'는 말은 어떤 사람들의 죽음을 사소하게 만든다. 경제 우선주의는 실제로 가난한 사람들을 위한 정책을 만들기보다는 그들의 자유를 모른 척하는 방향으로 나아가기 쉽다.

자유는 개인적이지 않다

보수 진영에서 활용하는 자유의 개념은 형식적으로 볼 때 철저히 개인의 선택을 존중하는 것처럼 보인다. 예를 들어 하태경 국민의힘 의원은 2021년 7월 "노동자에게 일할 자유를 줘야 한다"고 말하며 주 52시간 근로제를 철폐해야 한다고 했다. 노동자의 시간을 빼앗는 착취를 노동자가 선택할 수 있는 '자유'로 둔갑시킨다. 윤석열은 "최저임금보다 낮은 조건에서도 일할 의사가 있는" 사람들을 언급하며 최저임금이 높아서 고용이 안 되는 것처럼 말했다. 물론 사람이 너무 절박하면 이것저것 가리지 않고 뭐라도 할 수밖에 없다. 그 절박함은 낮은 임금과 불안정한 일자리에서만이 아니라 신체를 변형시키고 심지어는 목숨을 위협하는 상황에서도 일을 하게 만든다.

그렇다면 이것이 과연 개인의 '선택'인가. 이것이 일할 '의사'인가. 저소득 계층을 그렇게밖에 살아갈 수 없는 상황으로 내몰면서 마치 개인의 주체적 선택인 양 호도한다. 이런 말들은 선택의 자유가 없는 사람들의 현실을 개인의 선택으로 위장한다. 빈곤 계층이 자유의 필요성을 느끼지 못하는 것이 아니라, 빈곤 계층에게는 자유를 행사할 선택지가 애초에 주어지지 않는 구조다. 가난한 이들에게서 자유를 박탈하면서 그들이 자유의 필요성을 느끼지 못한다고 왜곡한다.

자유에 대한 문제적 인식을 드러낸 윤석열의 발언은 차별금지법과 N번방 방지법을 "자유를 침해하는" 법으로 가정한 한 청년의 질문에 대한 답변이었다. 동문서답 속에서 자유에 대한 인식이 고스란히 드러났다. 누군가는 타인의 인권을 침해할 소지가 있는 무한대의 자유를 주장하는 한편, 누군가는 가난하다고 해서 자유가 뭔지도 모르는 존재로 취급받는다.

흔히 저소득 계층이 '자유의 필요성을 모른다'는 관념은 '취향이 없다'는 편견으로도 이어진다. 87년 노동자 대투쟁 당시 수만 명의 노동자를 대상으로 요구 사항을 조사했을 때 '두발 자유화' 요구가 가장 높았다는 사실은 이미 널리 알려져 있다. 임금인상보다 두발 자유화를 더 갈망한 이 사례는 두고두고 생각할 지점이 많다. '모른다'와 '없다'라는 정의는 누군가의 자유와 취향을 외면하고픈 사람들의 입장이다. 그렇다면 질문한다. 과연 자유를 모르는 사람은 누구인가.

퀴어

특정 장소·몸만 허락하는 정치

장소에 중립은 없다
▼ ▼ ▼ ▼ ▼ ▼ ▼

예전에 한 투쟁 현장에서 2000원을 주고 지도를 샀다. 전국적으로 고공농성을 하는 지역을 표시한 '고공여지도'다. 지도를 통해 농성 현장을 한눈에 보고 있노라면 세상 곳곳에 싸우지 않는 곳이 없으며 싸우지 않았던 시기도 없어 보인다. 그럼에도 많은 싸움들이 보려고 하지 않으면 잘 보이지도 들리지도 않는다.

지도는 제국주의의 역사와 밀접하지만 위치에 따라 지도의 활용 방식은 무궁무진하다. 1995년에 출간된 데이비드 벨David Bell과 질 밸런타인Gill Valentine의 《욕망을 지도화하기Mapping Desire》는 섹슈얼리티와 지리학을 연결시킨 최초의 저작이다. 지리와 섹슈얼리티가 무슨 상관이 있을까. 특정 장소에는 어떤 몸들이 모이고 어떤 몸들은 배척당한다. 예를 들어 영화 〈죽여주는 여자〉와 〈초미의 관심사〉는 모두 이태원이 배경이다. 이 두 영화에 모두 출연한 배우는 트랜스 여성 '안아주'이며 그는 극 중에서도 트랜스젠더로 등장한다. 다양한 정체성이 모여 있는 이태원의 장소적 특성을 드러내는 인물이다.

때로는 몸이 장소를 따라 흐르며 역할을 수행한다. 〈걸캅스〉에서 경찰인 두 주인공은 수사를 위해 이태원에 도착하자마자 우선 옷을 사 입는다. 하와이안 셔츠를 입고 그곳에서 자연스럽게 보이려 한다. 그다음 홍대 클럽으로 이동했을 때 젊은 경찰 조지혜(이성경)는 헐렁한 하와이안 셔츠의 옆구리를 묶어 몸을 드러내고 머리를 푼다. 조지혜는 비교적 그 장소에 위화감 없는 외관 덕분에 무사히 입장하지만, '호돌이'를 아는 세대인 박미영(라미란)은 클럽에 들어가지 못한다. 클럽 입구에 있던 '덩치1'은 그 '아줌마'에게 건너편 노래방으로 가라 한다.

이처럼 장소는 장애와 비장애, 인종, 계층과 세대만이 아니라 젠더에 있어서도 결코 중립적이지 않다. 젠더, 공간, 장소의 관계는 일상을 지배하는 정치다. 어떤 장소에서 이성애자의 키스는 허용되어도 동성애자의 포옹은 허용되지 않는다. 몸과 장소의 관계는 비남성, 비이성애자, 장애인일수록 문제로 인식될 가능성이 높다. 공간과 장소와 자신의 몸과 성 정체성 등을 굳이 연결시킬 필요가 없는 지배하는 몸들은 이런 문제를 고민하지 않는다. 이 세상에 자신의 자리가 당연히 있기 때문이다. 그 대신 누군가에게 자꾸 자리를 정해주려 하거나, 당신이 왜 거기에 있는지 묻는다. 거리와 해변이 당연히 인간의 것이라고 생각하는 이들이 인간의 눈치를 보며 구석진 거리를 배회하고 하수구에 숨어들며 수풀 사이에 웅크린 고양이들을 어쩌다 발견하고 없애버리려 하듯이.

지리는 중요하다

'지리는 중요하다Geography Matters'는 페미니스트 지리학자들이 많이 활용했던 구호다. 인간에게 최초의 장소는 바로 여성의 몸이고 이것이 페미니스트 지리학자들이 몸에서 시작하는 이유다. 게다가 여성의 몸 안에서 여성은 때로 추방당했다. 또한 피지배

집단은 언제나 몸으로 인식되는 열등한 물질적 존재이다. 백인은 백인으로 보이지 않음으로써, 남성은 남성으로 보이지 않음으로써 보편적인 몸이 되며 이 보편을 기준으로 다른 몸을 타자로 만든다.

왜 지하철 안에서 다리를 얌전히 모으지 않고 한껏 벌리고 앉는 남성들을 쉽게 볼 수 있을까. 남성이 생물학적으로 소변을 더 참지 못하는 인간이 아님에도 왜 노상 방뇨 하는 남성들이 압도적으로 더 잘 보일까. 남성들은 굉장히 자연스럽게 자신들이 여성들보다 공간을 차지할 권리가 있는 듯 행동한다. 앤드리아 드워킨Andrea Dworkin은 손상되지 않고 변경되지 않은 여성의 몸은 하나도 없다고 했다. 남성이 그 공간과 장소를 차지하는 동안 여성은 '몸가짐'을 어릴 때부터 통제받기에 몸은 그 장소에서 가능한 한 보이지 않도록 변경된다. 즉, 이들은 몸에 갇힌 채 몸 바깥의 장소에서는 보이지 않아야 한다.

여성들로만 이루어진 일터가 아니라면, 여성은 늘 일터에서 타자로 정의된다. 그렇기에 채용 면접에서 업무와 무관하게 여성에게 '군대에 갈 생각이 있느냐'*는 질문을 함으로써 '너는 남성이 아닌 몸이기에 이 장소의 타자'라고 알려준다. 또한 임신한 여성은 수시로 일터에 부적합한 몸이라고 여겨지는 경험을 한다. 정치학자 아이리스 매리언 영Iris Marion Young이 발전시킨 개

▲　동아제약 채용 면접에서 여성 지원자에게 차별적 질문을 한 사실이 2021년 3월 알려졌고, 피해자는 차별금지법 제정을 촉구하는 국민동의청원을 국회에 올렸다.

념 '몸의 수치화Scaling Bodies'[68]는 이처럼 몸의 차이를 바탕으로 사회적 가치를 구분하는 것이다. 직업은 결코 젠더중립적이지 않다. 직업은 몸과 긴밀하게 연결되어 있다. 어떤 몸이냐에 따라 요구하는 성역할이 다르다. 콜센터에서 일하는 트랜스젠더 노동자는 몸이 보이지 않아 오히려 편하다고 했다.

사회는 여성들에게 여성들만 모여 있는 '게토'에서 일해야 마땅하다는 인식을 심어준다. 이민자이며, 직업 선택의 폭이 넓지 않은 계층이며, 여성일 때, 그중에서도 순종적이라는 이미지를 가진 아시아 여성들은 미국에서 마사지 가게에서 일하는 경우가 많다. 애틀랜타 총격 사건은 주로 아시아 여성들이 일하는 장소를 정확하게 겨냥한 사건이다. 어떤 몸은 그 몸 때문에 일터에서 차별을 겪거나 쫓겨나고, 여성 '게토'에 모인 몸들은 그 장소에 있다는 이유로 살해되었다.

남성이 여성의 몸을 수치화하듯이 비트랜스젠더는 트랜스젠더를 향해 '잘못된 몸'이라고 말한다. 변희수 하사가 2020년에 처음 대중 앞에 모습을 드러내고 기자회견을 했을 때 '젠더 디스포리아Gender Dysphoria'를 언급했다. 젠더 디스포리아는 성별 위화감, 지정 성별과 스스로 느끼는 성 정체성이 일치하지 않아 발생하는 감정이나 현상 등을 일컫는다. 정확한 구별을 원하는 사회에서 '잘못된 몸'이라는 낙인이 찍힌 경계선에 밀집한 수많은 존재들은 자신의 몸과 정체성 사이에서 불일치의 감정을 느낀다.

자신의 성이 지정받은 성별과 일치하지 않는다는 걸 인지하는 시기는 평균적으로 주로 2차 성징이 나타나는 시기인 12세 즈음이다. 평균 20세 정도 되었을 때 트랜스젠더임을 스스로 인정하고 받아들인다. 현재 한국에서는 호르몬 요법에서 외과적 수술에 이르기까지 트랜지션과 관련한 전반적인 의료적 조치가 건강보험에서 비급여 항목이지만 유럽을 비롯하여 OECD 가입국에서는 점점 의료보험 지원항목으로 바뀌는 추세이다.

변희수 하사의 싸움은 여성과 남성이라는 이분법적 성 구별에 대한 문제 제기만이 아니다. 직업과 몸, 직업과 성별에 대한 사회의 뿌리 깊은 고정관념에 맞서는 싸움이었다. 남성들에게 군 복무는 국가를 위한 개인적 희생으로 여겨지지만 실은 그렇게 단순한 '희생'만은 아니다. 강제적인 군 복무는 군대에 가지 않는 특권층의 불공정을 부러워하게 만들면서도 장애인이나 여성보다 우월한 신분이라는 생각을 갖게 해준다.

그런 면에서 트랜스 여성인 변희수의 존재는 이러한 서열을 파괴하고 교란한다. 연예인 트랜스 여성들이 통념적 여성성을 드러냈다면 변희수는 그렇지 않았다. 그는 짧은 머리에 바지를 입고 군인으로 살아가길 갈망하며 무기를 아주 좋아하는 '밀리터리 덕후'였다. 공적 공간에서 그야말로 '젠더 위반자'인 그의 행보는 위반의 연속이었고, 이를 달리 정의하지 못한 육군은 '심신장애'라 결론지었다.▲ 전환, 하이브리드, 융합, 트랜스는 여기저기에서 '좋은 의미로' 활용된다. 그러나 몸의 전환과 융합 앞에서 트랜스의 상상력은 멈춘다. 세계보건기구WHO는 트랜스젠더

▲   2021년 10월 법원은 '전역심사 당시 군이 변 전 하사의 성별이 명백히 여성이었던 만큼 남성으로 간주하고 장애가 있다고 본 것은 잘못'이라고 판결했다.

가 정신질환 및 행동장애로 분류되지 않는다고 이미 2019년 5월 25일 세계보건총회에서 승인했다.

조물주는 다양성을 사랑한다

19세기 유럽에서 도시화가 급속히 진행 중일 때 여성은 도시와 어울리지 않는 존재로 취급받았다. 여성은 교외와 가정에 머물렀고 도시와 일터는 남성의 장소였다. 싸우는 몸들은 항상 정해진 자리를 박차고 나온다. 여성들은 참정권을 위해 행진하고, 장애인들은 장소를 점거하며 이동권을 위해 투쟁한다. 퍼레이드는 '살아 있음'을 드러내는 행위다. 퍼레이드가 이루어지는 동안 참여자들은 그 장소에서 동일한 권리를 가진 시민으로 보여지는 시간을 확보한다. '보지 않을 권리'가 아니라 '보기를 거부하는 권력' 앞에 존재를 드러내어 기존 질서를 교란한다. 반복되는 이 축제 행위는 폭력적 질서 속에서 죽어가는 생명을 살리고자 하는 가장 평화로운 방식의 저항이다. 주디스 버틀러Judith Butler가 말한 '출현할 권리'이다. 거부당하고, 이 세계에서 추방당하는 존재가 아니라 정치적 참여자로서 집단행동을 하는 시간이다. 하지만 모두가 이 세계에 출현할 권리를 행사할 수 있는 것은 아니다. 집회, 축제, 선거 운동은 모두 공공장소에 다수가 모이는 행동이지만 주최자의 권력에 따라 다르게 평가받는다. 민주노총 집회는 '감염병예방법 위반과 일반교통법방해' 혐의로 위원장의 구속 사유가 되지만 정작 하루에 수십만 명이 코로나19에 감염되는 시기에 선거 운동은 괜찮다. 퀴어축제는 음란하다고 비난받지만 성추행으로 고발된 시장의 장례식은 서울시 한복판에서 거대하게 치러도 괜찮다.

예를 들어 2021년 안철수는 국민의당 대표 시절 "퀴어축제를 도심에서 해서는 안 된다", "거부할 권리도 존중받아야 한다" 등의 발언을 했다. 성소수자에 대한 차별은 반대하지만 특화된 곳에서 따로 즐기라는 그의 발언은 여성과 남성을 구별할 뿐 차별이 아니라고 말하는 성차별주의자들의 언설과 똑같다. 나아가 19세기부터 20세기 민권법 제정까지 100여 년간 이어진 미국의 분리 평등 정책Separate but Equal을 떠올리게 한다. 이는 분리되었지만 평등하다는 속임수이다. 안철수가 말한 '특화된 곳'은 맥락상 게토나 다름없지만 그는 샌프란시스코를 예로 들며 '명소'가 될 것이라 한다. 사람을 상품화한다. 이는 다른 몸들에게 자리를 지정해주는, 몸과 장소적 특성을 고민할 필요 없는 남성으로서 그의 특권을 드러내는 행동이다.

서울퀴어축제는 2000년부터 매년 이루어진 행사다. 이명박-박근혜 정부를 거치며 보수 개신교의 정치적 영향력이 성장했고, 이들은 '종북 빨갱이'에서 성소수자로 공격의 방향을 바꿨다. 성소수자에 대한 배제와 증오는 오늘날 강력한 정치적 의제이다. 반공의 시대는 저물었고 이제 다양한 정체성들에 반대함으로써 '우리 편'을 결집시킨다. 그렇기에 홍준표는 2017년 대선 토론에서 "동성애에 반대합니까"라고 질문했고, 2021년 4월 보궐선거를 앞두고 서울시장 후보들은 퀴어축제에 대한 의견을 상대 후보에게 집요하게 물었다.

빨주노초파남보. 무지개는 흔히 일곱 가지 색으로 알려져 있지만 실제로는 정확하게 일곱 가지 색이 아니다. 각각의 색깔 사이에 경계선이 명확하지 않다. 경계 주변에는 오히려 훨씬 다양한 색이 존재한다. "조물주께서 가장 사랑하시는 것이 다양성입니다." 성공회 사제이며 신학자인 패트릭 쳉Patrick S. Cheng의 《급진적인 사랑》의 발간사는 참으로 아름답다. 퀴어 신학을 이해하는 입문서로서 쳉의 글도 좋지만, 이 책으로 독자들을 안내하는 발간사에서 이미 '정신이 깨어나는' 기분이 든다. "장미가 민들레를 혐오하거나 멸시하지 않듯이, 모든 차이는 경이로운 아름다움이며 존중받을 일이지, 결코 혐오나 차별의 조건이 아닙니다." 우주의 다양성은 우리가 다 파악할 수도 없이 심오하며 거대하다. 인간 개개인을 하나의 우주로 인식한다면 그 안의 무궁무진한 다양성은 결코 부정당할 수 없다.

퀴어 신학자나 페미니스트들은 성서에서 '갈라디아서 3장 28절'에 큰 비중을 둔다. "유대인이나 그리스인이나 종이나 자유인이나 남자나 여자나 아무런 차별이 없습니다. 그리스도 예수 안에서 여러분은 모두 한 몸을 이루었기 때문입니다."▲ 이에 따르면 모두의 몸은 경계 없이 넘나드는 몸이다. 구별하기 어려운 정체를 구별하기 위해 애쓰는 순간 차별이 발생한다. 환대는

▲ 사도 바울의 이 말은 페미니스트들에 의해 자주 인용되지만 공교롭게도 사도 바울은 서구 기독교 사회의 여성혐오의 역사를 다룰 때도 자주 인용되는 인물이다.

구별이 아니라 경계선 흐리기이다. '퀴어화'는 경계선을 넘나든다. 퀴어화는 다른 존재에 대한 지속적인 환대이다. 퀴어는 사전적으로는 '이상한', '궤도를 벗어난'이라는 의미이다. 처음에는 부정적이고 경멸적인 의미로 쓰였지만 이 이상하고 낯선 존재는 경계선을 지우며 '퀴어'를 더 넓은 의미로 확장시켰다. 퀴어는 오늘날 동성애자와 트랜스젠더를 비롯한 성소수자를 포괄적으로 이르는 언어가 되었다.

"인권이 왕 노릇 하지 않게 하옵소서!"[69] 한 대형 교회에서 노골적으로 반인권적 설교를 한다. 정치인들은 보수적인 종교계를 의식하며 말을 아낀다. 심상정은 2021년 말 보수 개신교 단체인 한교총을 찾은 자리에서 "종교인이 인간이 짊어지고 있는 영혼의 무게를 덜어주는 사명을 갖고 있는 것처럼, 정치인은 인간의 삶을 짓누르는 제도적 무게를 덜어줄 의무가 있다고 생각한다"는 말을 전했다.

나는 종교가 없지만 신은 아름다움과 정의로움을 매우 긴밀하게 연결 지을 것이라는 믿음이 있다. 그 믿음이 없으면 날마다 대면하는 세상의 추함과 부정의를 어떻게 견딜까. 신은 '아버지 하느님'에 머물러 있지 않을 것이다. 퀴어 신학자들은 하느님의 모습을 여성, 할머니, 고통당하는 분으로 생각해야 한다고 주장한다. 신은 '위'에서 우리를 내려다보는 존재가 아니라 우리의 관계 속에 있을 것이다. 네 이웃을 네 몸같이 사랑하라는 말처럼 내 몸과 내 이웃 사이의 경계를 흐리며, 신은 끊임없이 '트랜스'하리라 생각한다.

혐오

문화적 입마개 씌우기

공식적 시각을 만드는 권력
▼ ▼ ▼ ▼ ▼ ▼ ▼ ▼ ▼ ▼ ▼ ▼

2017년 CNN에서 만든 30초 광고 영상의 중앙에는 사과 하나가 놓여 있다. 그리고 다음과 같은 목소리가 들린다. "이것은 사과입니다. 그러나 어떤 사람들은 이것을 바나나라고 할지 모릅니다. 그들이 계속 '바나나 바나나 바나나'라고 외치면 당신도 이게 바나나라고 믿기 시작할지 모릅니다. 그러나 이것은 사과입니다." 트럼프의 대통령 당선 이후 극심해진 거짓 선전을 비판한 것이다.

'젠더 권력'이 작동하는 사회에서 남성혐오는 가능하지 않다. 그럼에도 남성혐오, 남성혐오, 남성혐오를 반복하면서 아무 어휘에나 '남성혐오'라는 딱지를 남발하는 차별주의자들이 점점 공적인 목소리를 낸다. 이들은 온 사회가 '남성을 혐오하지 않아요'라고 달래주며 기분을 맞춰주길 원한다.

2021년 상반기, 편의점 GS25 포스터의 손가락 모양을 두고 일부에서 남성비하라는 억지를 부리면서 시작된 해명과 사과는 국방부와 전쟁기념관까지 이어졌다. 기업만이 아니라 정부 부처마저 혐오가 승리하는 경험을 갖도록 해주었다. 이쯤 되면, 우리 사회가 '남성혐오'라는 개념을 적극적으로 창조하여 21세기 한국형 마녀사냥을 공식적으로 진행하는 꼴이다. '손가락'에 대한 논란은 실제로 그 '손가락'에 분노했기 때문에 일어난 것이 아니다. 그것이 여성들의 암호라고 규정한 뒤 그들의 목소리를 부숴버리는 놀이를 즐기는 것이다(게다가 남성의 성기는 남성들이 훨씬 더 적극적으로 조롱의 대상으로 삼는다. 예를 들어 2016년 미국 공화당 대선 후보 경선에서 도널드 트럼프의 성기 크기를 두고 공개적으로 놀린 사람은 경쟁 후보였던 마코 루비오였다. 한국 남성들이 자주 사용하는 '주옥 같은' 비속어들을 떠올려보자).

일상에서 흔히 사용하는 '남자는 다 짐승', '남자는 애 아니면 개', '남자는 정신연령이 낮다' 등의 말은 남성비하로 여겨지기는커녕 남성사회가 더 적극적으로 유포한다. 불성실한 감정노동과 관계에서의 게으름, 성차별적 인식 등을 '정상적'인 현상으로 만들기 위해서다. 다시 말해 '지속가능한 권력'을 위해서는 적극적으로 자기비하를 자처한다. 이 말들은 언뜻 보기에는 동물이나 '낮은 정신연령'을 끌어와 남성을 비하하는 형식을 취하는 것 같지만 실은 남성을 두려운 존재로 만들어내기 위한 가부장 사회의 문화화된 권력 행위다. 남성을 '짐승'이라 부르는 습관은 공격성, 폭력성을 옹호하기 위해서다. 여성이나 장애인을 동물에 비유할 때는 학대받거나 수동적인 모습을 강조하지만 남성을 동물에 비유할 때는 지배하고 군림하는 모습으로 표현한다.

이름 짓는 권력과 함께 문화정치의 한 형식은 '공식적 시각 Official Version'을 만들어내는 권력이다. 이 공식적 시각의 권력을 가진 이들은 상식을 규정하고 이를 반복적으로 재현한다. 성차별주의자들은 '남성혐오'라는 언어를 적극적으로 유통하여 스스로를 피해자화한다. 어리석은 광기는 언론을 통해 꽤 비중 있는 여론으로 둔갑한다. 마치 대립하는 가치인 양 여성혐오-남성혐오의 구도를 만든 언론들의 행태가 수년간 반복되어왔다. 언론은 혐오발화를 진지하게 들어주며 차별에 공모했다.

예를 들어 2021년 여름에 벌어진 양궁선수 안산에 대한 일방적인 성차별적 사이버 공격을 두고 많은 언론이 '페미니스트 논란', '젠더 갈등', '페미 논란에도 흔들리지 않았다' 등으로 표현했다. '논란'과 '갈등'이라고 이름 붙이던 언론의 태도가 바뀌던 시점은 나라 밖을 의식하면서부터다. 안산 선수가 3관왕을 이룬 7월 30일께부터 국내 언론에서도 '온라인 학대'라는 표현이 등장한다. 몇몇 외신에서 '성차별적 학대Sexist Abuse' 혹은 '온라인 학대Online Abuse'라고 명명하자 국내 언론도 이를 수용했다.[▲] 자국 여성들의 목소리는 신경 쓰지 않으나 외신이라는 권위는 신경 쓰며 언어는 서서히 바뀌기 시작했다.

언젠가 아프리카의 성소수자 차별의 역사가 어떻게 유럽의 식민 지배와 관계 있는지를 언급하는 글을 쓰면서 나는 이 문제의 전문가인 아프리카 사회학자의 연구를 인용했다. 편집자는 사람들이 잘 모르는 '아프리카 학자 말고' 다른 서구 학자의 말을 덧붙여달라고 요청했다. 무난한 진행을 위해 나는 아프리카와 유럽 학자의 목소리를 함께 넣었다. 학자의 국적이 권위를 준다. 아프리카 관련 연구인데 아프리카 학자의 이름이 덜 신뢰받는다. 이런 사례는 여성의 목소리가 겪는 일과도 비슷하다.

▲ "온라인 학대 제정신인가", 《동아일보》, "온라인 학대에 당당히 맞섰다", SBS.

문화적 '입마개'를 씌우기

양궁선수 안산의 머리 모양을 두고 엉뚱한 공격을 퍼붓던 이들은 손가락 놀이만큼 지지받지 못하자 '쇼트커트 때문이 아니라 페미 용어를 사용해서'라고 주장했다. 국민의힘 대변인마저 "이 논란의 핵심은 '남혐 용어 사용'에 있고"라며 여성 운동선수를 향한 사이버 공격을 정당화했다. 대변인의 인식과 어휘 선택이 참으로 우려스럽다. 공당의 대변인이 이렇게 적극적으로 성차별적 태도를 취하며 '대변'할 수 있는 배경은 그 당시 당 대표였던 이준석이 보여준 그간의 행보와 무관하지 않다. 이들은 현실을 반영한다기보다 적극적으로 현실을 만든다.

그렇다면 '남성혐오 용어'는 무엇인가. 오조오억, 허버허버, 웅앵웅 등이라고 한다. 이 언어들의 기원을 굳이 따져보면 처음에는 인터넷상의 신조어였으나 여성들이 남성을 기분 나쁘게 할 때 사용한다면서 '남성혐오'라는 꼬리표가 붙었다. 여성들의 언어를 모두 남성혐오로 규정하여 입을 틀어막으려는 전략이다. 여성들이 현상을 묘사하거나 반영하여 생각, 느낌, 개념을 전달하는 언어를 만들거나 사용하는 것, 다시 말해 대표적인 재현 체계인 언어를 만들고 유통하는 행위를 억압하는 것이다. 여성에게 문화적 입마개를 씌우는 행동이다.

'잔소리하는 사람에게 씌우는 입마개Scold's Bridle'는 18세기 중반까지 영국에서 주로 사용한 고문 도구이다. 듣기 싫은 말을 하는 여성에게 주로 사용되었다. 쇠로 만들어진 이 도구를 머리에 씌우면 톱니바퀴처럼 생긴 부분이 입에 맞춰져 혀를 누르기 때문에 정말 아무 말도 할 수 없게 된다. 오늘날에는 여성에게 물리적으로 입마개를 씌우진 않지만 여성의 언어를 검열하여 각종 꼬리표를 붙인다. 현재 한국의 성차별주의자들은 페미니스트의 개념을 '남성혐오자'라고 왜곡해서 고정관념을 만든 뒤, 여성의 입에서 나오는 언어를 검열하며 마음 놓고 혐오하고자 한다. 여성의 입을 향한 학대는 시대에 따라 방식이 달라질 뿐 여전히 진행 중이다. 제대로 된 사회라면 적어도 공적인 영역에서 혐오가 승리하는 경험을 축적하도록 돕지 말아야 한다. 그러나 안타깝게도 한국의 거대 양당 모두 차별과 혐오에 맞서기보다 오히려 이 차별과 혐오에 공식적으로 양분을 준다.

보궐선거 왜 하죠?

2020년 7월 박원순 사망 이후 치러진 2021년 4월 보궐선거는 여성 유권자 억압을 노골적으로 드러낸 사건이다. 성추행으로 시작된 보궐선거가 성차별로 마무리되었다. 보궐선거가 끝난 후 정치권은 온통 20대 남성이 압도적으로 국민의힘에 투표한 것을 두고 분석하기 바빴다. 20대 남성을 분석하려는 이 움직임 자체가 남성권력을 보여준다. 분석은 당연히 해야 할 일이지만 그 방향은 참으로 문제적이다. 여성의 노동권을 침해한 중년 남성의 권력형 성폭력으로 발생한 보궐선거에서 민주당이 참패한 후, 이 중년 남성들은 되레 여성 탓을 했다. 선거에서 패한 더불어민주당 내부에서 엉뚱하게도 군가산점제를 부활시키겠다는 목소리가 슬슬 나왔고 어느새 담론은 모병제-징병제 논의에 불을 지폈다. 진짜 원인이 무엇인지는 중요하지 않고, 자신들이 소망하는 가상의 원인을 발명해내는 중이다.

2021년 4월 왜 서울과 부산에서 보궐선거를 했는가. 이 질문은 민주당이 가장 회피한 질문이다. "보궐선거 왜 하죠?"라는 질문은 심지어 중앙선거관리위원회선관위에서 선거법 위반으로 판단했다. 이 질문은 민주당에 의해 정치적으로 회피되었고 선관위에 의해 제도적으로 봉쇄되었다. 가장 물어야 할 질문을 그렇게 가둬놓은 채 선거를 치르더니 선거에 패한 후에는 진심으로 문제를 망각한 듯 보였다. 그렇기에 분명하게 물어야 한다. 보궐선거 왜 했는가. 이 질문을 회피하는 한 민주당은 결코 진짜 문제에 접근할 수 없을 것이다.

안희정-오거돈-박원순으로 이어지는 권력형 성폭력[a]에 대해 민주당은 단 한 번도 제대로 반성하는 모습을 보인 적이 없다. 줄줄이 이어지는 권력형 성폭력으로 지자체장이 수감되거나, 재판을 기다리거나, 법적 판결을 회피하고 자살하는 최악의 선택을 해왔다. 당시 정의당 박창진 부대표까지 나서서 "특정 성별을 우대하는 조치" 운운하며 마치 정부와 여당이 여성을 대단히 우대씩이나 해서 민주당이 선거에서 진 것처럼 교묘하게 말했다.

[a] 안희정은 충남도지사였던 2018년 2월 수행비서 김지은에 의해 성폭력이 폭로되었다. 오거돈은 2020년 4월 보좌진을 성추행한 사실이 알려져 사퇴했다. 박원순은 2020년 7월 비서 성추행으로 피소되어 자살했다.

박창진은 '재벌 갑질'에 저항한 상징성을 가진 인물로 정의당에서 갑질근절특별위원장도 역임했다. 그가 생각하는 '갑질'의 범주에 여성이 성폭력으로 겪는 노동권 침해는 없어 보였다. 어떤 폭력은 사람들의 기억 속에서 매우 빨리 사라진다. 정의당은 왜 보궐선거에서 후보를 내지 않았는지, 왜 석 달 만에 당 대표를 새로 뽑았는지 역시 망각한 모양이다. 정의당 대표였던 김종철의 성추행 때문이었다.

부동산 문제, 조국 사태, 검찰개혁 과정에서 벌어진 각종 갈등, 끝이 보이지 않는 권력형 성폭력과 난무하는 2차 가해 등의 문제들을 간단히 '페미니즘 탓'으로 떠넘긴다. 증오를 자양분 삼아 사회의 진짜 문제들을 가리는 가장 나쁜 방향으로 간다. 원인을 찾으려 애쓰기보다 원망할 수 있는 만만한 대상을 찾아 원인을 뒤집어씌운다. 20대의 역사적 경험치가 낮은 것이 아니라▲, 지금 정치인들이 현상 파악을 게을리하는 것이다. 정치인들의 안이한 판단은 사회적 소수자에 대한 역공을 돕는다.

여성의 고통을 정치화할 때 항상 역공이 일어난다. 그렇기에 문제는 남성 역차별이 아니라 남성들의 역공이다. 여성들은 일상을 위협하는 여성 대상 범죄를 정치적 의제로 올려놓으려 애썼다. 그러자 여성 대상 범죄를 돌아보는 게 아니라, 이 범죄들을 수면 위로 올려놓는 여성들을 제거하려고 한다. 취업 성차별과 여성 대상 범죄처럼 명백한 사회적 문제에 목소리 내는 게 '여

▲   박영선은 서울시장 보궐선거 후보일 때 20대의 민주당 지지율이 낮은 이유를 "20대의 역사적 경험치가 낮아서"라고 말했다.

성 편향'이라고 말한다면, 특권을 폭력적으로 유지하겠다는 뜻이다.

문재인 대통령은 후보 시절이던 2017년 2월 16일 '성평등 공약'을 발표하며 '페미니스트 대통령'이 되겠다고 했다. 당시이 선언을 듣고 우려와 반가움이 교차했다. '영혼 없는' 선언은 안 하느니만 못한 역효과를 만들기 때문이다. 그런 점에서 우려했으나, 그래도 말이 가지는 영향력을 생각하면 부디 긍정적인 방향으로 가길 바랐다. 결과적으로 이 선언은 긍정적인 면보다는 역효과를 낳았다. 성평등 정책을 제대로 실행하지도 않았으면서 허황된 인상만 남겼다. 여성들의 삶은 나아진 게 없는데 한쪽에서는 여성 편향적, 여성 친화적, 페미 정부 등의 어처구니없는 말들만 넘쳐난다. 실제로는 성평등 정부라서가 아니라, 성평등을 내팽개쳐서 문제였다.

정치에서 '젊은 남성'의 위치

국민의힘 이준석은 앞장서서 과감히 여성을 무시하는 전략을 통해 오히려 정치인으로서 존재감을 드러냈다. 조선일보는 조던 피터슨Jordan Peterson의 인터뷰를 실어 반페미니즘에 더욱 권위를 부여했다.[70] 2030 남성은 '약자'가 되었다. 민주당은 20대 남성의 박탈감을 들어주는 듯했다. 하지만 실제로는 자신들의 무능과 부패를 회피하며 중년 남성들의 기득권을 더욱 공고히 하는 데만 집중했다.

대체로 20대 남성이 사회에서 권력을 가지려면 '아직' 시간이 필요하다. 20대 중후반 남성들은 인생에서 잠깐 여성과 경쟁하는 구도에 놓이지만, 30대 이후에는 여성들 다수가 '퇴출'되는 상황을 맞는다. 20대 남성을 파고드는 온갖 정치적 발언들은 바로 여성이 '퇴출'되기 전 시기에 집중하여 20대 남성이 '여성에 의해' 피해를 보는 것처럼 꾸며낸다. 실제로 20대의 저임금 일자리, 불안한 주거, 높은 학비 등에 대해 관심을 가지기보다 여성을 미워하는 힘을 동력으로 삼아 20대 남성이 하나의 집단으로 뭉치도록 자극한다. 이런 전략은 20대 남성이 겪는 문제를 아무것도 해결하지 못하지만 그들에게 가상의 위안을 준다. 20대라는 세대 안에서 이분법적으로 성을 분리한 후, 세대 안에 엄연히 존재하는 계층 문제는 아주 손쉽게 가린다. 174석을 가진 민주당은 중대재해기업처벌법에 임하는 미적지근한 태도에서 보여주었듯이, 정작 20대 남성이었던 김용균 같은 노동자를 결코 대변하지 않았다. 진짜 이 사회의 문제를 들춰낼 사안 앞에서 침묵한 채 '여성'이라는 집단을 정치적 제물로 던져버린다.

문재인 정권 내내 꾸준히 20대 남성 지지율은 화두에 올랐다. 2019년 대통령 직속 정책기획위원회에서도 20대 남성의 낮은 정권 지지율 원인을 '페미니즘 탓'으로 돌렸다. 20대 여성을 "개인주의, 페미니즘 등의 가치로 무장한 새로운 '집단이기주의' 감성의 진보집단"으로 규정지었다.[71] 여야가 모두 젊은 남성의 마음을 두고 경합하는 동안 누구의 삶이 위태로워지고 있는가. 20대 여성 자살률이 상승했고 코로나 이후 여성 실업률은 더

욱 높아졌다.[72]

　그렇다면 남성이 여성보다 두 배의 표를 행사할 수 있는 것이 아님에도 왜 남성의 '표심'을 잡겠다고 적극적으로 퇴행하는 전략을 쓸까. 계승시켜야 할 미래의 정치적 주체는 언제나 '젊은 남성'이기 때문이다. 모두가 남자에게 인정받으려 한다. 선거 참패보다 남성권력의 상실을 더 두려워한다. 그래서 여성 유권자의 표는 보이지 않는다. 2020년 총선이나 2017년 대선과 비교했을 때 20대 여성의 표도 민주당에서 이탈했다는 사실, 20대 여성 15.1퍼센트가 소수정당에 투표했다는 사실을 절실하게 분석하려고 애쓰지 않는다. 여성은 그들에게 결코 '미래'가 아니기 때문이다. 권력은 남성에게 세습되어야 한다. 장혜영, 류호정, 용혜인 등 젊은 여성 정치인을 무시하고 비아냥거리는 목소리들 중에 민주당 지지자 중년 남성들이 많다는 사실은 우연이 아니다.

　"민주당의 굴곡과 승리의 역사가 우상호의 역사"라고 말하는 우상호의 목소리는 과거의 경력으로 현재의 권력을 점유한 특정 세력 남성들의 마음이다. 이들은 선거에 지더라도 '우리 편은 옳다'는 생각을 지키려 한다. 세상이 나빠지더라도 내 편은 뭉쳐야 한다. 선거 기간 동안 "박원순이 우상호고 우상호가 박원순이라는 마음가짐"을 노골적으로 드러낸 우상호와 곳곳에서 박원순의 '향기'를 맡는다는 임종석의 태도에서 보았듯이▲, 시대착오적

▲　임종석은 보궐선거 전에 자신의 페이스북에 "정말 그렇게 몹쓸 사람이었냐", "박원순의 향기를 느낀다", "딱딱한 행정에 사람의 온기와 숨결을 채우려 무던히 애쓰던 그의 열정까지 매장되지는 않았으면 한다"는 등의 글을 올

이고 무지하다는 소리를 듣더라도 86세력 중심의 남성권력을 악착같이 지키려 했다.

'386세대'라는 호명이 대중적으로 알려지던 2000년대 초, 이 세대에 대한 담론은 거의 남성 중심으로 이루어졌으나 드물게 386세대 여성에 대한 조사가 이루어진 적이 있다. 한 패션 정보 업체에서 강남 지역 상권을 중심으로 당시 30대 중반에서 40대 중반까지의 여성을 대상으로 한 설문조사다. 정치 주체로 호명되지 않는 여성에게 관심을 기울이는 순간은 그들이 소비자일 때뿐이다.

'젠더 갈등'은 없다

변희수 하사의 강제 전역과 죽음에 이르는 과정에서 정부는 소극적 방관자가 아니라 적극적인 개입자였다. 이 사건은 우리 사회의 총체적 모순을 보여준다. 남성만 군대에 가는 건 억울하다고 하지만 트랜스 여성의 군 복무에는 다른 태도를 보였다. 능력과 노력에 대한 공정한 보상을 말하지만 남성이 여성이 되었을 때는 그 능력을 무력하게 만들었다. 공정이라는 담론의 실체가 특정 정체성의 자장 안에서만 돌고 있음을 보여준 사건이다.

손정우는 아동성착취물 유통으로 44억 원을 벌었다고 알려졌다. 많은 여성들의 성폭력 피해는 '음란물'이라는 이름으로 '0

려 박원순을 옹호했다.

원'으로 유통되기도 했다. 44억 원과 0원은 극단적인 숫자이지만, 이러한 극단 사이에서 누군가는 매우 현실적으로 공포를 느낀다. 여성이 겪는 살인, 강간, 불법촬영 등에 대한 공포가 적극적으로 정치화되지 못하는 현실에서 젊은 여성들은 이를 정치화하는 집단에 표를 던졌다.

서울시장 보궐선거에서 소수정당과 무소속 후보 중 성평등 공약을 내세우는 후보가 5명이었다.▲ 여성과 소수자를 지배하는 남성 대표자가 아니라, 직접 여성과 소수자를 대표하겠다고 나선 이들이 유독 많은 선거였다. 이 후보들을 지지하지 않더라도 왜 성평등을 중요하게 내세우는 소수정당 후보들이 늘어나는지 생각할 필요가 있다. 이제는 기존 정당에 '들어가서' 목소리를 내는 것으로는 한계가 명백하다는 점을 반복적으로 보았기 때문이다. 남성의 얼굴을 한 권력 주변에서 여성 정치인들이 '피해호소인'을 만들며 눈치 보는 태도는 아무런 희망도 주지 못했다. 중년 남성끼리 모여서 아무리 비상대책을 강구한들, 묘수가 없다. 그들의 '비상'은 그들 권력의 비상이기 때문이다. '20대 남성'은 사회의 구조적 차별을 가리기 위한 허구의 호명이다. 기득권 남성들은 여전히 해석하는 위치를 점유하고 정치적 후계자가 될 젊은 남성을 꾸짖거나 그들의 비위를 맞추며 자신의 정치적 생명을 연장한다. 선거에서 지는 한이 있더라도 남성권력은 지켜야 하기 때문이다.

▲ 기본소득당 신지혜, 미래당 오태양, 여성의당 김진아, 진보당 송명숙, 무소속 신지예.

역설적으로, '20대 남성'에 대한 선거 분석은 왜 권력형 성폭력이 줄줄이 이어질 수밖에 없었는지를 오히려 더욱 선명하게 보여준다. 직장 내 성폭력은 표면상으로는 한 명의 행동이지만 실제로는 조직적이다. 그렇기에 '젠더 갈등'은 없다. '젠더 갈등'은 성차별을 은폐하는 권력의 언어다. 언젠가부터 언론은 마땅히 '성차별'이라고 명명해야 할 상황에서 '젠더 갈등' 혹은 '반페미니즘'이라고 두루뭉술 표현한다. '젠더 갈라치기'라는 표현도 정확하다고 보기 어렵다. 이는 젠더 억압에 가깝다. 억압과 차별이라는 개념을 갈등이나 갈라치기로 표현하여 오직 양성의 대립 구도만 있는 듯한 착시효과를 만든다. 가상의 적대를 통해 기득권 남성들은 계속 자리를 유지한다. 그리고 수많은 고통들이 투명해진다.

여성

최선을 다해 모욕하라

후궁과 어머니
▼ ▼ ▼ ▼ ▼ ▼

국민의힘 조수진 의원이 더불어민주당 고민정 의원을 "왕자 낳은 후궁"[*]에 빗댄 적이 있다. 이 발언이 비판을 받자 그는 어정쩡한 사과와 변명을 했다. "비유적 표현이 모욕이나 여성 비하로 논란이 되고, 정치적 논쟁의 대상이 됐다는 사실이 안타깝다"고 했다.

비유적 표현이 논란이 되어 그는 억울한 모양이다. 정치인들은 촌철살인을 통해 존재감을 발휘하려 애쓰지만, 대체로 촌철살인을 통해 입담을 과시하겠다는 욕심으로 오히려 자신의 차별적 의식만 고스란히 폭로한다. 표현은 그 자체로 이미 사상을 담고 있기 때문이다.

상대가 남성이었다면 '후궁'이라는 위치를 생각하지 못했을 게 자명하다. '왕자 낳은 후궁'은 최고 권력자의 아들을 낳아 권력을 얻는 여성이다. 여성이 권력을 얻는 방식을 남성과의 연결을 통해서만 상상하는 자기 내면의 고백이다. 그렇기에 태도가 마음이며, 형식이 내용이고, 언어가 곧 정치다.

가부장제 사회는 여성이 스스로 권력을 가질 수 없도록, 남성의 총애를 받아야만 부분적으로 권력을 얻을 수 있도록 시스템을 짠다. 이때 아들을 낳는다면 가장 훌륭한 권력인 '아들의 어머

▲   2021년 1월 고민정 의원이 서울시장 후보로 출마한 오세훈을 비판하자 조수진은 고민정을 향해 "조선 시대 후궁이 왕자를 낳았어도 이런 대우는 받지 못했을 것"이라고 말했다.

니'가 될 수 있다. 실제로 '아들의 엄마'는 여성에게 중요한 정체성으로 자리한다. 이 모든 것이 실은 제한된 권력이며 가상의 권력이지만 여성들에게 이 제한된 가상의 권력만이 여성이 품을 수 있는 단 하나의 '올바른 권력'인 것처럼 보이게 만든다.

'왕자 낳은 후궁'이란 표현에 불쾌감을 느끼더라도 근본적인 문제의식을 갖지 못하면 여성은 그저 다른 방식의 어머니로 꾸준히 변주될 뿐이다. 예를 들어 이낙연이 "인생에서 가장 크고 감동적인 변화는, 소녀가 엄마로 변하는 순간"이라고 말한 것처럼, 여성을 칭송하는 가장 좋은 방식은 여전히 '어머니'이다. 남자는 어머니가 되지 못해 영원히 철없다는 발언은 실제 '어머니 아닌' 남성에게 아무런 타격을 주지 않는다.▲ 여성을 어머니와 어머니 아닌 여성으로 분리할 뿐이다. 곧, 어머니인 여성만이 최소한의 시민권을 갖는다는 뜻이다. 그렇기에 박영선 서울 시장 후보를 지원하기 위해 또다시 이낙연은 "엄마의 마음으로 아이를 보살피고 기르고, 딸의 심정으로 어르신을 돕는 자세를 갖춘 후보"라고 한다.

박영선 스스로도 "엄마 시장 박영선에게 맡겨달라"고 호소하며 "엄마 리더십"을 강조했다. 여성 정치인이 스스로 '모성'을 내세우거나, 그의 리더십을 '모성의 힘'으로 읽으려는 의지는 익숙하게 반복되었다. 이 모성에서 실제 어머니인가 아닌가는 전혀 중요하지 않다. 박근혜의 당선 이후 한 칼럼에서는 "박근혜표

▲　2020년 7월 1일 국회 지구촌보건복지포럼 주최로 열린 '코로나19 사태 이후, 대한민국 재도약의 길'에서 강연 중 나온 발언이다.

모성 DNA"에 대한 기대를 내비치기도 했다. 이 글에서 독신 여성의 대통령되기는 "국가와의 혼사"로 표현되었고, "현장의 소리를 듣고 수첩에 깨알같이 메모하는 꼼꼼함도 모성적"이라며 모성 찬양 일색이었다.[73] 공적 영역에 여성의 자리가 없기에 여성들은 '엄마'로서 자리를 구해야 한다. '왕자 낳은 후궁'이든 '엄마'든 재생산을 충실히 수행한 여성만이 권력을 가진다는 암시를 준다. 단지 비난을 위해서는 야망 있는 어머니(후궁)를 끌어오고, 칭송하기 위해서는 희생하는 어머니를 내세울 뿐이다.

모성을 강조하는 '엄마 정치'는 비단 한국만의 현상은 아니다. 미국 정치인 세라 페일린과 힐러리 클린턴도 정치적 진영은 다를지라도 '엄마'를 강조하긴 마찬가지였다. 16년간 독일 총리였던 앙겔라 메르켈의 정치를 긍정하는 말들도 '엄마 정치'라는 표현을 빼놓지 않는다. 물론 이 '엄마'는 통념적인 엄마의 개념을 교란시키는 작용도 하기 때문에 때로는 긍정적이다. 예를 들어 '정치하는 엄마들'이라는 시민단체는 엄마들을 중심으로 모이긴 했으나 반드시 엄마들로만 구성되지는 않았다. 비정치적 존재로 여겨지는 엄마를 적극적인 정치 활동가로 자리매김시킨다는 면에서 '엄마 정치'에는 양면성이 있다. 그럼에도, 여성을 '엄마 아닌 인간'으로 바라보는 습관은 중요하다.

권력의 시녀

사회에서 어떤 권력을 비판할 때 흔히 '권력의 시녀'라 칭한다.

한국에서 대표적으로 '권력의 시녀'로 비판받는 집단은 검찰이다. 아래와 같은 예문이 특별히 의미가 없을 정도로 '권력의 시녀'라는 표현은 사용 빈도가 매우 높다.

> "검찰을 권력의 시녀로 만들려 하느냐" (2020. 12. 1.《서울신문》사설)
> "'권력의 시녀' 검찰 vs '권력의 충견' 경찰" (2020. 1.《시사저널》1580호)

개는 인간을 향한 충성의 상징이며, 여성은 남성의 보조자 역할을 충실히 해야 한다. 권력은 남성성과 밀접하지만 권력에 아첨하는 인물로는 개와 여성을 끌어들인다. 검찰총장과 경찰청장은 항상 남성이었다. 여성이나 개가 한국에서 검찰총장이나 경찰청장이었던 적은 없다. 검사 중에서 여성의 비율은 30퍼센트 정도이며 부장검사를 거쳐 검사장으로 갈수록 여성 비율은 낮아진다. 한국 최초의 여성 검사장은 조희진 전 제주지방검찰청 검사장으로, 무려 2015년이 되어서야 '여성 최초'로 검사장이 될 수 있었다. 그럼에도 검찰 권력을 비판할 때는 줄곧 '시녀'라 부른다. 오염되고, 부패하고, 주제넘게 덤비는 권력을 여성화한다. 흥미롭게도 검찰 내부의 개혁을 위해 가장 두드러지게 싸우는 사람들은 임은정 검사나 서지현 검사 같은 여성이다.

세상은 속임수의 언어로 가득하다. 재산이 1500억이 넘는 안철수는 박영선을 향해 '도쿄에 아파트 있는 아줌마'라고 했다.

'아줌마'라는 지칭도 문제지만, '아파트 있는 아줌마'로 불렀을 때 '아파트 있는 아저씨'와는 다르게 들린다. 여성은 집과 땅으로 비유되지만 실제로 주택과 땅은 남성이 더 많이 소유한다. 그럼에도 부동산 투기꾼의 대명사는 '복부인'이다. '복부인'에 해당하는 남성형은 없다. 다시 말해, '아파트 있는 아줌마'는 훨씬 탐욕스러운 인상을 준다(게다가 도쿄의 아파트는 박영선의 배우자가 도쿄에서 근무하는 동안 거주한 집이다).

이처럼 부정적인 성질을 여성화하는 언어습관은 비단 정치인들만의 태도는 아니다. 평소에 사람들이 하는 말을 관찰해보면 대체로 부정적인 상황일수록 많은 사람들이 다음과 같이 말한다는 것을 알 수 있다.

"아파트 관리소장이 여잔데…"
"의사가 여잔데…"
"주민센터 직원이 여잔데…"

그 뒤에 이어지는 내용이 성별과 무관함에도 여성이었음을 특별하게 언급함으로써 성별과 부정적 상황 사이에 인과관계가 있는 것처럼 보이는 착시효과를 만든다. 이런 말들은 여성 스스로를 움츠러들게 하고 자기검열에 시달리도록 만든다.

효자 상품

여성형 지칭이 부정적으로 사용된다면 남성형은 어떨까. 코로나 19로 수출이 한동안 막혔음에도 일부 상품은 오히려 특수를 누렸다. 예를 들어 초코파이, 신라면, 월드콘 등은 코로나 상황에도 잘나간 '효자 상품'이라고 말한다. 이때 '효자'는 중성적으로 사용되었다고 우길 수 있다. 그렇다면 왜 우리는 좋은 의미일 때만 남성형을 가져와 중성적인 척 사용하는 걸까. 검찰을 권력의 시종이라 하지 않지만 수출 상품은 '효자'가 된다. 초코파이와 신라면이 효자가 되는 건 그나마 봐줄 수 있다.

> "톡톡 두드려 완성하는 '쿠션팩트', 글로벌 시장 효자 노릇 '톡톡'"

K뷰티 상품인 쿠션이 글로벌 시장에서 효자 노릇을 한다고 한다. 쿠션은 압도적으로 여성들이 많이 사용함에도 '효녀 상품'이라 불리지 않는다. 그러나 이 경우 적어도 문장 안에서 쿠션 구매자의 성별이 드러나지 않기에 상대적으로 위화감이 덜하다. 아래와 같은 문장은 어떤가.

> "'편의점 효자 상품'은 1020세대 여성들을 겨냥한 색조 화장품"

여성들을 겨냥한 상품이지만 역시 '효자 상품'이라 부른다. 이 모든 언어들을 정리해보면 나쁜 짓은 여자가 하고 돈은 남자가 벌어 온다. 모욕은 여성에게, 영광은 남성에게 돌린다. 이런 습관은 실로 광범위하게 우리 언어에 자리 잡았다. 대체로 이분법적 성 구별하에 부모, 형제자매, 남녀처럼 남성을 지칭하는 말이 여성을 지칭하는 말보다 앞에 온다. 그러나 년놈처럼 욕을 할 때는 여성을 앞세운다. 또한 암수, 자웅처럼 생식기 중심으로 설명하거나 동물을 이를 때도 암컷을 앞세운다. 인간과 문명사회는 남성화하고 동물은 여성화한다.

주로 영어와 영어 번역에서 드러나는 언어와 성차별의 관계를 연구하는 김귀순에 따르면 "남성을 나타내는 단어는 힘, 지위, 자유, 독립을 함의하는 데 비하여 여성을 상징하는 단어는 의존, 열등, 부정 등을 나타내고 있으며"[74] 이에 해당하는 예로는 Bachelor 독신 남성와 Spinster 독신 여성가 있다. Spinster는 부정적 의미로 쓰인다. 독신 남성과 독신 여성에 대한 의미가 사회적으로 다르게 쓰이다 보니 결국 독신 여성을 가리키는 말로 Bachelor Girl이라는 여성형을 따로 만들 수밖에 없었다. '실 잣는 여자'에서 유래한 독신 여성을 뜻하는 Spinster는 의미가 변질되어 '추하고 매력 없는 독신 여성'을 뜻하는 말로 쓰이게 되었기 때문이다. 이런 단어는 매우 많은데, Master의 여성형인 Mistress는 남성형과는 그 의미가 전혀 다르게 '정부'나 '타락한 여성' 등의 의미로 쓰인다.

이처럼 남성사회는 최선을 다해 돈과 시간과 열정을 들여가며 여성을 모욕한다. 여성을 모욕적으로 부르는 게 기본형이 되어서 때로는 어떻게 불러야 할지 몰라 '어이!'라고 한다.▲ 정은경 질병관리청장을 '국민 맏며느리'라 칭하던 어떤 '아저씨'처럼▲▲, 여성을 향한 지칭과 호칭의 언어들은 마치 가부장제의 발악처럼 들린다. '어머니' 없으면 자궁과 젖가슴 사이에서 돌봄받지 못할까 봐 불안해서 살 수 없는, 성장을 거부하는 '아들'들의 칭얼거림이다.

"여가부는 뭐 하냐?"
╹ ╹ ╹ ╹ ╹ ╹ ╹

나는 네가 한 일을 모른다. 실은 알더라도 모르고 싶다. 너희들은 하는 일이 없다. 이러한 억지를 담은 익숙한 질문이 있다. 여성단체는 뭐 하나, 여성가족부는 뭐 하나. 이때 '뭘 했냐'는 말은 뭘 했는지 알고 싶어서 묻는 말이 아니다. 뭘 했는지를 지우기 위한 권력의 윽박지르기이다. '뭘 했냐'는 말이 휩쓸고 지나간 자리에는 아무 말이 판을 깐다.

보수 정당은 김대중 정부 시절 만들어진 여성부를 줄곧 없애려고 했다. 이명박 정권 시절 여성부 폐지를 시도했지만 당시 야당인 민주당과 여성계의 비판을 받고 대신 축소했다. 국민의

▲ 2020년 10월 국정감사에 참여한 공영홈쇼핑 최창희 대표는 질문하는 류호정 의원에게 답하며 '어이'라고 불렀다.
▲▲ 강기석 뉴스통신진흥회 이사장이 페이스북에서 정은경 청장을 칭송하며 '국민 맏며느리'라 호칭했다.

힘 유승민은 2017년에 이어 2021년 대선 경선에서도 여가부 폐지를 공약했다. 이준석 당시 국민의힘 대표는 여가부가 "캠페인 정도 역할로 전락"했다고 말하며 여가부가 하는 일을 왜곡, 축소했다. 윤석열은 대통령에 당선되자마자 "여가부는 역사적 소명을 다했다"며 폐지 의사를 분명히 했다. 그들은 일관되게 반여성적 행보를 이어나간다. 이준석은 자당 대선 후보들에게 여성가족부 폐지 공약을 제대로 내야 한다고 부추기기까지 했다.

어차피 사실이 중요한 게 아니라 듣고 싶은 말을 듣는 게 중요한 이들은 이준석의 목소리에 환호한다. 예를 들어 이준석은 여성할당제의 불필요성을 주장하며 "2030 남성의 수가 2030 여성의 수보다 1.5배 가까이 많다"고 주장했다. 일단 1.5배라는 수치가 틀렸으나 백번 양보해서 남성이 더 많다는 사실을 강조하기 위한 과장된 수사라고 이해해줄 수는 있다. 그러나 2030 세대 남성의 수가 왜 많은지는 말하지 않는다. 인구의 관점으로 성차별을 해석하는 것은 한계가 있으나, 이준석이 남성의 수가 더 많다는 점을 들어 여성할당제 무용론을 주장했기에 이에 대한 반박이 필요하다.

원래 자연 성비(성별 감별 없이 출산했을 때의 성비)에서도 남성이 약간 많으나 1980년대 중반에서 1990년대 중반까지는 여아 낙태가 심해서 남아가 더 많이 태어났다. 가정마다 아들이 최소 한 명은 있어야 한다는 '문화적 남성할당제'하에서는 결혼제도 안에서 생물학적 재생산을 하다 하다 안 되면 결혼제도 바깥에서 재생산을 하거나 양자를 들였다. 기술이 발달한 뒤에는 과학의 힘으로 여아를 제거하여 이 '남성할당제'를 유지했다. 여아 낙태를 '성별 선택'이라 표현하며 마치 부모가 어느 성별이든 '선택'하는 것처럼 들리게 하지만 실제로는 남아를 '선택'하기 위해 여아를 '삭제'하는 행위다. 태어날 때부터 '남성할당제'의 특혜 속에서 인간이 될 기회를 더 많이 누린 남성들은 권력을 권리로 착각하기 쉽다. 그래서 '일부 남성들'은 권력과 권리의 개념을 이해하지 못한 채 엉뚱한 지점에서 억울함을 토로한다. 1990년의 출생 성비는 116.5로 자연 성비인 105 전후보다 훨씬 높았다. 정상적인 출생 성비는 2007년이 되어서야 겨우 회복되었고, 통계청 자료에 따르면 2020년에 출생 성비는 104.9로 여전히 정상 범위를 유지하는 중이다. 남아 선호 악습의 영향으로 남성 인구가 더 많아지자 이제 와서 남성의 자리가 없다며 여성보다 불리한 척을 한다. 여아 낙태 문제를 연구한 마라 비슨달Mara Hvistendahl은 한국이 "수십 년간의 잘못된 낙태가 남긴 끔찍한 여파를 겪고 있다"고 지적했다.[75] 청년층에서 남성 인구가 더 많다는 사실이야말로 지독한 성차별의 결과다.

여가부 폐지를 주장하는 이들은 꾸준히 "여가부는 고유 업무가 없다", "다른 부서가 더 잘한다", "여가부는 능력이 안 된다"[▲]라고 말하며 여가부를 적극적으로 폄하한다. 하태경 국민의힘 의원은 여가부는 "시한부 임시조직", "한시적 조직"이라 반복적으로 말했다. 원래 여가부가 뭘 하는지는 모르지만 마음에

▲ 하태경 국민의힘 의원이 2021년 7월 13일 MBC 〈100분 토론〉에 출연해서 한 발언이다.

안 들던 사람들은 이런 말들에 적극적으로 맞장구를 친다. 여경 무용론부터 여가부 무용론까지, 여성은 자신이 무엇을 하는지를 끊임없이 증명해야 한다. 일각에서는 여권이 신장되었으니 여가부가 필요 없다고 한다. 여성가족부 장관 자리는 대선 캠프 인사에게 주는 '전리품'이란 표현까지 쓰는 유승민 의원을 보면 역설적으로 여가부의 필요성을 더 실감한다.

여성을 내부 식민지 삼는 정치

선진국 남성을 선망하며 한편으로는 그들과의 헤게모니 싸움을 벌여온 우리 사회의 가부장들은 소수자와 약자를 내팽개치는 정치를 통해 권력을 확인한다. 오늘날에도 여성을 내부 식민지 삼지 않고는 '능력'도 '공정'도 '기회'도 말하지 못하는 무능력한 정치가 펼쳐진다. 이준석이 '여가부 폐지'에 이어 '통일부 폐지'를 언급했던 이유는 여성이라는 내부 식민지와 북한이라는 외부의 적을 만들어 정치적 결집을 도모하려는 시대착오적인 얕은 수작이다. 통일부와 여가부를 폐지해야 할 부처로 언급하는 정치적 행위는 오히려 분단국가에서 여성의 위치란 무엇인가에 대해 더욱 생각할 필요를 전달한다. 분단국가에서 여성은 훨씬 더 정치적으로 도구화되기 쉽다.

20세기 한국 미술은 유례없이 모자상을 많이 제작했다. 성모와 예수가 함께 있는 유럽의 모자상이 1930년대 이후 식민지 조선의 화가들에게 영향을 미친 탓도 있지만, 한국의 정치적 상황과도 관련이 있다. 민족의 단결을 위해 일제시대 후반부터 모성을 강조하는 그림이 증가하여 한국전쟁을 기점으로 눈에 띄게 늘어났다. 사회가 힘들면 힘들수록 책임감 있고 희생적인 강한 어머니 이미지를 만들었다. 전쟁을 거치며 실제로 아버지가 부재하기도 했지만, 살아 있다고 해도 '가장'의 역할을 하기 힘든 시기였기 때문이다. 이때 모성을 강조하는 방식은 주로 어린 아들을 안고 있거나 젖을 먹이는 어머니의 모습으로 나타난다.[76] 모성에 대한 강조는 여성을 전통적 성역할에 가두려는 의도지만, 다른 한편으로는 성장하지 못한 채 '영원한 아들'의 정체성에 갇힌 가부장제 남아들의 초상이기도 하다. 어머니를 숭배하는 듯 보이는 이 아들들은 식민지와 전쟁을 통해 상실한 남성권력을 복구하는 방식으로 최선을 다해 여성을 멸시한다.

주창윤은 해방 이후부터 2010년대까지 젠더 호명을 분석하여 어떻게 이 사회가 여성을 타자화하면서 남성권력을 쟁취해왔는지 보여준다. 한국 남성들은 '양갈보'에서 '개똥녀'에 이르기까지 여성에게 다양한 방식의 모욕적 이름을 새겼다.

"전후 한국 사회에서 젠더 관계는 가부장-국가의 위기의식을 그대로 반영했다. 여기서 남성권력은 국가 권력과 동일시되었다. 한국 남성은 미국 남성(미군)과 내적인 헤게모니 싸움을 벌였고, 다른 한편으로 전통과 가족의 복원이라는 담론을 재생산했다. 한국전쟁 이후 무너진 남성권력은 양갈보, 양공주 등을 경멸함으로써 윤리적 우위를 점하고자 했다. 열등한 남성성, 종속된 남성성(당시 한국 사회에서 경제 원조와 군사 지배를 담당하고 있는 미국/미군이 우세했다는 점에서)은 여성에 대한 타자화된 호명을 통해서 헤게모니를 쟁취하고자 했다. 동시에 '성에 대한 규제'와 '어머니로서의 여성'을 강조하면서 여성을 가정 안으로 위치시켰다." [77]

　　이러한 타자화된 호명은 시대에 따라 다양하게 진화하여 각종 '녀'를 탄생시켰다. 오늘날 암호화폐를 활용하여 불법 성착취물을 생산-유포-소비하는 이들은 여성을 '노예'라 부른다. '녀'를 방치한 사회에서 벌어진 일이다. 게다가 2010년대에 나온 이 논문에서도 "20대 여성이 마녀사냥의 대상이 되고 있다"며 그 현상을 분석한다. 젊은 여성은 "어머니처럼 확고한 지위를 갖지 못한다는 점"으로 취약하지만 늘 새롭게 "부상하는 집단"이기 때문이다. 거슬러 올라가면 '젊은 여성'에 대한 불안 섞인 힐난과 조롱을 근대 이후 꾸준히 찾을 수 있다. 겉보기에는 젊은 남성과 젊은 여성의 대결 구도로 보이지만 실은 여성 일반을 식민지 삼으려는 전략이다. 극소수의 여성을 제외하고 나이가 들어가는 여성들은 마음 편히 무시할 수 있는 투명 인간이 되어버리는 반면 젊은 여성들은 강력한 경쟁자다. 젊은 여성들이 요즘 스스로를 '정치적 망명자'라고 하는 건 결코 과장이 아니다. 기존의 진보-보수의 구도에서 여성이 소외되었다는 점을 절절히 인식하기 때문이다. 뒤늦은 결정이긴 하지만 조선일보의 온라인 이슈 대응 주력 자회사인 조선NS News Service에서 2022년 3월 '○○녀'라는 표현을 기본적으로 금지하기로 결정했다.

반동의 시절, 여성(가족)부는 더 커져야 한다

2017년 한 페미니즘 교사 동아리가 페미니즘 책 두 권을 읽고 해체 및 교사 파면 요구를 받은 일이 있다.▲ 또한 청소년 페미니스트 단체가 한 청년문화공간 대관 신청을 거부당했다.▲▲《자본론》 강의하면 국가정보원에 신고하던 시절(2013년에도 있었다)에서 간신히 벗어나는가 싶더니 이제는 페미니즘 교육을 새로운 마녀로 지정한다. 변화하는 세상을 불편하게 보는, 이른바 '반동'은 항상 나타나기 마련이다. 이 반동과 퇴행은 불안감이 극도에 달한 '정상' 권력의 몸부림이다. (손가락 모양에 집착하는 그 우스꽝스러움을 보라!)

여성에 대한 실질적 차별이 빈번하게 일어나고 있음에도 여성부 폐지를 주장하는 이들은 별도의 부처가 필요 없다고 한다. 심지어 반헌법적, 반인권적, 위헌적이라는 주장까지 서슴없이 펼쳤다. 여성부는 1975년 프랑스에서 설립된 이후 현재 전 세계 130여 개 나라에 정부 부처로 존재한다. 여성부가 '특수한 집단만의 이익'을 대변한다는 말이야말로 여성을 보편적 시민으로 보지 않는 반인권적 시각이다.

한국에서 여성부의 역사는 20년이지만 1948년 대한민국 정

▲ 서울 위례별초등학교에서 교사 21명으로 구성된 페미니즘 동아리가 페미니즘과 동성애 교육을 하고 있다며 전국학부모시민단체연합은 성명을 발표하고 기자회견을 열어 교사 파면을 요구했다.
▲▲ 2021년 서울의 청년문화공간 JU동교동은 청소년 페미니스트 단체의 대관을 불허했다가 이 사실이 알려지자 '직원의 실수'라고 해명했다.

부 수립 이후 사회부 안에 부녀국이 있어 오늘날의 여성가족부 역할을 했다. 당시 여성운동의 주요한 의제 중 하나는 축첩제 폐지였다. 이때 부녀국이 축첩자 조사를 담당했다. 다시 말해 '부녀국'이라도 있었기에 여성운동은 조금이라도 제도적 통로를 마련할 수 있었다. 이름이 조금씩 달라지긴 했지만 '여성부'의 많은 역할 중 하나는 사회의 차별적 구조를 바꾸고 소외된 이들을 돌보는 일이었다. 여성가족부가 하는 업무의 극히 일부만 살펴보자.

아이 돌봄, 청소년 체험활동, 청소년 국제교류, 청소년 방과후아카데미, 청소년 근로권익 보호, 청소년 복지시설 운영 지원, 청소년 수련활동 안전 지원 등이 있다. 지금 여기에서 언급한 내용은 '여성'이 이름에 들어간 지원을 빼고, 한부모 가정이나 다문화 가족 지원도 빼고, 학교 밖 청소년 지원 정책도 뺀 일부의 정책만 나열한 것이다. 다시 말해, 여성이 아니고, 소위 '정상가족'에 해당하며, 제도권 교육을 받는 사람이라 마치 자신과 여성가족부는 무관하다고 생각하는 사람에게도 여성가족부의 정책이 스며들어 있음을 알려주기 위해서다. 정현백 전 장관이 밝혔듯이[78] 여성가족부의 예산 30퍼센트가 청소년 정책에 쓰인다. 여성가족부는 디지털 성범죄 피해자 지원센터도 운영한다. 이곳을 찾는 남성 피해자는 2020년에 2019년보다 3.6배 늘었다.

여성가족부의 역할 조정에 대해 논의해야 한다. 이준석이 옳은 말을 했다. 그의 말대로 여가부는 빈약한 부서다. 정부 부처 중에서 가장 적은 예산과 적은 인력으로 일한다. 그러니 더 의미 있는 일을 할 수 있도록 여성가족부의 역할과 기능을 재정립하고, 더 중요하게 부각시켜야 한다. 그러기 위해서 더 많은 예산과 인력이 필요하다.

여성가족부가 사라지는 가장 확실한 방법이 있다. '가정폭력'이라 불리는 남성의 폭력이 사라지고, 이혼 뒤 양육비 지급을 하지 않는 무책임한 아버지들이 없어지고, 성별에 따른 임금차별이 철폐되고, '빈곤의 여성화'라는 언어가 낯설어지고, 도처에 뿌리내린 각종 성폭력과 불법촬영이 옛날이야기가 되어 '강간문화'가 없는 안전한 세상이 된다면, 하다못해 최소한 여자만 보면 밥 타령을 하는 남자들이 부끄러움을 느낀다면, 그때 여성가족부가 여전히 필요한지 논의해도 늦지 않다. 여성을 인간으로 보는 그날이 온다면 말이다.

참고로, 2019년 12월 기준 한국의 성 격차 지수는 세계경제포럼에서 발표한 보고서에 따르면 153개국 중 108위이다. 성별 임금 격차는 경제개발협력기구OECD 국가 중 1위다. 그럼에도 여성가족부 폐지를 말하는 이 순간이야말로 여성가족부의 존재 이유가 절실히 느껴지는 순간이다.

정상은 변주된다
' ' ' ' ' ' '

여가부 폐지를 반대하면서도 꼬박꼬박 "여가부가 물론 잘못한 것도 있지만"이라는 말을 붙이는 것이 몹시 불편하다. 애초에 '여가부 폐지' 담론은 여가부가 '잘못'해서 나온 담론이 아니다. 여가부의 존재 자체에 반대하는 차별주의자들의 목소리다. "여가부가 물론 잘못한 것도 있지만"이라는 말을 굳이 덧붙이며 여가부 폐지에 반대하는 것은 폐지론을 향한 객관적이고 정확한 태도가 아니라 (발화자는 전혀 의도하지 않겠지만) 오히려 그 반대에 가까워진다. 여가부가 무엇을 했는지를 꼬박꼬박 말하기보다 "잘못한 것도 있지만"이 꼬리표처럼 따라붙으면서 '잘못'은 확대되고 왜곡된다. 그리고 그 '잘못'은 진실이 아닌 내용까지 흡수하도록 만들어 20년간 이어진 여가부에 대한 거짓 선동에 일말의 명분을 준다. 어느 정의당 소속 정치인도 방송에서 여가부의 '잘못'에 대해 말하며 셧다운제▲를 언급했다. "잘못한 게 있지만"만 머릿속에 과장되게 기억되어 어느 순간 잘못된 '잘못'만 기억하는 상태가 되어버렸다.

2021년 4월 여성가족부에서 4차 건강가족계획안을 발표했다. 느리고 답답하지만 그래도 조금씩 우리 사회는 바뀐다. 차별금지법이 15년 넘게 제정되지 않는 상황에서 여성가족부의 '건강가족' 계획안은 의미 있는 진일보이다.▲▲

이 건강가족계획은 우선 가족의 범위에 대한 규정을 삭제하기로 했다. 이를 오독해서 일각에서는 '가족이 삭제된다'며 황당

▲ 셧다운제는 2005년, 2006년, 2008년에 한나라당 의원에 의해 꾸준히 발의되어 입법이 시도되었다. 2009년에 통합민주당에서도 발의되었고, 2010년 문화체육관광부와 여성가족부의 합의로 중재안이 마련되어 2011년 국회를 통과했다. 2022년 1월 1일부터 셧다운제는 폐지되었다.

▲▲ 그러나 '여성가족부 폐지'를 공약으로 한 윤석열 정부에서 여성가족부는 입장을 바꿨다. 2022년 9월 여성가족부는 사실혼과 동거 가구도 법적 가족으로 인정하겠다는 개정안에 대해 입장을 번복하고 "현행 유지"라고 발표했다.

하다는 반응을 보인다. 그러나 가족은 삭제되지 않는다. 삭제할 수도 없다. 가족에 대한 편협한 정의를 삭제할 뿐이다. 현재는 혼인, 혈연, 입양으로 이루어진 관계만 가족으로 인정한다. 다시 말해 법적 결혼을 하고, 결혼한 부부 사이에서 출생한 자녀들 혹은 그들이 법적으로 입양한 자녀들만 가족에 해당한다.

결혼하면 많은 사람들이 반농담조로 이런 질문을 한다. "가족 계획은 어떻게 돼?" 이때 가족 계획이란 아이를 몇 명 낳을 계획이냐는 뜻이다. 아이가 있어야 비로소 가족이 완성된다는 인식 때문이다. 이것이 바로 정상가족 이데올로기다. 학교에서는 학부모를 꼬박꼬박 찾는다. 교육을 받으면 받을수록 인간은 '정상' 속으로 들어간다. 성별을 구별하고, 그 성별은 두 개이며, 두 개의 성별이 사랑하고, 이들은 결혼해야 하며, 결혼하면 아이를 낳아야 한다. 이 모든 과정은 제도화되어 있다. 그렇게 '정상적인 인간'으로 살아간다.

가족의 범위를 협소하게 규정한 제도는 생각보다 많은 곳에서 모순을 드러낸다. 복지나 주거 지원 등에서 정상가족 바깥의 가족은 '지원' 대상에서 배제된다. 게다가 현실에서는 비혼 동거가 늘어나고 있다. 비혼 동거가 제도적으로 인정받으면 동성 부부에 대한 제도적 인정에도 가까워진다. 덴마크에서는 이미 1989년 최초로 시민결합 제도를, 프랑스에서는 1999년 시민연대계약 팍스Pacs를 만들었다. 독일은 동성 커플을 위해 2001년 생활동반자법을 입법했으며, 일본도 일부 지방자치단체에서 부분적으로 시행하고 있다. 미국 일부 주와 뉴질랜드 등에서는 시민

결합 제도를 통해 비혼 동거를 인정하는 추세이다. 프란치스코 교황도 2020년 시민결합을 지지했다. 국내에서도 2014년 생활동반자법을 진선미 의원이 발의했으나 임기 만료로 폐기되었다.

비혼 동거가 제도적으로 자리 잡으면, 비혼 가정에서 태어난 아이들도 제도적 보호를 받고, 자연스럽게 비혼 출산도 늘어난다. 출생률을 걱정하면서 계속 결혼제도 안에서의 출생만 바라보는 것은 모순이다. 종교계에서는 이러한 제도가 마치 사회 질서를 해치고 비혼 출산을 부추긴다고 우려하지만, 이런 우려야말로 지금 이 순간 고통받는 수많은 사람들을 외면하는 것이다. 현재의 가족 개념은 '배제하는 가족' 개념이다. 앞으로는 점점 더 포용하는 개념으로 확대될 것이다. 고령사회에서 소위 '황혼 동거'도 늘어난다. 기대수명이 길어진 사회에서 노후에 제도적인 결혼을 하진 않으나 함께 사는 가족이 생길 수도 있다. 가족의 정의가 삭제된다는 것은 더 다양한 가족이 이 사회에서 존중받는다는 뜻이다.

또한 부성주의, 곧 자子는 부父의 성姓과 본本을 따른다는 기존 제도도 사라질 것이다. 앞으로는 자녀의 성은 혼인 신고시가 아니라 출생신고시 결정하도록 할 것이다. 시민들의 의식은 이미 제도를 앞서갔다. 2018년 한국가정법률사무소 조사에 따르면 시민의 67.6퍼센트가 '부성주의 원칙은 불합리하다'고 응답했다. 심지어 UN에서도 한국의 부성주의에 지속적으로 문제를 제기해왔다.

결혼제도 밖에서 태어난 사람과 결혼제도 안에서 태어난 사람을 구별하는 혼외자, 혼중자의 개념도 사라지고 그냥 '자녀'로 만 표기하는 것으로 바뀔 것이다. 20~30대의 절반 이상은 혼인 하지 않고 출산할 수 있다고 답했다. 현실은 이미 많이 변하고 있 는데 제도가 뒷받침되지 않을 때, 제도와 현실 사이에서 많은 사 람들이 어려움을 겪을 수밖에 없다. 이 사회가 '정상'이라고 우기 는 것이 반드시 '정상'은 아니다.

여성 노동자

여성 노동자의 언어를 복원하기

'여성'이라는 직업
ㅣ ㅣ ㅣ ㅣ ㅣ ㅣ ㅣ

여성 군인들이 행진한다. 군복을 입고 행진하는 그들의 발에는 전투화가 아니라 얼핏 봐도 7센티미터 정도 되는 하이힐이 신겨져 있다. 우크라이나 독립 30주년을 기념해 2021년 7월 퍼레이드 연습을 하는 여성 군인들의 모습이다. 전투화보다 훨씬 불편할 뿐만 아니라 전투복과 어울리지도 않는 하이힐을 신고 행진하는 모습을 연출하여 그들을 목숨 걸고 싸우는 '군인'이 아니라 성적대상화된 '여성'으로 만든다. 몰상식해 보이는 이 '하이힐 퍼레이드'는 많은 비난을 받았지만, 여성 군인의 성적대상화 역사는 실로 과감하고 뻔뻔하게 진행되어왔다. 1962년에서 1972년까지 한국에는 무려 '미스여군 선발대회'가 있었다. 이 대회에 참가하는 여성 군인들은 1000여 명의 남성 군인 앞에서 전투복, 드레스 그리고 수영복 심사까지 거쳤다. 여성이 '미'를 두고 다투도록 사회는 온 힘을 다해 판을 깐다.

미스여군 선발대회는 없어졌지만 여성 군인을 직업인으로 여기지 않고 남성 군인들을 위한 성적 대상으로 차별하는 환경 속에서 각종 성폭력은 무성하게 자라고 은폐될 수밖에 없다. 육해공군 가리지 않고 성폭력이 폭로되었고 피해자는 자살했다. 어디 군대만 그럴까. 2017년에 한 병원에서는 해마다 열리는 장기자랑대회에서 간호사들에게 노출이 많은 옷을 입고 선정적인 춤을 추도록 강요한 사실이 폭로되었다. 그들은 3교대를 하는 근무 환경에서 춤 연습까지 해야 했다. 더욱 놀라운 사실은 이것이 특정 병원 한 곳의 문제가 아니라 이미 많은 대형병원에서 관행적으로 벌어지는 일이었다는 점이다. 주로 남성으로 구성된 병원의 경영진과 교수 등을 위한 '서비스'인 셈이다. 2018년 서지현 검사는 남성 부장 검사가 회식 자리에서 "네 덕분에 도우미 비용 아꼈다"라는 말을 아무렇지도 않게 했다고 폭로했다.

여성은 어떤 일을 하든 남성의 시각에서 만들어진 '여성'이라는 직업을 첫 번째 역할로 강요받는다. 위로, 위문, 위안은 늘 여성의 '직업'이다. 여군은 적과 싸우는 군인의 역할이 아니라 아군의 비위를 맞추고 위로하는 역할이 그들의 본분인 양 여겨진다. 직업인으로서의 여성 개개인은 지워진 채 여성의 직업은 가부장적 시선에서 크게 두 종류로 나뉜다. 성적대상화되는 '아가씨'와 싸구려 노동력 취급받는 '아줌마'. 전자는 남성의 시각에 맞춰 아름다움을 드러내는 역할을 맡아 전면에 나서고, 후자는 밥하고 청소하면서 후미진 곳에서 보이지 않아야 한다.

여성은 노동자인가. 여성에게 '여성'이라는 직업을 수행하게 만들면 만들수록 여성은 '노동자'에서 멀어진다. '여성 노동자'라는 개념은 처음부터 논쟁적이었다. 1828년 경제학자 샤를 뒤팽Charles Dupin이 '여성 노동자 L'ouvrière'라는 용어를 프랑스에서 처음 사용했다. 그런데 그가 사용한 '여성 노동자'는 가내수공업의 노동자나 공장노동자를 의미하는 게 아니다. 바로 집에서 가사노동을 하는 여성을 일컫는다. 이는 여성의 가사노동을 제대로 인식했기 때문이 아니다. 뒤팽은 여성 노동자의 개념을 '집 안에 있는' 노동자로 한정했다. 그는 집 안의 노동자가 곧 '좋은 아내'라고도 했다. 당시에는 집에 돈이 부족하면 남자들이 자기 아내를 내보내기보다 딸을 공장에 내보냈다. 가사노동을 전담하는 사람(여성 노동자)이 있을 때 집 밖으로 나가는 노동자들이 더 편리해지기 때문이었다.

도우미
▾ ▾ ▾

여성이 주로 참여하는 노동일수록 노동자들은 '도우미'로 불린다. 도우미는 1993년 대전 엑스포를 맞아 국민 일반 공모를 통해 만들어진 말이다. 엑스포 행사 진행을 위해 곳곳에서 여러 업무를 하는 단기 노동자를 선발했고, 이때 선발된 여성 노동자들을 '도우미'라 불렀다. 그렇게 우리 사회에 '도우미'가 처음 상륙했다. 도움을 주는 사람을 뜻하는 '도움이'라고도 읽히지만 어감상 도움을 주는 '아름다움'이라고도 느껴진다. 엑스포가 처음이기도 했고 이 대규모 행사에 참여하는 젊은 여성 노동자들은 '도우미'라는 새로운 이름으로 당시 많은 조명을 받았다. 그러나 그들의 노동자성에 대한 관심이 아니라 '행사의 꽃'으로 여기는 관심이었다.

이렇게 '꽃'의 이미지로 정착한 도우미라는 이름은 점차 사회 곳곳에서 여성 노동자들이 수행하는 노동에 적용되었다. 가사노동으로 임금을 받는 노동자는 식모에서 파출부派出婦▲를 거쳐

▲ 임무를 주어 사람을 파견한다는 뜻의 '파출派出'과 여자를 의미하는 '부婦'로 구성된 말이다.

'가사 도우미'가 되었다. 흔히 남성이 아내의 가사노동을 '돕는다'고 말하듯이, 가사노동은 언제나 집의 '안주인'이 전담한다고 전제한다. 가사 도우미는 말 그대로 집 안의 여자가 하는 일을 집 밖의 여자가 돕는다는 뜻이다. 많은 중장년 여성들의 임금 노동인 가사 도우미는 여성의 임금 노동 자체를 보조적 경제 활동으로 여기는 인식도 담고 있다. 남성 임금 노동자가 언제나 가장으로 불린다면 여성은 늘 가장의 보조자이다. 그렇기에 그들은 쉽게 '도우미'가 된다.

도우미는 다른 방식으로도 변화했다. '노래방 도우미'는 여성 노동이 어떻게 성적대상화를 넘어 성착취와 끈질기게 연결되는지 알려준다. 여성들은 제한된 구조 속에서 돈을 벌어야 하고 그 속에서 여성에게 허락된 자리는 두 가지 방식의 '도우미'뿐이다. 집 밖에서 가사나 육아를 통해 재생산 노동을 하는 '도우미'이거나 성적 서비스를 제공하는 '도우미'이거나.

중년 남성이 사망하면 언론에서는 자주 '가장'이라 호명한다. 남자가 경제를 책임지고 있음을 강조하는 한편, 가족구성원을 '가장'에게 속한 존재로 만든다. 여성에게 직업이란 자신의 정체성 때문에 2등 시민으로 강등되는 경험이 적나라하게 펼쳐지는 장이다. 경제활동을 하며 자신의 전문성을 쌓아가는 여성들을 커리어 우먼이라 부르는 이유도 '직업여성'이라는 언어가 부정적인 의미를 내포하고 있기 때문이다. 사전에서 직업여성은 "주로 유흥업에 종사하는 여성을 완곡하게 이르는 말"로 풀이된다. 게다가 애초에 집 밖에서 직업을 가진 여성들을 이르는 말이 굳이 왜 필요했을까. 커리어 맨은 없으나 커리어 우먼은 있다. 남성은 누구나 노동을 하고 돈을 벌어야 하기에 당연히 직업이 있고 '커리어'를 쌓아야 한다면, 여성은 기본적으로 노동자성을 인정받지 못한다. 커리어 우먼은 여성이 일을 하고 있음을 드러내는 말이다. 그렇다면 집 밖에서 노동하지 않으면 일하지 않는 사람인가. 워킹맘, '맘'의 일 자체가 워킹(노동)이지만 그 워킹은 아무리 해도 공식적으로 인정받지 못하는 노동이다. 그래서 집 밖으로 나가 공식적인 노동을 함으로써 그들은 '워킹맘'이 된다.

페미니즘은 여성에게 '성역할'로 맡겨져 노동으로 인정받지 못한 노동을 노동의 개념으로 자리 잡도록 했다. 다시 말해, 페미니즘이야말로 노동의 의미와 범주를 확장시켰다. 엥겔스보다 앞서 여성 노동 문제에 맞서 싸워온 여성은 바로 플로라 트리스탕Flora Tristan이다. 트리스탕은 1843년《여성 노동조합L'Union ouvrière》을 출간해 집 밖에서 임금 노동을 하는 '여성 노동자'의 개념과 존재를 세상에 알렸다. 마르크스와 엥겔스의《자본론》보다도 앞선 것이었다.

여성, 청소하다

영하 16도의 아침, 산책을 다녀와 엘리베이터를 타려는데 엘리베이터 안에서 대걸레로 바닥을 닦는 청소노동자가 보였다. 막 닦아놓은 깔끔한 엘리베이터 바닥 위로 방금 전까지 얼어붙은 눈을 밟고 다니던 나의 두 발이 어색하게 올라섰다. 물기가 있는 바닥

위로 나의 발자국이 찍혀 난감했다. 16층까지 올라가는 동안 그는 좁은 엘리베이터 안에서 계속 바닥을 닦으며 말했다. "바깥에는 닦으면 바로 얼어버려요. 얼마나 지저분한지, 말도 못 해. 근데 닦으면 바로 얼어버려서 지금은 닦을 수가 없어요." 처음에는 그저 날씨에 대한 대화로 이해했으나 엘리베이터에서 내린 후 뒤늦게 알아차렸다. 눈 온 뒤에 지저분한 아파트 입구를 재빨리 깔끔하게 회복시키지 못하는 노동자의 사정을 설명했다는 사실을.

청소노동자의 대걸레를 통해 사라진 나의 발자국처럼, 청소의 중요한 목적은 흔적을 지우는 것이다. '집사람'인 여성들은 집을 청소하고 집 밖으로 나가 건물을 청소한다. 방바닥을 닦던 여성들은 빌딩을 닦고, 버스를 닦고, 기차를 닦고, 비행기를 닦는다. 청소노동자의 80퍼센트 이상은 여성이다. 집 안의 부불노동 Unpaid Labor은 집 밖에서 불안정한 저임금 노동으로 자리한다. 청소노동은 노동 이전의 노동이며, 노동 이후의 노동이다. 다른 노동자의 노동 시간 전에 노동하며 모두가 퇴근한 후에 노동한다. 새벽 지하철역, 세상이 고요한 시간, 누군가가 쏟아놓은 오물과 아무 곳에나 내던져진 각종 쓰레기가 사라지고 '원상복구' 된다. 인간이 지나가면서 남기는 명성, 결과, 성과 혹은 유흥과 오락을 위해서도 누군가는 이 모든 것들이 지나간 자리를 계속 쓸고 닦는다. 청소는 수시로 노동이 아닌 이름으로 전환한다. 원상복구.

'아내 처妻'는 빗자루를 손에 들고 청소하는 여자를, '며느리 혹은 아내 부婦'는 비를 들고 집 안 청소를 하는 여자의 모습을 형상화한 글자이다. 청소는 식사 준비와 함께 대표적인 여성의 성역할이다. 여성은 청결을 담당하는 존재다. 부지런한 할머니들은 여자가 더러운 것을 많이 만질수록 집이 깨끗해진다며 쉬지 않고 손을 움직인다. 청소노동자는 젠더와 공간, 청결 권력에 대해 화두를 던진다. 여성 청소노동자는 공간을 청소하지만 공간을 갖지 못한다. 보이지 않는 세균까지 닦아내면서 최종적으로는 그들도 사라져야 한다. 청소노동자의 점거 농성은 그런 면에서 다른 어떤 노동자의 점거보다 상징적 의미를 가진다. 청소되어야 할 존재, 그 시간에 그 장소에서 보이면 안 되는 존재가 장소를 점거했기 때문이다.

"이분들은 태어날 때부터 이름이 있었지만, 그 이름으로 불리지 않습니다. 그냥 아주머니입니다. 그냥 청소하는 미화원일 뿐입니다." 청소노동자를 호명한 노회찬의 연설은 많은 이들에게 감동을 주었다. 2018년 노회찬이 비극적으로 세상을 떠난 후 국회 청소노동자들은 나란히 서서 그의 운구 차량을 보내며 애도를 표했다. 노회찬의 연설에서 언급된 서울 6411번 버스의 새벽 첫 승객은 대부분 60대 이상의 여성이며 청소노동자이다. 이들은 본격적인 노동의 시간이 밝아오기 전 보이지 않는 노동을 하기 위해 새벽 4시에 첫 버스에 오른다. 신희주는 2020년 전태일 50주기 국제학술포럼에서 '6411 버스 첫 승객 분석을 통한 청소노동자의 노동에 대한 연구'를 발표했다. 그의 연구에 따르면 청소노동자의 평균 나이는 61.1세이다. 이들은 주로 구로구와 영등포구에서 출발해 서초구나 강남구에 도착한다.

여성, 청소되다

2019년 톨게이트 수납원들의 투쟁 당시, 청와대 고위 관계자가 "수납원은 없어지는 직업"이라는 발언을 했다. 실제로 '없어지는' 중이다. 직업은 꾸준히 없어지고 새로 생긴다. 직업이 없어져도 사람은 있다. 그런데 없어지는 노동을 하는 남성 노동자는 최소한 '가장'으로 바라본다면 여성 노동자는 원래 부수적 존재였기에 그들의 '사라짐'을 더욱 함부로 대한다. 2019년 대법원의 판결로 승소한 톨게이트 수납원들은 정직원으로 복귀했지만 수납원이 아니라 고속도로 주변과 졸음쉼터 화장실 등을 청소하는 자리에 배치되었다. 여성은 청소되고, 또 다른 곳에서 청소한다.

여성의 노동은 '사라지는 것'이 본분처럼 여겨진다. 노동의 생산물도 사라져야 하며 생산의 주체로서 노동자인 여성도 사라져야 한다. 만들어놓은 음식은 먹어치우고, 깨끗해진 공간은 다시 더러워지고, 모든 돌봄은 물리적으로 그 형태가 보이지 않는다. 돌봄 대상자에게 노동의 결과가 흡수될 뿐이다. 이렇게 사라지는 노동은 여성에게 맡겨진 채 여성은 노동하지 않는 존재가 된다. 그들은 노동하지 않는 존재이므로 그들에게 일자리의 사라짐은 애초에 존재하지 않는 개념이다. 여성의 실직은 '가장'의 실직이 아니며, 여성은 그저 원래 있어야 할 곳인 가정으로 돌아가면 그뿐이다. '집사람'이 집사람이 될 뿐이다.

비행기를 청소하던 노동자들은 '정상적인' 상황에서도 보이지 않는 노동자였기에 감염병 대유행이라는 '특별한' 상황에서도 그들의 사라짐은 보이지 않는다. 하루 20대까지 청소하던 비행기 청소노동자는 2020년 3월부터 일자리를 잃었다. 비대면 수업이 이어지며 물리적 공간을 청소하던 학교의 청소노동자들도 해고되기 시작했다.

코로나19 이후 여성들은 남성에 비해 더욱 고용이 줄고 실직이 늘었다. 여성 비경제활동 인구도 늘었는데, '비경제활동'이란 실업도 취업도 아닌 상태를 뜻한다. 이들은 어디에서 무엇을 하고 있으며, 왜 '비경제활동' 인구가 되었을까. 대부분 가사노동 부담으로 집 밖에서 경제활동을 하지 못하는 상태일 것이다. 코로나19로 집 안에서 해야 할 돌봄과 가사노동이 증가했다. 이들은 여전히 노동을 하지만 '비경제활동' 인구로 불린다.

직격탄을 맞는 직종이 있다면 특수를 누리는 직종도 있다. 재택근무와 온라인 비대면 교육의 확산으로 텔레비전, 컴퓨터, 카메라 장비 등의 소비가 늘었다. 예를 들어 LG디스플레이도 모니터 시장 점유율이 상승하면서 코로나 특수를 누려 거의 2년 만에 흑자로 전환했다. 하지만 이 회사가 입주한 LG트윈타워 건물을 청소하던 청소노동자 80명은 집단 해고되었다.

젊지 않은, 남성이 아닌 노동자들이 모인 일자리일수록 사라짐은 사회적 공감대를 얻기 힘들다. 나이 많은, 여성에게, 일자리를 '주는' 게 어딘데, 라는 인식이 뿌리 깊다. 그들이 임금 노동을 할 기회를 얻었다는 사실만으로도 감지덕지해야 하는 줄 안다. 실제로 이 '아줌마' 노동자들은 "천 원짜리 노동", "하루살이 인생", "일회용" 등 각종 모멸적 표현을 듣는다.[79]

가사 도우미의 노동은 2022년 이전까지는 근로기준법상 '노동'으로 인정받지 못했다. 근로기준법 제11조에서 "가사 사용인에 대해서는 적용하지 아니한다"고 규정하며 가사노동자를 노동관계법의 보호에서 제외했다. 1953년 제정된 조항이 현재까지 그대로 유지됐다. 식모-파출부-도우미로 이름이 바뀌어왔을 뿐 그들은 여전히 '노동자'가 아니었다. 용역업체가 만들어져 노동 '시장'이 형성되었어도 노동자는 여전히 투명 인간이다. 가사노동의 큰 축은 청소와 요리, 육아인데 이 모든 노동은 집 안에서 여성이 마땅히 해야 할 자연현상으로 여겨진다. 이 자연현상을 돈을 주고 외부 여성에게 맡겼기에 마치 공기와 바람에 돈을 쓰는 것처럼 아까운 지출이라 생각한다.

비대면의 영향을 받은 직장에서 청소노동자가 해고된다면, 코로나19 이후로 노동 강도가 늘어난 업종 중 하나도 청소노동이다. 예를 들어 병원에서 일하는 청소노동자들은 의료폐기물 처리까지 하다 보니까 방호복을 입고 일하는 경우도 있어서 화장실 가는 횟수를 최소화하기 위해 요실금 팬티까지 입고 일한다는 증언도 나왔다. 비대면과 재택근무가 불가능한 필수노동자라 불리지만 여전히 최저임금을 받는다. 언론인이었던 바버라 에런라이크가 자신의 학력과 경력을 제대로 밝히지 않고 '어떤 대학'을 나왔다는 이력서만으로 구직을 했을 때, 중년 여성인 그에게 들어오는 일자리는 대부분 최저임금을 받는 청소 일이었다.

여성이 청소할 것이다
ㅣㅣㅣ ㅣㅣㅣ ㅣㅣㅣ

끈질기게 노동하며 돈을 벌어 자신은 물론이요 식구들을 먹이는 여성은 '비여성'이다. 한 다큐멘터리 방송에서 포구에서 일하는 다양한 여성들의 노동을 소개했다. 한 여성은 자신의 노동을 긍정하면서도 강해 보이는 모습 때문에 "이런 내가 싫지만"이라고 덧붙였다. 노동과 여성성은 양립하기 어려운 개념으로 자리 잡았다. 드센, 억척스러운, 악바리는 주로 사회에서 자신의 자리를 지키며 경제활동을 해나가는 여성에게 향하는 수사다.

'레닌 동지가 세상의 더러움을 청소한다.' 러시아 혁명 임시 정부의 한 포스터 제목이다. 정장을 입은 레닌이 빗자루를 들고 구체제의 상징인 차르와 관료들을 쓸어버린다. 재치 있는 이 그림을 좋아하지만 다른 한편으로는 소외감을 느낀다. 빗자루를 들고 세상을 청소하는 사람도 쓸려나가는 사람도 모두 남성이다. 부패한 남성에서 혁명적인 남성에게로 권력이 움직이는 동안에도 여전히 여성들은 어딘가에서 보이지 않게 바닥을 쓸고 닦는다. 과연 여성은 노동자인가.

《회사가 사라졌다》는 폐업과 해고에 맞선 여성 노동자들을 조명한 책이다. 이 책의 저자는 '싸우는여자들기록팀 또록'인데 이름이 그 자체로 메신저이며 메시지다. '조용함'을 거부한 채 싸우는 여성 노동자로서의 목소리를 또박또박 기록하고 또 기록한다. 레이테크코리아에서 해고당한 한 노동자의 목소리를 들어보자.

"여자가 해고를 당하면 사람들이 아무렇지도 않게 생각해요. 남자가 해고당하면 '어쩌나, 그 집 어떡하지' 그러거든요. 내가 주위 사람들한테 '나 해고당했어' 얘기를 하면 쉬라고, 봉사활동이나 하라고 해요. 이렇게 노동가치를 뜨겁게 생각해주지 않는 거예요."[80]

여성의 노동가치를 '뜨겁게' 생각하지 않는 사회에 그는 분통을 터뜨린다. 기록팀의 희정은 여성의 노동을 "밑반찬처럼 없어도 되는 일"로 여긴다고 지적한다. 냉장고에 처박아두고 까맣게 잊어버리는 밑반찬, 다른 반찬 없을 때 꺼내 먹다가 어느 날 냉장고 청소를 하면서 버리기도 하는 밑반찬, 때로 누가 했는지 궁금해하지도 않으며 이 집에서 저 집으로 돌고 도는 밑반찬, 늘 기본적으로 있어야 하는 반찬이지만 있어야 할 게 있다고 해서 결코 알아주지 않는 그런 밑반찬, 똑같은 반찬이 계속 나오면 게을러 보이는 하찮은 밑반찬. 여성의 노동은 바로 노동시장에서도 밑반찬 같은 노동이다. 부업, 아르바이트, 임시로 하는 노동이다. 그렇게 "반찬 같은 노동이기에, 세상이 함께 억울해하지 않는 노동"이다.

여성은 노동자의 권리를 주장하기 이전에, 우선 노동자의 지위를 얻기 위해 싸워야 한다. 노동자 정체성을 인정받는 '노동자 되기'부터 이루어야 할 과업이다. 다큐멘터리 〈미싱 타는 여자들〉은 1977년 9월 9일 있었던 '9·9 투쟁'에 대해 증언하는 여성 노동자들을 보여준다. 목숨까지 걸었던 이들의 투쟁은 상대적으로 덜 알려졌다. 평화시장에서 '공순이'로 불리던 여성 노동자들은 근로기준법 준수를 외치며 싸웠다. "제2의 전태일은 여자여야 한다!"고 외치며 뛰어내리려던 임미경은 이 다큐멘터리에 등장하기 전까지 자신의 '과거'를 숨겼다고 했다. 노동자 여성, 나아가 노동운동에 뛰어들었던 여성들은 남성 운동가들에 비해 알려지기를 꺼렸다.

청소노동자나 식당노동자 등에게 '어머님' 혹은 '이모님'이라 한다. 저임금 직종의 여성 노동자는 가족관계어, 특히 '어머니'로 불린다. 이러한 호칭은 존중의 언어로 둔갑하고 있지만 실은 여성이 노동자의 지위를 가질 수 없는 현실을 반영한다. 여성의 사회적 신분은 어머니이고, 어머니로서 싸울 때 가장 주목받는다. 그렇기에 여성의 투쟁을 다른 사람들에게 설득하기 위해서 흔히 "그들도 누군가의 어머니입니다"라고 말한다. 해고된 한 노동자는 "일터란 '나'라는 존재를 오랜만에 자각한 공간"이라며, 노동조합원으로 "그 관계의 끝을 최선을 다해 지키고 싶다. 그래서 싸운다"라고 말한다. LG트윈타워 청소노동자들은 2019년 노조를 만들었다. '어머니'들은 노동자로서 싸운다.

여성과 이주민의 노동은 노동의 '바닥'을 보여준다. 값싸고, 해고하기 쉽지만, 목소리는 상대적으로 내기 어려운 노동자들이다. 여성은 해고되면 집으로, 이주민은 각자의 나라로 돌아가면 그뿐이라 생각한다. 그런데 바닥을 닦는 사람이 조용히 사라지지 않으면 세상이 시끄러워진다.

세상의 더러움을 누가 청소하는가. 한 청소노동자가 "나는 평생 청소해서 세상을 구할 팔자인가 봐!"라고 말했을 때, 또록

팀의 기록자 림보는 이 말을 어떻게 옮겨 적어야 할지 고민한다. 이 말은 제 노동에 대한 긍정인가, 청소노동의 여성화에 대한 비판적 목소리인가. 아니면 둘 다인가. 이 목소리에서 무엇을 찾아야 할지 나는 단언하기 어렵다. 그러나 한 가지는 분명히 말할 수 있다. 세상의 더러움을 청소하는 사람은 정장 입은 남성이 아니다. 조용함을 거부하는 사람들이 세상을 청소할 것이다.

노동자의 언어를 정부情婦의 언어로 오역하기

'여성 노동자'는 과연 신뢰받는 화자인가. 노동은 아름다움을 배척한다. 통념적인 여성성과 노동은 대립하는 관계에 놓인다. 가부장 사회에서 여성 노동자는 애초에 품위와 명예가 없는 존재다. 그 여성의 노동이 성역할에서 확장된 노동이라면 이들의 노동은 노동으로 여겨지는가. 급식 노동자가 그냥 '밥하는 아줌마'라면, 비서는 '사무실의 꽃'이라 불린다. 모두 노동자 정체성을 부정당하는 노동자다. 노동의 세계에서 여성의 자리는 밥과 유흥 사이에 걸쳐 있다.

지자체장들의 비서 성폭력 사건에서 '비서'라는 노동자의 위치와 그들의 언어를 생각했다. 비서의 언어는 어떻게 해석되는가. 드라마나 영화에서 재현되는 비서는 모델 같은 외모를 가진 여성이다. 때로 이 비서는 자신의 상사와 내연 관계를 맺는다. 비서는 성폭력으로 노동권을 침해받는 노동자가 아니라 상사에게 꼬리치는 '꽃뱀'이 될 가능성이 더 높은 것처럼 그려진다.

남성 고위직과 여성 비서라는 구도는 거의 모든 조직에서 보편적으로 자리 잡았다. 폭로와 고소 등을 통해 '이제야' 비서를 향한 각종 성폭력이 알려졌을 뿐이다. 우선 2018년 수행비서 김지은의 폭로를 통해 알려진 안희정 성폭력 사건부터 2020년 오거돈 부산시장의 직원 성추행 사건, 같은 해 7월 박원순 성폭력 피소 사건에 이르기까지, 각각 다른 사건들이지만 직장 내 여성 노동자의 위치를 반복적으로 상기시킨다.

안희정 성폭력 사건이 알려졌을 때 사실관계와 무관하게 여론에 영향을 미치던 중요한 목소리 중 하나는 부인 민주원의 발언들이었다. 수행비서였던 김지은과 안희정의 부인 민주원의 주장이 서로 일치되지 않았을 때 아내의 위치에 있는 여성의 말에 무게가 실리곤 했다. 중년의 아내와 젊은 여성 비서라는 구도 속에서 여성 노동자의 언어는 지속적으로 정부情婦의 언어로 번역되었다. 민주원은 "안희정과 김지은은 연애를 하고 있었다"고 주장했으며, 스위스 출장에서 "슬립만 입고 맨발로" 호텔 방으로 왔다고 주장했다. 이때 언론은 호텔, 슬립 등의 언어를 낚아채 기사의 제목으로 활용했다. 민주원은 진정한 피해자는 아내인 자신이라고 주장하면서 "제 명예를 되찾기 위해" 말한다고 했다.

성폭력과 불륜 중에서 왜 민주원은 불륜이 자신의 명예를 되찾는 길이라 생각했을까. 성폭력은 안희정의 일방적 비서 폭행이지만 불륜은 '안희정의 아내'를 확실한 피해자로 만들어준다. '본처'의 명예와 '정부'의 명예 사이에서 대부분의 가부장제 구성원은 본처의 명예에 손을 들어준다. 성적 착취를 당한 노동자가 아니라 큰일하는 남자의 앞길을 막는 요부, 본처의 명예에 먹칠하는 정부라는 틀에서 '비서 김지은'은 신뢰받지 못하는 화자가 된다. 김지은의 "넹"은 졸지에 '귀여운 척' 혹은 '성관계 동의' 등의 구실로 불려 나왔다.

여기서 더 나아가, 노동자가 아니라 정부이기 때문에 김지은은 성폭력으로 직장을 잃은 실직자가 아니라 불륜을 그만둬야 하는 비도덕적인 여자로 읽힌다. 그렇기에 그의 위태로운 일자리는 관심을 받지 못하고 그는 '대선 주자를 망하게 하고, 상사의 아내에게 상처 준 나쁜 년'이라는 틀에 갇힌다. 안희정 성폭력 사건에서 '아내의 말'은 대중이 사건을 바라보는 관점을 교란시키는 핵심적인 역할을 담당했다. 남성 상사에 의해 성폭력이 벌어졌을 때 가해 남성의 부인을 소환함으로써 이처럼 두 여성이 대치하게 만든다.

2018년에 하태경 의원은 김기식 신임 금융감독원장의 국회의원 시절 외유 논란과 관련해 "남성 의원이 여성 비서와 (출장을) 가는 게 괜찮은 거라고 하면 이걸 참을 수 있는 사람이 있겠느냐"라며 "저는 와이프가 무서워서 가라고 해도 못 간다"고 했다. 출장을 동행한 비서의 성별이 여성이기에 이 출장은 업무가 아니라는 듯 몰고 간다.

김지은의 동료들 중에서 안희정을 옹호하는 이들도 김지은의 '업무'를 정부의 행동으로 왜곡했다. 예를 들어 김지은이 직접 안희정이 머물 호텔을 예약했다며 성폭력이 아니라는 쪽에 힘을 실었다. 상사의 출장 시 호텔 예약하기는 비서의 업무임에도 '여성과 호텔'을 연결시켜 마치 그가 불륜의 장소를 직접 선택한 사람인 양 만든다. 이처럼 여성 비서의 업무는 지속적으로 연인의 행동으로 오역된다. 출장은 연인 간의 밀회로, 숙박 장소인 호텔은 밀회의 장소로 뒤바뀐다.

박원순 비서실 직원이었으며, 또 다른 성폭력 사건의 가해자였던 인물은 박원순 성폭력 사건 피해자를 '6층 안방마님'이라 불렀다. 비서 노동자를 바라보는 동료 남성의 시선을 알 수 있다. 비서들이 겪는 성적 침탈을 상사의 총애로 왜곡했다. 이는 비서 노동자가 호소하는 괴로움을 '여성이 성적으로 남성 상사에게 기회를 얻을 수 있는 상황'으로 뒤바꾼다.

여성 노동자의 말하기

박원순 성폭력 피소 후 이 사건을 믿을 수 없는 사람들은 역시 비서의 언어를 검증하려고 했다. 예를 들어 비서가 쓴 '인수인계서'가 비서의 말을 믿을 수 없는 증거인 양 제시되었다. 인수인계서에는 노동자의 업무가 담겨 있는데 이를 바탕으로 비서의 감정과 성폭력 여부를 읽을 수 있을까. 인수인계서에 적힌 비서의 '자부심' 언급은 마치 '성폭력은 없었다'라는 정황 증거처럼 읽혔다. 많은 언론은 경찰이 이 인수인계서를 확보했다는 소식을 전하며 '자부심'을 제목에 붙이거나 소제목을 통해 강조했다.

마침《김지은입니다》에는 김지은이 수행비서 업무를 시작하면서 인수인계를 받을 때의 상황도 자세히 묘사된다. 제일 처음 받은 교육은 안희정의 구두를 놓는 방법에 관한 것이다. 인수인계에서 김지은은 안희정의 식성과 커피 안에 넣는 각설탕 수까지 전달받는다. 그리고 선임자는 김지은에게 '여자'에 대해서는 절대 언급하지 말 것을 재차 강조한다. '여자'와 관련해서는 어떤 곳에도 흔적을 남기지 말아야 한다고 신신당부한다. 인수인계의 마지막은 이렇게 끝난다.

> "지금까지의 인수인계에서 가장 중요한 것은 '지사님 기분'이다. 여기에 별표 두 개를 그려라. 인수인계 사항들은 모두 지사님 기분을 맞춰드리기 위한 것이다." [81]

이처럼 비서 간의 인수인계서는 '비서의 기분'을 전달하는 문서가 아니다. 상사의 기분을 보좌하는 비서의 태도 목록을 전달하는 문서다. 그렇기에 인수인계 문서는 비서의 주장을 믿지 않을 근거가 아니라, 역설적으로 비서의 노동이 철저하게 상사의 '심기 보좌'를 위한 것이었다는 주장을 믿을 이유가 된다.

박원순 성폭력 사건에서 중요하게 짚고 넘어갈 점은 피해자가 비서의 역할에 대한 문제 제기를 적극적으로 시도했다는 사실이다. 그동안 비서에게 주어진 역할이 실은 여성에게 기대되는 성역할이었고, 더는 이러한 '관행'을 받아들이지 않겠다는 노동자의 목소리가 터져 나왔다는 점에 주목해야 한다. 박원순 사건 피해자는 비서 채용 과정부터 문제 삼았다. 그가 말하지 않았으면 몰랐을 이야기들이 전해졌다. 가해자의 사망으로 법적인 해결책은 난관에 봉착했으나 비서라는 노동자의 목소리를 복원하는 일은 이 사건의 중요한 과제가 되어야 한다. 피해자는 박원순이 샤워를 하면 속옷까지 챙겨야 했다는 사실을 폭로했다. 속옷만 입은 사진을 텔레그램을 통해 비서에게 은밀하게 전송하는 것만이 아니라, 어떤 면에서는 공식화된 '속옷 챙기기' 업무가 훨씬 더 문제적이다.

이 폭력은 단지 여성 비서와 남성 상사 사이에서 벌어진 사건이 아니다. 여성 비서를 둘러싼 남성 중심 공직사회가 관행적으로 벌여온 일이 드러난 것이다. 김지은과 김잔디 모두 다른 남성 직원의 성폭력도 고발했다. 2018년 부산 오거돈 전 시장이 회식 자리에서 여성 직원들을 주변에 앉혔던 사진이 공개되었는데, 이는 바로 이러한 구조를 드러내는 시각적 증언이다. 여성 노동자라는 존재는 마치 공적 허가를 받은 성적 착취 대상으로 여겨진다.

단지 비서 노동자를 '사무실의 꽃'으로 여기며 그들의 목소리를 묵살하는 환경에서 비서의 업무를 꼼꼼하게 밝힌 《김지은입니다》는 중요한 자료다. 몇몇 공공도서관에서 《김지은입니다》의 희망도서 신청을 거부했다. 남성 중심의 권력 구도를 고발하는 여성 노동자의 언어는 이 사회에서 몹시 불편하게 여겨진다.

일제시대 임금 노동에 참여한 여성 노동자들부터 현재에 이르기까지 여성 노동자들이 겪는 고통에는 성폭력이 빠지지 않는다. 1930년 평양에서 파업하던 여성 노동자들은 노동 시간 조정과 양질의 식사, 그리고 "남공의 농담을 금하라"라고 요구했다.

관리직 간부만이 아니라 동료 '남공'도 여성 노동자들을 성적으로 희롱했음을 알 수 있다. 대표적인 노동문학인 강경애의 《인간문제》에서 오늘날 한 노동자의 기록인 《김지은입니다》에 이르기까지, 여성 노동에 대한 소설이든 기록이든 성착취에 대한 내용은 공통적으로 담겨 있다. 공장에서 일하는 육체노동자나 고위직 남성을 수행하는 비서 노동자나 모두들 성적 괴롭힘을 겪는다. 《인간문제》의 주인공 선비는 성착취와 노동착취에 대항하고 여성 노동자들과 연대하려 하지만 병으로 죽는다. 90년대에 여성 노동자를 의미 있게 재현한 신경숙의 《외딴방》은 노동계층이었던 작가의 목소리를 통해 죽은 여성 노동자를 애도한다.

이처럼 여성 노동자에 대한 문학적 개입이 여성 노동자의 목소리에 정치적 힘을 주었다면, 2020년 《김지은입니다》는 여성 노동자가 직접 현재진행형의 목소리를 들려주는 고발이다. 김지은은 자기 소개를 "여성 노동자로서 성실하게 살아왔다"고 시작하며 다시 일상을 회복하길 원한다. 별정직이었던 김지은은 일을 그만두고 본인의 얼굴과 이름을 공개한 뒤 성폭력을 폭로해야만 했다.

가부장의 언어는 여성으로서, 노동자로서 여성 노동자가 발화하는 언어를 꾸준히 왜곡해왔다. 여성 노동자의 언어는 여성 노동의 자리를 보여준다. 여성 노동자의 증언을 통해 여성이 '노동자의 언어'를 획득해야 하는 이유다. 장자연 사건의 증언자였던 윤지오의 말을 믿지 않았던 것처럼, 성폭력과 관련된 여성 노동자의 언어는 여성이며 노동자라는 이중의 억압 속에서 묵살당해왔다.

사회의 약자와 소수자에게 부지런히 언어를 빼앗는 권력은 자신들을 보호하기 위해 언어를 활용한다. 권력은 어떻게 언어의 보호장비를 갖추는가. 권력은 자신들의 특권과 비리, 각종 부패를 순화된 언어로 표현하거나 아예 다른 의미로 변형시킨다. 힘 있는 자들의 약탈과 착취는 늘 '관행'이란 이름을 얻는다. 권력은 언어의 개념을 지배한다.

신분제가 폐지된 민주주의 사회에서도 특권층의 권력은 시민의 권리보다 막강한 힘을 가지며 남용된다. 공직에 있었던 법조인들은 '전관예우'라는 관행에 따라 퇴임 후 특혜를 받는다. 특권을 누리는 사람들은 자신들의 특혜, 비리, 부패, 착취 등을 모두 다른 이름으로 바꿔버린다. 법무부가 검찰의 '스폰서 문화'를 근절하기 위한 대책을 검토한다고 했을 때 '스폰서 문화'는 검찰 조직의 부패를 뜻한다. 부패 검찰이라고 해야 할 것을 스폰서 문화라 순화해 표현한다. 여전히 다수의 언론은 성폭력을 '몹쓸 짓'이라는 완곡어법으로 얼버무린다. 미성년자 성착취를 '원조교제'라 부르고, 여성 성착취를 '스폰서'라 부름으로써 여성의 성을 착취하는 남성권력이 아니라 성을 이용해 돈을 받아내는 여성에게 책임의 화살을 돌린다. 힘이 윤리를 지배한다.

피해
누가 '피해호소인'인가

피해를 호소하다
▌ ▌ ▌ ▌ ▌ ▌ ▌

사건을 축소시키려 할수록 사건의 몸집이 불어나는 경우가 있다. 박원순 성추행-피소-사망-애도 사건이 그렇다. 이 사건은 어떻게 명명해야 정확할까. 우선 박원순의 비서 성추행이 있었다. 그 후 비서는 박원순을 고소했다. 이를 알게 된 박원순이 자살했다. 그의 자살을 통해 이 모든 사건은 세상에 폭탄처럼 던져졌다. 누구는 박원순 성추행 사건이라 부르고 누구는 박원순 사망 사건이라 부른다. 사건에 사건이 덧대어져 엉망진창이 되었고 가해자의 사망으로 '피해자'는 피해자임을 더욱 인정받지 못하는 상황에 처했다. 더구나 5일장으로 서울특별시장#이 진행되면서 가해자에 대한 공적 애도가 이어졌다. 공적 애도 행위는 다시 또 사건이 된다. 피해자는 과연 누구인가.

2020년 7월 9일 박원순 사망 후, 성추행으로 박원순을 고소한 피해자를 두고 민주당과 서울시는 '피해호소인'이라는 호칭을 사용했다. 장례가 끝난 7월 14일 민주당 여성 의원들도 성명서에서 '피해호소인', '피해호소 여성'이라는 호칭을 택했다. 이낙연은 아예 "피해를 호소하시는 고소인"이라고 했다. '피해'의 사실 여부를 흐릿하게 만들기 위해 정말 고심을 거듭한 흔적이 역력했다.

일부 민주당 지지자들이 유무죄가 판결되기 전에 '피해자'라는 말을 쓰지 말아야 한다고 주장했으나 이는 억지스러운 말장난이다. 그런 식이라면 모든 사건에서 법적 판결 이전에는 '피해자'라는 호칭을 쓰지 말아야 한다. 박원순 성추행 사건에서는 유난히도 '피해 호소'를 고집했다. 가해자가 사망한 사건에서 피해자를 피해자로 부르지 않음으로써 최선을 다해 박원순의 성추행 사실을 인정하지 않으려고 했다.

게다가 박원순 사건에서 이 '피해호소인'이라는 표현은 기존에 사용하던 맥락과 다르게 사용되었기 때문에 문제적이다. 원래는 상황에 따라 피해자를 보호하면서 그의 피해 사실을 잘 나타내기 위해 시민단체를 중심으로 '피해호소인'이라는 호칭을 사용했다. 그런데 민주당에서는 피해자의 목소리를 차단하고 박원순을 보호하기 위해 피해자를 피해호소인이라 불렀다. 호소를 듣기 위해 만든 말을 호소를 듣지 않으려고 사용했다.

여성의 피해는 여성이 처리하라

이 '피해호소인'이라는 호칭만큼이나, 어쩌면 그보다 더 문제적인 것은 이 호칭이 민주당 여성 의원들의 논의를 거쳐 나왔다는 점이다. 남성이 성폭력을 저지르면 늘 여성들이 뒤처리를 한다. 2006년 한나라당 최연희 의원의 기자 성추행 사건에는 민주당 부대변인이던 서영교가 논평을 냈다. 자유한국당 김무성 의원의 여성 기자 성추행 의혹에는 2013년 10월 2일 민주당 전국여성위원회에서 논평을 냈으며, 2014년 9월 15일 박희태 전 국회의장 캐디 성추행 사건에는 새정치민주연합(지금의 더불어민주당) 서울시당 여성위원회(당시 위원장 서영교)에서 논평을 냈고, 2015년 8월 3일 심학봉 전 새누리당 의원 성폭행 혐의에는 새정치민주연합 이미경 의원 등 25명의 여성 의원이 기자회견을 열었다.

다른 당에서 일어난 성폭력만이 아니다. 각자 자기 당에서 벌어진 성폭력에도 언제나 여성 의원들이 나서서 성명서를 내든, 기자회견을 하든 뭔가를 한다. 여성 정치인이 가장 전면에 나서는 순간은 남성의 성폭력 뒤처리를 할 때다. 여성이기 때문에 더 관심을 가지고 여성 피해자의 입장을 대변한다고 볼 수도 있지만, 성폭력 '뒤처리'를 여성의 일로 여기는 무의식이 저변에 깔린 탓이다. 남성들은 뒤로 물러난다. 아무것도 하지 않아 욕먹을 일도 없다. 여성들은 동료 남성들의 성범죄 '뒤치다꺼리'를 하는 과정에서 결국 또 욕을 먹는다. 그런 면에서 민주당 여성 의원들(남인순, 진선미, 고민정)을 향한 '피해호소인 3인방'이라는 호명도 불편하게 들린다. 성추행을 한 가해자와 이를 옹호하는 수많은 목소리는 어디로 가고 '피해호소인 3인방'만 열심히 조롱받는다. '피해호소인 3인방'이라 불리는 여성 정치인은 꾸준히 선거 캠프에서 떠나라는 메시지를 받았다.

성폭력 뒤처리가 필요할 때는 '여성이 여성의 피해를' 해결하도록 몰아간다면, 권력의 자리를 두고는 전혀 다른 태도를 보인다. 2020년 11월 민주당 김민석 의원이 재보궐 선거에서 여성 가산점을 주는 것에 반대 의견을 표하며 "성인지를 포함해 종합적으로 더 나은 서울을 만들어가는 것은 (후보가) 남자냐 여자냐의 문제가 아니라 그의 인식과 행동의 문제"라고 했다. 성차별주의자들(대부분의 인간들)은 권력을 다투는 자리에서는 늘 이렇게 말한다. "남자냐 여자냐의 문제가 아니다"라고 말하며 객관적인 척 속임수를 쓴다.

이처럼 권력을 얻기 위해서 여성들을 밀치며 "남자냐 여자냐는 중요하지 않다"라고 말하던 이들은, 정작 남성의 성폭력 사건 앞에서는 어디론가 증발한다. 대신 '여자들을' 호명하며 여자들이 사건을 청소하길 원한다. 나아가 엉뚱하게 마치 여성이 더 책임을 져야 할 듯 부담을 준다. 권력은 남성에게, 그 권력 행위로 인해 벌어진 골치 아픈 뒷수습은 여성에게! 이 구도가 우리 사회의 매우 '정상적인' 모습으로 자리 잡았다. 멋대로 난장판을 벌이며 놀다가 뒷정리할 때가 되면 여성에게 목소리와 자리를 내어준다. 여성은 남성들이 저지르는 성폭력 고충처리반이 아니다.

'친구'를 호명하는 권력

피해 '호소'는 오히려 권력의 주특기다. 박원순의 성추행 사실보다 그 이후에 쏟아졌던 말들이 이 폭력의 구조를 잘 보여준다. 변호사, 시민운동가이며 3선 서울시장이었던 그의 차기 대통령 후보 가능성까지 언급되며 그의 '사라짐'이 가지는 의미를 수많은 사람들이 언급했다. 그중 인상적으로 남은 '피해 호소'의 글들은 조희연, 김동춘, 강남순의 글이다.

"나의 오랜 벗이자 존경하는 동지, 박원순이여…"

서울시 교육감 조희연은 박원순 사망을 접한 후 페이스북에 애도의 글을 썼다. 박원순을 '벗'이며 '동지'로 호명하는 이 글 속에는 "세상에 둘도 없이 소중한 친구를 잃고 세상에 홀로 남겨진 나"의 슬픔이 가득 담겼다. 박원순의 업적을 치하하고 많은 업적들 중에 자신이 함께 했던 일들도 언급하며 역사 속에서 자신의 위치를 강조한다. 그는 박원순 덕분에 촛불항쟁이 가능했고, 박원순이 우리 역사에서 민주주의를 진척시킨 주역이라 말한다. 이 글은 "내 친구 박원순"을 부르며 차마 고인을 보낼 수 없는 마음을 표하며 마무리된다.

'친구' 박원순에 대한 애도는 그의 페이스북만이 아니라 장례 기간 중 한겨레신문으로 이어진다. 언론을 통해 그는 서울특별시장이었던 사람과의 '40년 친구' 관계를 회고하며 자신의 충격을 고백한다. 그는 "광야에 홀로 남겨진 기분"이라 표현한다. 일말의 자기검열이 작동했는지, 그는 "내 친구를 애도"한다며 부디 이 애도가 '피해호소인'에 대한 비난으로 이어지지 않기를 바란다고 덧붙였다. 이 글의 마지막 문장은 "박원순을 기억한다"로 끝난다. 이 '기억'은 사적인 것일까 공적인 것일까. 사적 감정을 공적 통로로 뱉을 수 있는 목소리를 가진 이에게 사적 기억은 곧 공적인 힘을 갖는다.

조희연 교육감의 '친구 애도'를 보며 나는 수많은 10대 여성들이 학교 안에서 벌어지는 성폭력을 폭로한 '스쿨 미투'가 떠올랐다. 교육감 위치에 있는 권력자가 성폭력으로 고발된 '친구'에 대한 애도를 공적인 장에서 소리 높여 표현할 때 여성 청소년들은 어떤 생각을 했을까.

사적 관계가 공적으로 연결된 남성들이 공사를 구별할 수 있을까. 남성연대 사회에서 남성들의 공사 구별은 구조적으로 불가능하다. 공사 구별 못 하는 남성들이 공직을 점령하고 있다. 이 현실이 바로 구조적 폭력을 만든다. 사적 인연이 공적 관계로 이어지는 권력 있는 남성들의 오랜 연대 속에서 여성은 공적 자리를 찾지 못한 채 부유하기 일쑤다.

사회학자 김동춘도 박원순 장례식이 끝난 후 페이스북에 간단한 글을 올렸다. 우선 그도 "극심한 우울증에서 벗어나고 싶습니다"라며 자신의 마음을 토로하며 시작한다. 짧은 글이지만 그 마지막에서도 조희연, 강남순과 마찬가지로 박원순에 대한 기억을 요청한다. "그가 없는 한국이 어떻게 그의 뜻을 이어나갈지 모두가 고민하는 것이 좋겠습니다"로 끝난다.

"나는 박원순 같은 사람은 당장 100조 원이 있어도 복원할 수 없다고 생각합니다. 박 시장의 죽음이 남성들의 젠더 감수성 제고와 권력에 의한 성폭력을 근절하는 효과가 있을 것입니다만, 이 사람이 죽음으로써 우리 국가와 사회가 입은 피해, 사회적 약자들이 앞으로 입을 피해는 도저히 계산할 수 없을 정도입니다… 가해와 피해의 논쟁은 이제 멈추고 진실이 드러나기를 기다립시다."

길지 않은 그의 언어는 너무도 많은 사실을 압축적으로 드러냈다. 김동춘은 100조 원이 있어도 박원순 같은 사람은 복원할 수 없다고 했다. 나아가 그의 죽음으로 우리 사회의 약자들이 앞으로 입게 될 피해는 계산할 수 없을 정도라고 주장했다. 한 사람이 죽어서 사회의 약자들이 계산할 수 없는 피해를 입는다면, 이 사회에 아무런 시스템도 작동하지 않는다는 뜻이다. 사회의 약자와 소수자들의 현실이 한 명의 권력자에 의해 좌지우지된다는 의미의 발언을 아무렇지 않게 한다. 사회적 약자들의 고통이 권력 있는 사람을 보호하지 못해 벌어지는 피해처럼 바라보는 것이야말로 그동안 본인이 시혜적 위치에 있었음을 자백하는 꼴이다. 게다가 100조 원이 있어도 복원할 수 없는 한 존재의 상실 앞에서 '성폭력 근절'은 사소한 문제가 되어버린다.

　김동춘은 박원순이 권력자가 된 이후의 모습은 "잘 모릅니다만" 옛 기억에 따르면 그가 성폭력 가해자가 되었다는 사실을 "아직은 받아들이지 못합니다"라고 썼다. 그러면서 이제 이 논쟁은 멈추고 진실을 기다리자 한다. 멈춘 후에 진실이 어떻게 드러날까. 스스로 고백했듯이 시시비비를 가릴 마음은 없고, 잘 모르지만 진실을 받아들이지 않겠다는 태도이다.

한 방울 법칙 – 지식의 속임수

박원순 사망 이후 여러 글이 쏟아졌지만 그중에서 가장 문제적인 글에 대해 말하려 한다. 신학자 강남순은 장례 기간 중 페이스북에 긴 글을 남긴다. 그도 우선은 역시 자신의 '아픔, 우울함, 절망감' 등을 표하며 시작한다. 조희연, 김동춘, 강남순 세 사람이 쓴 글은 모두 자신의 상실감과 우울함을 토로하며 시작하여 박원순에 대한 사회적 기억을 강조하며 끝난다. 어디에도 피해자의 목소리를 들어보려는 흔적은 보이지 않는다. 강남순의 글에는 총체적으로 많은 문제가 있으나 무엇보다 유감스러운 부분은 '한 방울 법칙'을 언급한 점이다. SNS에 적은 글이지만 모두가 볼 수 있도록 전체공개한 점, 많은 사람이 SNS에서 그의 글을 읽고 공유하여 널리 알린다는 점, '페미니즘 신학'에서 권위를 가지고 활동한다는 점 등을 생각할 때 그의 글이 미치는 영향력은 결코 가볍지 않다. 그는 권위에 기댄 글쓰기를 펼쳐냈고[▲], 길고 현란한 글은 속임수로 가득했다.

"'순수성에의 열망'은 나치의 유대인 학살, 외국인 박해, 동성애자 학살, 장애인 학살을 정당화했다. 미국에서 백인의 '순수성에의 열망'에 따른 '한 방울 규정One-Drop Rule'은 1967년까지 백인 아닌 인종과의 결혼을 범죄화했다. 조상 중에 흑인의 피가 '한 방울'만 섞여 있어도 '백인'이 될 수 없고 '흑인'으로 범주화되는 법이다… 이러한 '인종적/종족적 순수주의'만큼 폭력적인 것이 바로 '도덕적 순수주의'에 대한 열광이다. 인간이 누구인가에 대한 복합적 이해를 결여하고 있으며, 여전히 '이상화-악마화'라는 지극

▲   그 글에서 강남순은 칼 야스퍼스, 미셸 푸코, 임마누엘 칸트, 폴 틸리히, 마틴 하이데거, 자크 데리다 등을 언급한다.

히 단순한 흑백논리의 범주 안에서 작동하기 때문이다."[82]

강남순은 이 글에서 생물학적 순수주의가 만들어내는 인종주의 폭력에 빗대어 '도덕적 순수주의'에 대한 열광을 비판한다. 그리고 이를 '순결주의 테러리즘'이라 호명한다. 우선 그가 끌어온 '한 방울 법칙'에 대해 살펴보자. 한 방울 법칙One-Drop Rule은 미국에서 노예제도 폐지 이후 20세기 전반기에 백인 중심의 인종주의가 만들어낸 차별의 형태이다. 말 그대로 흑인의 피가 한 방울이라도 섞이면 백인이 아닌 흑인으로 여겨 차별하던 명문화된 법 제도이며 문화를 일컫는다.

오늘날 이 개념은 인종주의가 가지는 모순을 비판하기 위해 자주 언급되는 사례다. 겉보기에 '완벽한' 백인으로 여겨지는 사람이지만 부모나 조부모 중에 유색인이 있는 경우가 있다. 생물학적으로 순수한 인종의 개념은 허구이며 또한 '혼혈'은 반드시 겉으로 드러나진 않는다. 그럼에도 순수한 인종과 혼혈의 분리는 미국에서 60년대까지 남아 있던 인종분리정책의 생물학적 근거로 작용했고, 흑백결혼금지법은 무려 1967년이 되어서야 폐지되었다. 다시 말해 '한 방울 법칙'이란 백인 사회가 흑인과의 공존을 극단적으로 배척하도록 만들고, 존재에 낙인을 찍도록 유도해서 백인을 절대적으로 순수하고 우월한 인종으로 만드는 차별 정책이다. 인종을 배경으로 절대 권력을 행사하려는 백인 사회의 모순과 만행을 함축하는 개념이다.

그렇다면 인종차별의 역사를 담은 '한 방울 법칙'이라는 개념을 왜 강남순은 엉뚱하게 박원순을 비판하는 사람들에게 적용했을까. 그는 박원순의 행동, 서울시장葬이라는 형식, 이 장례식에 조문을 하는 정치인 등을 비판하는 목소리를 '순수주의'로 규정하고, 이 목소리의 볼륨이 자신의 주관적 판단에 따라 높다고 생각했는지 '순수주의 테러리즘'이라 명명하기에 이른다. 강남순은 "인간이 누구인가에 대한 복합적 이해"를 강조하며 완벽할 수 없는 한 인간으로서 박원순을 조명한다. 이때 성폭력이라는 범죄는 마치 우리가 이해해야 하는 인간의 복잡한 면 중 하나가 되어버린다. 여기서 말하는 '이해'는 심각한 행위를 심각하게 인지하기 위한 역할이 아니라 오히려 사소하게 만드는 역할을 한다. 박원순의 행위를 비판하는 사람들은 박원순이 여러 '좋은 일'을 했음에도 성폭력이라는 단 '한 방울'의 오점을 용인하지 못해 박원순을 '악마화'하는 순수주의 테러리스트가 된다.

그렇게 박원순 비판은 '테러' 행위로 치환되고, 과거에 인종주의자들이 흑인들에게 행하던 차별 행위에 빗대면서 졸지에 박원순은 인종주의 사회에서 차별받던 흑인과 동일시된다. 권력형 성범죄 비판은 순식간에 백인 우월주의의 권력 행위와 비교되기에 이른다. 3선 서울시장이었던 중년 남성 박원순이 차별받는 흑인과 동일시되면서 그가 자신의 부하직원인 비서에게 행한 성폭력이 권력 행위였다는 사실을 희석시킨다. 강남순은 '인간은 복잡하다'는 면을 강조하는 척하면서 사실상 가장 극단적으로 단순하게 상황을 몰고 갔다. 순수주의를 비판하는 척하면서 박원순이라는 존재를 숭고하게 만들어갔다. 박원순의 억울함에 과몰

입하여 박원순을 피해자로 만들었다. '한 방울 법칙'을 끌어들여 박원순의 권력형 성폭력과 정치인들의 공적 조문을 비판하는 이들에게 적용하는 건 사실상 궤변이다.

이 글의 제목은 "한 사람의 죽음 앞에서, 열광적 '순결주의'의 테러리즘"이었다. 글의 제목 그대로 강남순은 성폭력 피해자 앞에 서지 않고 박원순의 '죽음 앞에서' 세상을 바라보았다. 그곳이 글쓴이가 서 있는 위치다. "고유명사를 지닌 어느 특정한 한 개인의 죽음"에 대한 생각으로 가득하여 역시 '고유명사를 지닌 어느 특정한 한 개인'이 자신의 직장에서 어떤 일을 겪었는지는 외면한다. "내가 느끼고 있는 아픔, 우울함, 절망감 등 추상화 같은 느낌"이라고 고백하듯이 그는 철저하게 박원순에게 감정이입한 '나'의 감정을 전시했다.

피해자 '되기'

한 방울 법칙 외에 경악스러운 내용은 또 있다. 바로 나치를 끌어와 '순수에의 열망'이 가진 폭력성을 언급한 부분이다. 박원순을 둘러싼 비판은 나치의 행위와 비교되기에 이른다. 나치, 히틀러, 괴벨스는 진영을 막론하고 상대를 극단주의로 몰아가기 위해 수시로 끌어오는 매우 극단적인 비유다.

긴 말을 쏟아내면서 정작 강남순은 이렇게 말한다. "알 수 없는 것에 대하여는 자의적 판단/심판을 중지하는 것-인간됨의 실천이다. 그가 스스로 이 삶을 마감하겠다는 결정이 '용기 있는

사죄의 몸짓'인지, 아니면 다른 몸짓인지 '그'만이 알 수 있다.'
글쓴이는 적극적으로 반대의 목소리에 '테러리즘'이라는 꼬리표
를 발급하면서 다른 사람들에게는 '심판을 중지하는 것이 인간
됨의 실천'이라고 말한다. 김동춘이 "논쟁은 이제 멈추고"라고
말하듯이, 이들은 다른 목소리를 멈추라 지시한다.

　　8번까지 번호가 붙은 이 글의 마지막 꼭지에서는 나치 수용
소에서 해방된 유대인의 사례를 든다. "수용되었던 유대인들이
해방되자, 그 '피해자'들이 '가해자'인 독일 군인들을 발가벗기
고 죽여서 그 주검을 수용소 철조망에 걸어놓고 조롱하는 사진이
다. 이 사진을 보면서 소위 '피해자'들 역시 이러한 끔찍한 '가해
자'의 모습을 품고 있는 '인간'임을 충격적으로 확인했었다." 피
해자의 비명과 피해자에 공감하는 분노의 목소리들은 졸지에 독
일군을 죽인 유대인의 잔인한 행동과 동일시된다. 피해자들도
가해자의 모습을 품고 있는 '인간'임을 강조하면서 비서 성폭력
사건을 사실상 구체적으로 들여다보기를 회피한다. 나아가 최후
의 피해자는 박원순으로 남는다. 그는 죽었으므로.

　　어떻게 지식은 폭력의 도구가 되는가. 누구의 고통을 바라
보는가에 따라 지식은 저항의 도구가 될 수도, 폭력적 흉기가 될
수도 있다. 강남순의 글은 "공인으로서 그가 한국 사회에서 이루
어왔던 소중한 일들을 지켜내고, 아직 이루지 못한 남아 있는 일
들을 남아 있는 사람들이 이어서 해나가야 한다"며 "한국의 정
치사에서 여러 가지 소중한 업적을 남긴 한 사람의 죽음 앞에 나
는 애도한다"며 박원순의 공적 업적을 강조하며 마무리된다. 그

의 글 어디에서도 피해자가 느꼈을 마음에 대한 일말의 관심을 찾아볼 수 없다. 가해자의 변명이 피해자의 증언을 압도할 때 폭력은 합리화된다. 가해자에 대한 제삼자들의 연민이 피해자의 고통을 소외시킬 때 2차 가해가 발생한다. 예의 있는 애도의 말들은 피해자의 서사를 지우며 박원순을 기억하는 방식으로 세계를 채운다. 죽은 자는 말이 없고, 그 말 없음은 권력을 옹호하는 이들에게 더욱 말할 권리를 주었다. 살아 있는 피해자의 말은 계속 팅겨 나간다. 그의 입은 뭉개진다. 그렇게 피해자에게는 트라우마가 지속된다.

동물

인간적인 것은 옳은가

사람이 먼저라면

2012년 문재인 민주통합당 대선 예비후보의 슬로건은 "사람이 먼저다"였다. 이 슬로건은 비슷한 시기 프랑스 대선에서 좌파전선의 후보였던 장뤼크 멜랑숑의 구호와 동일했다. 멜랑숑은 '인간이 먼저L'humain d'abord'라는 제목으로 작은 공약집을 출간했다. 이미 19세기 말에 "기업도 하나의 인격체로 미국 수정헌법 제14조의 보호를 받는다"고 판결했던 미국의 선진적(?) 사례를 계속 본받는 중인지 갈수록 기업이 노동자보다 더 인격적인 대우를 받고 있다. 이처럼 인격체로서의 인간이 소외되는 현상이 점점 극심해지며 기업 살리느라 사람 죽이는 오늘날 우리 현실을 생각하면 적당한 슬로건이다. 실제로 영업사원들은 "매출이 인격이다"라는 말을 수시로 들어야 한다.

'사람이 먼저'는 "사람 사는 세상"의 가치를 잇는 슬로건이다. 사람 사는 세상은 소위 '노무현 정신'을 담은 대표적인 슬로건이다. 2012년 문재인이 아닌 박근혜의 당선으로 '사람이 먼저다'는 구체적 정책으로 이어질 기회가 없어졌지만 민주당의 정치적 입장을 대변하는 구호로 남았다. 2017년 '사람이 먼저다'는 다시 살아났고, 이 슬로건을 만든 담당자는 2022년 대선에서 이재명의 슬로건도 맡았다.

'사람 사는 세상'이라는 말은 따뜻하게 들린다. 그러나 그 말 속 '사람'에 누가 포함되는지는 항상 문제적이다. 마찬가지로 '사람이 먼저'라는 슬로건은 어떤 '사람'이 먼저인 것인지 되묻게 한다. '또 하나의 가족'이라지만 결코 노동자의 가족이 되지 않는 삼성의 알량한 광고처럼 '사람'이나 '가족'은 포용적으로 들리지만 사실은 배제의 언어다. 사람이 아니라면? 가족이 아니라면?

물론 '사람이 먼저'는 이윤보다 삶을 챙기겠다는 좋은 의미에서 한 말이다. 그러나 '사람이 먼저'가 가진 한계도 분명하다. 과연 이 세상에 존재하는 사람은 다 같은 '사람'인가. 누가 사람인가. 게다가 사람이 먼저라면 동물은 어떠한가. 2022년 대선에서 이 '사람이 먼저'는 모순되게도 국민의힘 이준석의 입에서 나왔다. 민주당의 고민정 의원이 반려동물을 위한 정책을 알리기 위해 이름이 있는 반려동물 사진과 함께 마치 동물들이 지지선언을 하는 듯한 글을 페이스북에 게시했다. 그러나 이준석은 "지금까지 저희는 자영업자, 은퇴 계층, 학생, 가정주부 등의 유권자에게 우세를 보이고 있습니다만, 동물들에게는 이재명 후보가 압도적 지지를 받고 있는 게 맞는 것 같다"고 조롱했다. 나아가 "당 대표로서 동물에 대한 선거운동을 지시할 계획이 없다"는 말을 덧붙이며 "사람이 먼저니까요"라고 했다. 2012년에 등장한 '사람이 먼저'라는 구호는 2022년 극우 정치인 이준석의 입에서 나왔다.

인간적이고 짐승 같은

중세 시대 수녀들에게 금지하는 3D는 춤Dance, 화려한 옷Dress 그리고 개Dog였다. 몸을 직접적으로 이용하는 춤, 몸에 걸친 화려

한 옷과 더불어 귀여운 개는 세속적 욕망을 자극한다고 본 것이다. 근대에 유럽인들의 사치품 중 하나도 이국적인 개였다. 세속 인간에게는 개조차 과시의 수단이었다.

인간에게 개는 어떤 존재일까. 같이 사는 동물을 칭할 때 '애완'에서 '반려'로 명명이 바뀌었듯 그들의 위치도 시대에 따라 달라진다. 한쪽에서는 여전히 개를 '식용'으로 본다. 개만이 아니다. 다양한 종류의 동물이 인간에게 '입양'되어 인간과 함께 '가족'이 되어 산다. 하지만 아무리 사랑하고 부르는 방식이 바뀐다 하더라도 현재 한국에서 동물은 법적으로 재물이다. 또한 인간 중심의 언어는 그들의 처지를 제대로 반영하지 못한다. '살처분'을 '렌더링 방식'으로 한다고 하며 인간이 동물에게 가하는 행동을 순화시키듯이, '보호소', '안락사' 등의 단어도 인간의 마음을 편하게 하기 위해 붙인 명칭이다.

그렇다면 인간에게 동물이란 무엇일까. SNS에 넘쳐나는 귀여운 동물 사진이나 영상을 볼 때 마냥 즐겁지만은 않다. 앞다리를 다쳐 몸을 꼿꼿하게 세운 채 뒷다리로만 잠깐 걷는 개를 보고 '사람 같다'며 웃는 사람들. 동물의 행동이 '사람처럼' 보일 때 이는 인간에게 유머의 대상이 되거나 상황에 따라 감동도 준다. 반면 인면수심이라는 말처럼 인간에게 '짐승 같은' 모습은 악행에 해당한다. 그렇기에 국회에서 정치인들이 서로 싸우며 난장판을 만들 때 흔히 '동물 국회'라 명한다. 정작 동물행동학자 프란스 드 발Frans De Waal에 따르면 침팬지는 가장 정직한 정치인이다. 침팬지는 거짓 약속을 전혀 하지 않고 자신이 추구하는 것이 무엇인지 명확하게 드러낸다.[83] 더구나 2020년부터 김예지 의원의 안내견으로 국회에 들어간 조이는 누구와도 싸우지 않았다. 오히려 시각 장애인의 안내견이 국회에 들어와도 되는지를 놓고 인간들이 논란을 만들었다.

동물의 집단생활과 그들의 생존 전략은 인간에게 비하받을 정도로 한심하지 않다. 뱀에 물려 죽은 동료 곁에서 떠나지 못하는 원숭이의 눈빛을 보았을 때, 도로에서 죽은 동료 제비의 곁을 지키며 공중을 맴도는 제비 떼를 보았을 때, 먹이를 사이에 두고 표범과 대치한 하이에나가 무리의 지도자임을 증명하기 위해 위험을 무릅쓰는 모습을 보았을 때 동물의 세계는 인간의 언어 속에 자리한 그 동물의 세계와는 다름을 알 수 있다. 이러한 예는 무수히 많다. 잔인하고 극악무도한 행동을 하는 사람을 두고 '인면수심'이라 하지만 인간은 실로 동물의 마음을 왜곡한다. 동물이 애도, 협동, 공감, 배려, 양보, 희생을 한다는 사실은 무시하고 약육강식만 강조한다. 그렇게 동물을 '야만적인' 존재로 만듦으로써 '인간적'이라는 개념을 획득하기 위해서다.

고문은 인간적인가, 동물적인가. 인간이 인간을 고문하는 이유는 원하는 목적을 얻기 위해서다. 자백이라는 형식을 거치며 고문의 폭력성을 정당화한다. 인간은 때로 동물도 고문한다. 다만 이를 목적에 맞게 '실험'이라 부른다. 동물을 실험하는 이유는 인간에게 필요한 정보를 얻어 목적을 달성하기 위해서다. 고문받는 인간과 실험실의 동물은 모두 이 목적을 위한 수단에 불과하다. 고문 행위는 짐승 같은 짓이 아니라 도구를 사용하고 이성을 가진 문명인이라 자부하는 인간들이 벌이는, 매우 인간적인 행동이다.

동물과 여자는 공통적으로 그 몸 자체가 목적을 위한 수단이 된다. 과거의 노예도 오직 목적을 위한 수단인 몸덩이에 불과했다. 시장에서 매매되는 개인의 소유물이었다. 여성이 '말을 알아듣는 꽃'이라면 흑인 노예는 '말을 알아듣는 동물' 취급을 받았다. 이 세계의 모든 약자가 가지는 공통점은 언어가 없는 물질로 존재한다는 점이다. 고통으로 몸을 훼손함으로써 언어를 상실하게 만들고 한 세계를 파괴한다. 수단으로 이용되기에 이들은 평생 반복적인 노동을 하거나 반복적인 실험을 당한다. 계속 새끼를 낳거나 같은 실험의 대상이 되어 서서히 몸이 망가지며 소멸된다. 하지만 이들의 몸은 언제든 다른 몸으로 대체 가능하다. '말 못하는 짐승'이라 부르는 동물들을 고문하는 행위를 '실험'이라 부르면서 인간은 훨씬 쉽게 윤리적 죄의식에서 벗어날 수 있다.

동물권 논의는 여전히 동물에 대한 감상적 접근으로 폄하받기 일쑤다. 그러나 이는 감상적 접근이 아니라 타자의 고통을 가급적 줄이기 위해 현실적으로 매우 필요한 논의다. '인간다움'에 대한 우리의 기만적 앎을 검토해야 한다. 우리에게 필요한 것은 인간다움이 아니라 인간 중심적 사고를 넘어선 생각이다. 인간을 위해 사역하던 개를 실험용으로 쓰고 버리거나, 경마에서 은퇴한 말을 안전장치 없이 동물 배우로 쓰고 버린다. 실험이나 연기라 부르지만 동물 입장에서는 명백한 학대다.

2017년 김혜순의 시 〈피어라 돼지〉의 5·18 문학상 수상을 놓고 많은 비판이 일었다. 김혜순은 결국 상을 받지 않기로 했다. 여러 비판들 중에 하나는 그의 시가 광주 민중을 '돼지'에 비유했다는 것이었다. 민중에 대한 모욕이라는 것이다. 인간은 동물로 은유될 때 분노한다. 왜 분노하는가. 동물은 인간의 입장에서 이성이 없는 존재다. 흑인 여자들은 종종 이 세상의 노새라 불리고, 흑인들이 느끼는 모멸감은 짐승 취급을 받는다는 말로 자주 표현된다. "흑인 여자들이 이 세상의 노새란다."《그들의 눈은 신을 보고 있었다》에서 할머니 내니의 정의는 이 세상에서 '흑인 여자들'의 위치를 적절하게 설명한다. 이는 많은 흑인 작가들이 인용하는 문장이다. 흑인 여성은 은유로서의 동물이 아니라 실제로 동물처럼 취급받았다. 인간 여성과 말 잘 듣는 가축화된 동물 사이에는 공통점이 많다. 남성 인간의 기준으로 철저하게 일꾼이며 재생산의 도구로 길러진다는 점이다.

흑인들은 수없이 유인원에 비유되었다. 흑인을 유인원에 비유할 때 "노예무역에 대한 반감과 상류층 지식인들의 도덕적 딜레마까지 한 번에 해소할 수" 있으며, "도덕적으로 모순을 정당화하는 데 유인원 비유만 한 처방"이 없었던 것이다.[84] 흑인이 유인원과 인간 사이의 존재였다면, 아일랜드인은 "고릴라와 흑인 사이"의 생명체였다.[85] 아일랜드인도 역시 백인이 아니었다. 2차 대전 시기에는 일본인들이 원숭이가 되었다. 오늘날에도 피고인이 흑인일 경우 대중매체는 "털이 많은", "밀림", "야만적" 같은 유인원을 연상시키는 어휘를 사용한다.[86] 이렇게 유인원화된 개인이나 집단은 인간이 아니기 때문에 기본 인권이 필요 없는 존재가 된다.

그렇다면 김혜순의 〈피어라 돼지〉는 민중을 돼지에 비유했기 때문에 인간에 대한 모욕인가. 이것이 과연 '민중은 개돼지'라는 발언처럼 단순히 민중을 모욕하는 맥락에서 사용한 '돼지'인가.

훔치지도 않았는데 죽어야 한다
죽이지도 않았는데 죽어야 한다
재판도 없이
매질도 없이
구덩이로 파묻혀 들어가야 한다

〈피어라 돼지〉의 첫 번째 연이다. 어쩐지 낯설지 않은 상황이다. 돼지들이 구덩이로 떨어진다. 다시 올라오려 안간힘을 쓰지만 소용없다. 비명과 함께 산 채로 매장된다. 수많은 돼지들이 구제역이나 돼지 열병 등으로 '살처분'되었다. 이 시는 살처분되는 돼지와 학살당하는 민중을 동일시했다. 사람이든 짐승이든 고통받는 생명체들이 겪는 동일한 억울함과 처참함을 보여준다. 학살자들이 민중을, 인간이 동물을 모두 마음대로 죽인다. 민중이 죄가 없듯이 돼지들도 스스로 죄를 짓지 않았다. 하지만 그들

은 모두 왜 죽는지도 모른 채 구덩이에 던져져 비명 속에서 죽어
갔다.

민중을 돼지로 비유한 것은 바로 무시당해도 마땅한 존재로
취급받는 민중과 동물 사이의 공통점을 강조하기 위해서다. 학
대당하는 사람들이 학대당하는 동물에게 감정이입한다. 가네코
후미코가 제 처지와 마당의 개를 동일시하고▲, 선비가 개에게서
제 모습을 보듯이▲▲ 이는 고통받는 약자들의 연대 의식이다. 김
숨의 소설 《한 명》의 주인공은 위안부 피해자인 자신과 인간에
게 학대받는 동물을 계속 동일시했다. 인간이 자신의 필요에 의
해 개나 고양이를 강제로 교미해 반복적으로 새끼를 낳게 하고,
그 새끼들을 팔아 돈을 버는 모습을 보면서, 마을 사내들에게 끌
려가는 개의 핏발 선 눈동자를 보면서, 개를 태우는 냄새를 맡으
며 그는 끊임없이 과거의 기억으로 되돌아간다. 개를 태우는 '노
린내'에서 그는 "동숙 언니를 태울 때 나던 냄새"를 맡는다. 동숙
언니는 함께 위안소에 있었던 여성이다. '위안소'라는 이름과 무
관하게 그곳은 수많은 여성들이 죽어나가는 곳이었고 그들이 죽

▲　"조선에 있을 때 나는 나와 개를 항상 연관 지어 생각했다. 개와 나는 같이
　학대받고 같이 고통받는 가장 불쌍한 동포 같은 존재라고 생각했다.", 가네
　코 후미코, 《무엇이 나를 이렇게 만들었는가》, 정애영 옮김, 이학사, 2012,
　186쪽.
▲▲　"그때 낑낑하는 소리가 나며 선비의 앞을 막아서는 무엇이 있으므로 선비는
　놀라서 물러섰다. 다음 순간 그것은 자기가 항상 밥을 주던 검둥이임을 알았
　을 때 선비는 와락 검둥이를 쓸어안으며 머리털 끝까지 치받쳤던 악이 울음
　으로 변하여 쓸어 나왔다.", 강경애, 《인간문제》, 문학사상사, 2006, 285쪽.

은 뒤 태워지던 냄새는 살아 있는 사람들에게 각인되었다. 사회적 약자일수록 인간 약자와 동물이 겪는 학대의 공통점을 예민하게 느낀다.

마리가 명이 될 때

한 동물권 운동 잡지에 동물에 대한 글을 보낸 뒤였다. 편집 담당자가 내 원고에서 '마리'를 '명'으로 바꾸겠다고 연락이 왔다. 나는 동의했다. 그때까지는 세는 단위를 두고 인간과 동물을 구별하는 방식에 대해 별 생각이 없었다. 소 한 마리와 소 한 명은 전혀 다르게 들린다. 동물을 '명'으로 셀 때 그들은 훨씬 더 인간과 동격인 생명이 있는 존재로 느껴진다. 동물을 구별해서 부를 때 그들에게 인간이 가하는 폭력은 상대적으로 순화된다.

조카가 말을 배우던 시기를 떠올려보았다. 반려견과 함께 자라던 조카는 모든 개를 '멍멍이'라 부르다가 반려견의 이름을 익히자 다른 동물들도 이름으로 구별해 불렀다. 개를 세면서 '마리'라는 단위를 먼저 익힌 조카는 사람에게도 '마리'를 적용했다. 할아버지 한 마리, 할머니 한 마리… 사람을 '마리'로 세는 모습에 모두 웃음을 참지 못하면서 동시에 '사람은 마리가 아니라 명으로 세는 것'이라고 가르쳐주었다. 왜? 라는 의문은 따라오지 않았다. 사람은 사람이니까 '목숨 명'이고 동물은 동물이니까 당연히 '마리'라고 생각했을 뿐이다. 종차별주의는 의구심 없이 이렇게 일상의 언어에 자리 잡았다.

동물을 세는 단위로 '마리'를 쓰게 된 시기는 16세기부터다. 그 전까지는 '머리'가 동물을 세는 단위였다. 머리와 마리가 모두 동물을 세는 단어로 쓰이다 20세기 이후부터는 마리만 동물을 세는 단위가 되었다. 이때 '마리'라는 단위가 '머리'와 관련 있음을 알 수 있다. 사람을 속된 표현으로 셀 때 '두당'이라고 한다. 예를 들어 두당 만 원 이런 식인데, 이때 '두'가 머리 두頭이다. 머리를 기준으로 사람을 세는 표현은 누구나 속된 표현으로 받아들인다. 따라서 동물을 마리로 세는 것은 여전히 그들을 생명이 있는 한 존재로 보기보다 사물화해 바라보는 방식이다.

마리가 명이 될 때 인간과 동물의 관계는 달라진다. 마찬가지로 비인간을 이르는 말들을 다시 생각해보게 된다. 동물권 운동을 하는 사람들은 인간 중심의 먹거리인 (물)고기를 물에서 살아가는 (물)살이로 부른다. 영어에서 동물을 지칭할 때 사물과 동일하게 대명사 it을 써왔다. 때로 운동의 언어에서도 동물들은 인간에게 선처를 호소하듯이 존댓말을 쓴다. 짐승의 말을 듣지 못하는 인간의 상상이 빚은 한계다. '고기'를 사랑하기 위해서는, 혹은 부정적 의미를 가진 '짐승'을 배척하기 위해서는 이 동물들은 결코 사람과 같아서는 안 된다. 그들은 '그것'이다. 그것들은 단지 인간을 위해서만 존재의 의미를 가진다.

육식 소비가 늘어나면서 '기분이 저기압일 때는 고기 앞으로 가라'는 유머가 유통되고, '고기 먹자', '고기 사줄게'는 위로의 언어로 자리 잡았다. 인간을 위로하는 도구로서의 '고기'를 볼 때 나는 남성들이 여성을 위안과 위로의 도구로 삼는 권력의 구조와 동일한 맥락을 발견한다.

짐승의 말
▌ ▌ ▌ ▌

인간과 가까운 '개'는 여러 의미의 접두사로 쓰인다. '개'무시 당하고, '개'판이고, '개'좋고, '개'싫다. 가장 사랑받는 반려동물이면서 동시에 우리의 언어 속에서 가장 비하의 대상이 되곤 한다. 이들은 목소리 없는 존재가 아니다. 침묵당하는 존재이다.

'말 못하는 짐승'이라 인간은 동물에게 연민을 느낀다. 역시 '말 못하는 짐승'이라 인간은 동물을 함부로 대한다. 실험 대상이거나 먹히는 존재일 뿐, 동물이 전하는 고통의 언어를 인간은 전달받지 않는다. 인간은 고통받는 대상의 언어를 듣지 않고도 고통을 줄 수 있기에 동물을 실험 대상으로 삼거나 먹어도 죄의식을 느끼지 못한다. 그런데 동물은 정말 말하지 못하는가.

초가을이면 '대하철'이라며 새우를 먹으러 사람들이 항구에 몰려든다. 새우 입장에서는 대학살의 계절이다. 식당에 붙은 문구가 눈길을 끈다. "펄펄 뛰는 새우." 식당 밖 수족관에서 돌아다니는 새우는 곧장 뜰채에 건져져 불판 위로 옮겨진다. 뚜껑을 덮는다. 새우는 뜨거운 불판 위에서 마지막 숨을 거둘 때까지 살기 위해 온 힘을 다해 튀어 오르고, 그 죽어가는 과정이 인간의 시각에서는 '싱싱한' 살아 있음을 증명하는 모습이 된다.

동물의 입장에서는 자신들이 말 못하는 짐승이 아니라 인간이 듣지 않는 생명체이다. 동물도 그들의 세계에서 그들만의 소통의 언어가 있다. 인간보다 청력이 뛰어난 동물들은 때로 멀리 떨어진 곳에서도 서로의 목소리를 통해 존재를 알아차린다. 인간과 동물의 권력 관계는 말하는 인간-듣는 동물이라는 구도에 놓인다.

인간이 '말 못하는 짐승'의 비명을 듣지 않듯이, 동일한 모국어를 구사하지 않는 외국인의 말도 잘 듣지 못한다. 예를 들어 난민 혹은 이주노동자들이 전하고 싶은 고통도 잘 전달되지 않는다. 외국인 보호소에 있던 난민이 '새우꺾기'라는 고문을 당한 이유에 대해 보호소 측은 해당 난민이 '난동을 부리고 자해를 했기 때문'이라고 말했다. 하지만 애초에 왜 자해를 했는지에 대해서는 말하지 않는다. 마치 이 자해 행위에서 그를 보호하는 것처럼 말한다. 난민의 입장에서 들어보면 "물을 달라고 호소했지만" 그의 호소를 들어주지 않았고 그래서 "난동을 부릴 수밖에 없었다." 이때 그의 '난동'은 절박함을 표현하는 비명이다. 뜨거운 불판 위에서 벗어나고 싶어 온 힘을 다해 튀어 오르는 새우의 고통이 인간의 시각에서 "펄펄 뛰는" 생동감으로 보이듯이, 물을 달라고 호소하는 난민의 말은 보호소의 이들에게 그저 '난동'으로 보이는 것이다. 동물 보호소처럼, 외국인 보호소는 보호소 안에 있는 사람이 아니라 보호소 바깥에 있는 사람들을 안심시키는 이름이다.

비슷한 현상을 장애인 시설에서도 발견한다. 언어나 인지 장애가 있는 장애인의 말을 처음에는 알아듣기 어렵지만 끝까지

들으려고 애쓰는 사람은 "계속 듣다 보면 들"린다고 한다.▲ 그러나 알아들으려고 애쓰지 않기에 장애인에게 질문을 하지 않고, 장애인들은 자신의 의사를 표현해볼 기회가 줄어들어 오히려 언어능력을 더 상실한다. 시설에서 나온 발달장애인들이 공통적으로 언어능력이 발달한다는 사실은 중요한 시사점이다. 주는 대로 먹고, 주는 대로 입고, 정해진 장소에 머무는 게 아니라 질문을 주고받으며 생각과 감정을 표현할 기회를 갖고, 선택하고 결정하며 반복적으로 설명을 듣는 일상에서 점점 언어가 발달했다. 이렇게 언어가 발달하면 취향이 생기고 더 배우고 싶은 욕구도 생긴다. 가고 싶은 장소도 늘어난다. 말을 알아들으려고 노력하지 않는 태도는 사회의 약자들이 이처럼 주체성을 가지는 것을 근본적으로 차단하는 행위다.

아프리카 돼지 열병으로 수많은 돼지들이 살처분되던 시기, 축산 농가를 돕기 위해 핑크색 돼지 인형을 쓴 정치인들이 "사랑해요 삼겹살"을 외쳤다. 돼지 인형은 인간에게 먹혀서 행복하다는 듯 밝은 표정을 짓는다. 돼지는 '원래' 먹히는 존재이기 때문이다. 우리는 짐승의 말을 듣지 않기에 짐승을 편하게 비하할 수 있다. 좋은 성품은 '인간적'이라 표현하고 그 반대는 '개 같은' 혹은 '짐승 같은'이라 말하며 인간성을 옹호한다.

▲　"뭔가 필요해서 하는 이야기인데 그 마음을 알아듣고 해결해주면 좋지 않을까요…(중략)… 나중에 보니까 결국 끝까지 들어서 해결해야 할 문제더라고요. 계속 듣다 보면 들려요." 홍은전 외, 《집으로 가는, 길》, 장애와인권발바닥행동, 인권기록센터사이 기획, 오월의봄, 2022, 163쪽.

부모님이 비행기 소음으로 약간의 보상을 받은 적 있다. 엄마는 "반야는 안 되나?"라고 물었다. 반야는 당시 함께 살던 반려견이다. 처음에는 농담으로 하는 말인 줄 알았는데 그렇지 않았다. 생각해보니 인간보다 소리에 훨씬 민감한 개가 비행기 소음을 더 참기 힘들었을 것이다. 개는 듣는 능력이 뛰어나 인간에게 많은 도움을 주지만 그 능력 때문에 인간이 만드는 소음에 더 고통받을 것이다. 그렇지만 인간이 만든 제도 속에서 소음 피해에 대한 보상은 인간만을 대상으로 한다. 잘 듣는 개의 고통을 인간은 듣지 않는다.

인간의 동물화

화성 외국인 보호소에서 모로코 국적의 남성이 가혹행위를 당했다는 사실이 알려졌을 때 법무부도 이를 인정했다. 손발이 묶인 채 배가 바닥에 닿은 상태로 좁은 방에 갇혀 몸부림치는 영상이 공개되었을 때 많은 사람들이 분노했다. 이는 명백한 고문 행위이기 때문이다. 이 고문을 일명 '새우꺾기'라 부른다.

인간이 생명을 괴롭히는 방법이 얼마나 다양한지 모른다. 원산폭격, 김밥말이처럼 상대적으로 많이 알려진 가혹행위부터 비녀꽂기, 매미잡기, 쥐잡기, 돼지묶음, 새우꺾기, 통닭구이, 날개꺾기 등 미처 헤아릴 수 없을 정도로 많은 종류의 고문이 있다. 물론 '고문'이라 일컫지 않고 얼차려나 기합이라 말한다. 고문의 이름을 살펴보면 공통점이 눈에 들어온다. 인간이 아닌 다른 종의 이름을 끌어온다. 사물화하거나 동물화하는 것이다. 가혹행위를 겪는 사람은 그 순간 사물이나 음식, 동물이 된다. 이런 이름들을 사용할 때 고문은 마치 놀이처럼 들린다.

때로 권력자를 조롱하기 위해 사람을 동물화하기도 한다. 이명박과 박근혜는 '쥐명박'과 '닭근혜'로 불렸지만 이들의 동물화는 당사자에 대한 학대로 연결되진 않는다. 그들이 가진 권력이 이 동물화로 손상을 입진 않기 때문이다. 그렇다 하더라도 권력을 조롱하기 위해 사람을 동물화하는 습관이 과연 행위에 대한 정확한 비판으로 향할 수 있는지에 대해서는 질문을 던져야 한다. 인간의 부정적 행위를 동물화하면 할수록 그 동물이 된 대상에게는 인간 사회에서 공유하는 윤리를 적용하지 않아도 된다.

개와 함께 놀 때 앞발을 '손!'이라 한다. 가깝게 지내는 동물일수록 '인간처럼' 부른다. 동물을 의인화하면 같은 생명체로 감정이입하지만 인간을 동물화하면 학대에 대한 죄의식을 덜 수 있다. 고문 가해자는 (사람이 아니라) 돼지를, 새우를, 닭을 묶고 꺾는 행위로 순화하여 죄책감을 던다. 반면 고문 피해자는 (사람이 아니라) 돼지처럼, 새우처럼, 닭처럼 마구 짓밟히는 굴욕을 경험한다. 실제로 화성 외국인 보호소의 피해 외국인은 "그들은 나를 동물처럼 취급했다"며 고통을 호소했다. 국가인권위원회 조사에 따르면 그는 보호소의 처우에 항의하다가 석 달 사이에 12차례나 독방에 갇혔다. '보호소'라고 하지만 실은 인권유린의 현장이었다.

해당 사건이 알려지기 몇 달 전 보호소의 외국인 43명이 시민모임 '마중'에 보낸 진정서에는 부당한 대우를 받는 외국인들의 현실이 담겨 있었다. 이들은 "사람다운 삶을 살고 싶다", "우리가 동물입니까? 우리가 왜 그런 짐승 취급을 받아야 하나요?"라고 말했다.

가혹하게 누군가를 때릴 때 흔히 '개 패듯이'라고 한다. 물리적인 구속이나 폭력이 아니더라도 인간은 수시로 짐승 취급을 받는다. '민중은 개돼지' 발언이나 윤석열 대통령의 후보 시절 일명 '개 사과' 사건 역시 사람을 짐승 취급했다는 점에서 많은 사람들의 분노를 샀다.

그렇다면 동물에게는 그래도 되는가. 그리고 이 질문은 현재 폭력을 경험하는 인간의 입장을 설명하는 데 혹시 방해가 되는가. 나는 그렇지 않다는 말을 하고 싶다. 근본적으로 동물에게도 그러면 안 된다는 공감대가 있어야 인간이 겪는 수많은 차별과 폭력을 우리는 제대로 이해할 수 있다. 비인간 생명에게는 '그래도 되는' 폭력이 존재할 때, 인간은 지속적으로 '진짜 인간'을 구별하려고 할 것이다. 인간중심주의는 동물과의 대비를 통해 누가 인간인지를 구체화하기 때문이다.

장애와 동물 사이의 교차점을 통해 인간과 동물의 권리를 사유하는 미국의 활동가 수나우라 테일러Sunaura Taylor가 던진 질문에 절실히 공감한다. "인간의 동물화라는 잔인한 현실과 동물 멸시에 맞설 필요성이 양립할 수 있는지 묻는 것, 더 나아가 어떻게 하면 우리 자신의 동물성을 자각할 수 있는지 묻는 것"[87]이 지금 우리에게 필요한 질문이다. 동물에 대한 인간의 억압은 인간

사이에서의 위계와 억압과 무관하지 않다. 목적에 따라 생명을 도구화하고 위계를 정할 때 흑인은 노예, 여성은 재생산용, 동물은 식용의 대상이 된다. 지적장애인은 염전에서 노동착취를 당하고, 말이 잘 통하지 않는 외국인 노동자는 저임금으로 가혹한 노동을 한다. 어린이, 노인, 장애인, 난민, 여성을 대하는 방식에는 많은 공통점이 있다. 성인 남성과 다르게 생긴 사람일수록, 다른 언어를 사용하는 사람일수록 사람의 범주에서 멀어진다. 한국어가 서툰 외국인이나 지적장애인, 때로는 성인 여성이나 노인에게 모두 '어린아이를 대하듯' 더 쉽게 반말을 사용한다. 이러한 유아화 Infantilize는 부족하고 결핍되어 다른 사람에게 의존해야만 하는 미완성 존재로 이들을 규정짓기에 이른다.

누구와의 '사회적 합의'일까

흔히 사용하는 '사회적 합의'라는 말은 두 가지 의미를 가진다. 어떤 사안을 회피하기 위한 공허한 정치적 수사이면서 동시에 합의할 수 있는 자격을 가진 '정상적인' 사람이 누구인지 암시하는 말이다. 인간(일부 남성들)이 비인간(여성, 퀴어, 장애인, 난민, 아동, 동물 등)을 존중해야 할 존재로 허용할 것인지 결정하는 것을 사회적 합의로 여긴다.

2021년 국민의힘의 경선 토론에서 당시 유승민 후보와 윤석열 후보 사이에 오간 대화는 동물권과 인권에 대한 사회적 합의의 실체가 무엇인지 매우 잘 보여줬다. 유 후보가 개 식용 문제에 대해 질문하자 윤석열은 "반려동물에 대해서는 우리 가족에 준해가지고 우리가 대우를 해야 되고", "식용 개라고 하는 거는 따로 키우지 않습니까"라고 했다.

유승민은 '개를 식용으로'라고 말하지만 윤석열은 '식용 개'라고 말했다. 단어의 앞뒤 순서가 바뀌었을 뿐인데, '개 식용'과 '식용 개' 사이에는 많은 거리가 있다. 개를 식용하는 인간의 행위를 생각하는 게 아니라 식용 목적인 개를 구별해버리며 논의를 중단시킨다. 가족과 식용을 구별하는 것은 자신의 목적에 따라 한 생명의 존재 가치를 판단하는 것이다. 이것이 바로 대상화다. '다른 종'의 고통은 무시해도 괜찮다는 것이다.

같은 토론회에서 설전을 벌이던 윤석열은 반려견과 식용견이 다르다는 주장 끝에 다음과 같이 말했다. "차별금지법하고 똑같은 거 아닙니까?" 이것은 의미 있는 고백이다. 가족에 준하는 반려동물과 먹거리 목적의 동물을 구별하듯이, 사람 대접받을 자격이 있는 사람과 그럴 가치가 없는 별개의 사람 종을 구별하기 때문에 두 사안이 모두 '사회적 합의'를 핑계로 미뤄도 되는 '똑같은 거'라고 생각한다. 다수당인 민주당에서도 차별금지법에 적극적이지 않기에 결국 국회 국민동의청원 심사기한이 2024년으로 연장되었다. 국회 법제사법위원회 간사인 박주민 더불어민주당 의원도 '사회적 논의'를 언급했다.

프랑스 정신과 의사 프란츠 파농Frantz Fanon은 인종주의에 저항하는 책《검은 피부, 하얀 가면》에서 이 연구의 궁극적 지향점이 "인간에게 자신이 아무것도 아니라는 것을, 정말 아무것도 아니라는 것을, 그리고 자신이 다른 '동물들'과 다르다고 스스로 상상하는 이 나르시시즘을 끝내야 한다는 것을 받아들이게 만드는 것"이라 했다. 인종주의에 맞서고, 장애인 차별에 맞서는 이들은 꾸준히 동물권 운동에서 연결성을 찾는다. 동물이 학대받는 세상에서는 '사람이 사람답게 사는 세상'도 오지 않는다. 인간은 계속해서 '동물 같은 인간'을 찾기 때문이다.

환경과 생태에 관한 담론은 언어의 주체가 '당연히 인간'이라는 관념에 도전한다. 동물은 어떻게 느낄까, 식물은 어떤 상황에 처할까, 저 강물에는 어떤 일이 벌어질까. '단백질을 먹는다'와 '동물 사체를 먹는다'는 전혀 다른 느낌이다. 시장은 은폐의 언어를, 운동은 폭로의 언어를 쓴다. 당연히 후자가 더 즉각적 불편함을 안긴다. 이 불편함이 제 안에 침투하기를 꺼려서 적극적으로 외면하다 보면 자연스레 반지성을 향해 간다. 불편하지 않고 알아가는 진실은 없다. 일본이 아무리 방사능 오염수를 처리수라 명명해도 그것은 오염수이다.

나는 관심 없다

'나는 동물권이나 채식에는 관심 없다, 나에게는 젠더 문제가 우선은 아니다'라는 말을 거리낌 없이 하는 '진보적인' 사람들을 만난다. 자신의 상대적 무관심을 아무런 거리낌 없이 말하는 사람들을 볼 때면 무심한 공격성을 느낀다. 이런 말을 들을 때 내가 놀라는 이유는 그들이 그렇게 생각한다는 사실 때문이 아니다.

당연히 모든 사람이 모든 문제에 동일한 관심을 보일 수는 없다. 그러나 '관심 없음'을 입 밖으로 뱉어내는 것은 차원이 다른 문제다. 관심이 없어도 괜찮은 자신의 위치를 드러내는 권력 행위이기 때문에 놀란다. 고통의 우선순위가 내면화되어 있다는 것은 이 사회의 권력이 정한 고통의 크기에 의구심을 갖지 않는다는 뜻이다. 다른 방식으로 말해보자. 나는 장애인 운동에 관심 없다는 비장애인, 나는 흑인 인권운동에 관심 없다는 백인은 어떨까.

흥미롭게도 '관심 없다'고 열심히 말하는 사람들은 꽤 관심이 많아 보인다. 예를 들어 채식이나 동물권에 관심이 없다고 하면서 관련 운동을 하는 사람들의 '문제점'을 집요하게 나열한다. 채식만능주의, 극단적 채식, 채식주의자들의 독선, 생태 파시스트 등의 표현을 듣다 보면 페미니즘에 관심 없다면서 '꼴페미'나 '페미나치'를 입에 올리는 태도와 유사해 보인다. 관심 없음을 적극적으로 말하는 행위는 그 문제를 모르고 싶다는 주장이며, 관련 사안에 대해 듣고 싶지 않다는 말하기 방식이다. 다시 말해, 나는 앞으로도 모르겠다는 선언이다.

타자의 고통에 대한 무관심을 표출할 수 있다는 게 권력이다. 타자의 고통에 대한 감각이 없고, 자신을 불편하게 만드는 앎을 적극적으로 모르려고 하고, 모르지만 판단할 수 있다는 확신이 모이면 바로 죄의식 없이 폭력을 저지르게 된다. 듣기 괴로운 것 중에 하나는 '산업'과 '시장'을 늘 중심에 두고 '어쩔 수 없다'를 반복하는 목소리다. 동물이 겪는 고통의 목소리를 '어쩔 수 없다'고 한다면, 장애인의 고통은 어쩔 수 있을까. 여성의 고통은 어쩔 수 있을까. 이주노동자의 고통은 어쩔 수 있을까. 이 세상의 어쩔 수 없는 문제들을 어쩔 수 있는 것으로 바꾸는 것이 운동이다.

나아가 자신의 무관심 혹은 거부감을 계급의식으로 도치시키기도 한다. 채식 선택을 '계급 문제'라 말하는 것은 과연 정확할까. 육식 중심 사회에서 채식을 선택하면 그만큼 직접 요리할 시간을 확보해야 한다. 집에서 요리할 시간과 공간이 확보되지 않는다면 어려움이 따른다. 채식을 선택하기 더 쉬운 계층은 분명히 있다. 맞는 말이지만 나는 한편으로 이 옳은 말이 의도치 않게 현실을 왜곡시킨다는 점을 지적하고 싶다.

탈육식 운동이 단지 채식 밥상으로의 전환만을 이야기하는 차원이 아님에도 이 말들은 운동의 범주를 급격하게 축소하고 맥락을 왜곡해서 우아한 중산층의 비싼 채식 밥상이라는 이미지를 만들어버린다. 소득 수준이 높을수록 '좋은 고기' 혹은 희귀한 고기를 더 많이 먹는다. 실제로 국민소득이 오르면서 고기 소비는 점점 늘어나 식단의 육류화가 가속화되는 중이다. 여전히 고기는 자랑하는 식단이다. 그럼에도 채식을 선택할 수 있는 계급과 그렇지 않은 계급이라는 구도를 만들면 정작 다양한 육식을 즐기는 계급과 수입산 냉동고기나 인스턴트 식품을 먹는 사람들 사이의 계급 구도는 은폐되기 쉽다.

이런 논리만 반복한다면 더 나아가지 못한다. 저항도 경제적 여유가 있어야 가능하다는 생각이야말로 스스로를 무력한 존재로 여기는 것이다. 나아가 이 말은 마법 같은 효과가 있어서 채식에 대한 거부감을 손쉽게 계급의식으로 바꿔치기한다. 빈곤에 대한 관심이 아니라 채식 담론을 거부하고 싶어서 빈곤을 끌어온다. 가난한 사람들에게 동물 착취와 기후위기에 대한 책임을 묻는 게 아니라 오히려 가난한 이들이 바로 이 종차별주의 사회의 직접적인 피해자라는 사실을 누누이 강조하지만, 권력은 이 말을 반대로 전한다. 마치 동물권 운동하는 사람들이 가난한 이들에게 책임을 묻는다는 식으로 왜곡시킨다. 페미니즘을 '중산층 엘리트' 여성들만의 도구인 것처럼 말할 때 노동계층 여성과 중산층 여성 간의 연대가 방해받듯이, 동물권과 생태 운동에 참여하는 다양한 사람들의 노력을 '그럭저럭 살 만해서 선택한 일'이라고 왜곡한다. 계층을 이간질하는 권력의 언어다.

개인에게 죄책감을 주어서는 안 되지만 개인을 무력하게 만들 필요도 없다. 구조를 바꿔야 한다는 말이 개인적으로 무책임해도 된다는 뜻은 아니다. 우리 개개인은 생각보다 강하며 많은 가능성을 가지고 있다.

몸

비장애 신체성의 권력

그들만이 보여줄 수 있는 몸

그들은 중요한 순간에 항상 술잔을 잡는다. 그들은 음주 행위를 공공연하게 보여주어도 괜찮다. 그들은 러브샷을 한다. 술잔을 든 서로의 오른쪽 팔이 고리처럼 연결된다. 그들은 커플티를 입고 손을 흔든다. 그들은 포옹을 한다. 그들은 서로의 볼을 맞대며 양팔로 끌어안는다. 그들은 입맞춤을 한다. 그들은 그렇게 '단일화'를 하고, '합당'을 하고, '원팀'이 되고, '화해'를 한다. 그들의 '러브'와 그들의 '커플'되기, 그들의 포옹과 입맞춤은 모두 안전하다. 그들은 이성애자 남성들이다. 정치는 견고한 이성애자 남성들의 동맹을 과시하는 몸짓을 드러내는 장이다. "남성들의 유대가 사랑의 최고 형상"[88]이다. 청년, 정확히는 남성 청년에게 정치적 구애를 하며 서로를 '형'이라 부르는 형님 정치(석열이 형, 준석이 형, 준표 형 등)가 만개한다.

공공장소에서 존재를 드러내는 '퀴어'들의 퍼레이드는 거북하다고 하지만 실제 정치의 장에서는 남성애가 눈치 보지 않고 행해진다. 권력을 가진 이성애자 남성들은 그렇게 할 수 있다. 미국의 공화당이나 한국의 보수정당이 빨갱이라는 공격을 받을 위험이 없기에 빨간색을 쓸 수 있듯이, 그들은 이성애자 남성이라는 '정체성 권력'이 있어 과시적인 애정행각을 펼쳐도 된다. 나아가 이들은 아프지 않은 건강한 신체를 강조한다. 이 몸짓은 권력의 메시지이다.

한 나라의 지도자를 뽑는 선거를 앞두고도 거친 몸짓들이 난무했다. 대선 후보들이 힘찬 주먹질과 발길질, 혹은 야구방망이를 휘두르는 등의 거침없고 활동적인 몸을 보여주는 이유는 사회 문제를 날려버릴 수 있는 강하고 든든한 모습을 보여주기 위해서다. 그런데 나는 비장애 중년 남성들의 이 과시적인 몸짓에 상당히 위화감을 느낀다. 이들이 드러내는 강한 남성성과 비장애 신체성은 '정상적 권력'의 외형을 규정짓는다. 대통령 후보들이 경쟁적으로 거친 몸동작을 보여주는 동안 이 사회의 또 다른 몸들은 어디에서 무엇을 하고 있었을까. 윤석열이 열차에서 구두를 신은 발을 앞좌석 위로 편하게 쭉 뻗고 있는 모습이 전하는 불쾌감은 위생적 차원 때문만은 아니다. 그 눈치 보지 않는 몸이 전하는 권력 때문이다.

버스를 타자!

국회의원회관에서 한 사진전이 있었다. '버스를 타자, 장애인이동권 21년의 외침'이라는 제목의 전시에는 말 그대로 버스를 타기 위한 장애인의 투쟁의 역사를 담은 사진들이 펼쳐져 있었다. 사진 속 휠체어를 탄 사람들은 차도 위에서 커다란 버스 앞을 위험하게 가로막고 있다. 장애인들은 "버스를 타자"고 21년째 외치는 중이다.

21년이라는 시간은 누군가의 죽음이 알려진 이후부터의 시간이다. 2001년 1월 22일 서울 지하철 4호선 오이도역에서 한 장애인 부부가 장애인 리프트를 이용하다가 추락해 한 명이 사망하고 한 명이 다쳤다. 그날 이후 장애인들은 저상버스와 모든 지하철역 엘리베이터 설치를 위해 투쟁해왔다. 그사이에도 단순히 이동을 하다가 목숨을 잃는 사고는 끊이지 않았다. 2002년 발산역에서, 2006년 신연수역에서, 2008년 화서역에서, 2017년 신길역에서 리프트를 이용하려던 시민이 계단에서 추락해 사망했다. 이들은 집 밖을 나가기 위해 투쟁해야 하는 존재들이다. 그사이에 정권은 네 번이나 바뀌었다.

'K-로켓'이라 불리는 한국형 발사체 누리호를 발사했다. 17~18세기에 유럽 국가들이 제 기준으로 신대륙을 찾아 나섰던 대항해시대처럼, 오늘날 선진국 반열에 오른 나라들은 우주라는 영토를 향해 간다. 그러나 장애인들은 고작 "버스를 타자"고 소리쳐야 한다. 위로 올라가는 로켓을 쳐다보느라 아래로 굴러떨어지는 사람을 보지 않는다. 한국의 저상버스 보급률은 2021년 기준 30퍼센트 미만으로 유럽이나 다른 선진국에 비하면 현저히 떨어진다. 이동권은 교육받을 권리, 노동할 권리와 연결된 기본적인 생존권이다.

2001년 오이도역 사고 이전에도 목숨 걸고 장애인 이동권을 위해 목소리를 냈던 이들이 있었다. 1984년 끝내 음독자살한 김순석 열사는 당시 서울시장에게 보내는 편지를 유서로 남겼다. 손기술이 좋아 어떻게든 살아보려 했지만 집 밖을 다니기 어려운 그는 노동할 수 없었다. 장애인들은 살아서도 죽어서도 변방의 존재였고 '무능력한 신체'로 취급받았다. 물 한 모금을 마시기 위해 '문턱'과 싸워야 했다. 한 뼘 높이의 턱 때문에 횡단보도에서 사람이 다니는 '인도'로 올라갈 수 없는 휠체어 사용자 김순석은 "나는 사람이 아닌가" 되묻는다. 그는 유서에서 "움직일 수 있는 공간을 만들어주지 않는 서울의 거리는 저의 마지막 발버둥조차 꺾어놓았"다는 사실을 전하며 장애인들이 드나들 수 있는 화장실 하나라도 만들어달라 호소한다.[89] 오늘날 곳곳에 있는 장애인 화장실과 작은 경사로 하나조차 누군가가 목숨 걸고 싸운 결과이다.

목소리가 사라지는 구조를 없애야

유언으로 만날 게 아니라 살아서 목소리 낼 때 이 사회가 제대로 듣는다면 좋으련만, 지금도 장애인들의 이동권 시위에 대해 언론이 반복적으로 사용하는 표현은 '출근길 발목'이다. 이동권을 위해 싸우는 장애인들 앞에 던져지는 '발목'은 참으로 문제적 표현이다. 정작 발목이 붙잡힌 사람은 누구인가.

　이 사회가 장애인의 목소리를 듣는 순간은 출근길 혼잡 시간에 그들이 나타날 때다. 이때 장애인들은 '시민'의 발걸음을 가로막는 장애물처럼 여겨진다. 엄밀히 따지면 이 순간에도 장애인의 목소리를 비장애인들이 듣는 것은 아니다. 광화문에서, 서울역에서 아무리 천막농성을 해도 '시민의 출근길'을 방해하지만 않는다면 장애인들의 목소리는 비장애인에게 백색소음처럼 들린다. 방해하지 않던 백색소음이 출근길에 등장하면 비로소 소음으로 다가오는 것이다.

1910년 미국 시인 엘라 휠러 윌콕스Ella Wheeler Wilcox의 시 〈목소리 없는 자들의 목소리The Voice of The Voiceless〉 이후, 이는 운동 캠페인 구호로 자주 등장했다.▲ 지금도 많은 사람들이 좋은 의미로 이 구호를 사용한다. 그러나 이는 인도의 소설가 아룬다티 로이Arundhati Roy, 베트남계 미국 소설가 비엣 타인 응우옌Viet Thanh Nguyen 등에 의해 오늘날 꾸준히 비판받는 구호이기도 하다. 로이는 목소리 없는 자들은 없다고 주장했고, 응우옌은 목소리 없는 자들을 위해 목소리 내는 것이 아니라 목소리가 없어지는 그 구조를 부숴버려야 한다고 했다.▲▲ 나는 이들의 생각에 전적으로 동의한다. 목소리 없는 자들은 없다. 듣지 않거나 침묵을 강요당할 뿐이다. 전태일의 대학생 친구가 필요한 게 아니라, 대학생 친구가 없어도 전태일의 목소리가 들리는 사회여야 한다. 스캐리의 지적대로 인간 사회는 '장애인의 권리' 개념보다 '재산권' 보호 개념을 더 일찍, 더 치밀하고 적극적으로 만들었다.[90]

대선 후보 TV 토론에서 심상정 정의당 후보는 마지막 1분 발언에서 장애인 이동권 예산에 대해 언급했다. 나흘 뒤 또 다른 토론에서는 군 성폭력 피해자인 고 이예람 중사의 이야기를 전했다. 2017년 대선 토론에서도 심 후보는 1분 발언을 성소수자 인권에 대해 말하는 데 사용했다. 주도권 토론에서 다른 후보들이

▲   I am the voice of the voiceless; Through me the dumb shall speak; Till the deaf world's ear be made to hear the cry of the wordless weak.
▲▲ Don't be a voice for the voiceless. Abolish the conditions of voicelessness instead.

심상정에게 질문하지 않았기에 말할 기회가 상대적으로 적었다. 그럼에도 그는 소중한 1분 동안 우리 사회에 필요한 응답을 했다.

정치는 누구에게 응답해야 하는가. 해고에서 복직까지 37년이 걸린 김진숙 민주노총 부산본부 지도위원[*]의 퇴직 연설을 전해주고 싶다. "정치하시는 분들께 말씀드립니다. 중대재해처벌법은 하루 6명의 노동자를 죽인 기업주의 목소리가 아니라 유족들의 말을 들어야 합니다. 어제 동료가 죽은 현장에 오늘 일하러 들어가는 노동자의 말을 들어야 합니다. 차별하는 사람들의 말이 아니라 성소수자, 이주노동자, 장애인, 여성들 그들이 목숨 걸고 하는 말을 들어야 차별이 없어집니다."

불구를 번역하기

국내에 번역되지 않은 시를 내 책에 옮길 때는 훨씬 고민이 깊어진다. 내가 과연 제대로 내용을 파악했을까. 이해했다고 생각했지만 문자로 옮겨놓으면 어쩐지 두려움이 닥친다. 문자는 나의 이해를 과연 얼마나 정확하게 전달하는가. 문자화되는 순간 나의 이해는 한정된 틀 속에 갇힌 채 소통될 수밖에 없다. 루이즈 글릭Louise Glück의 시를 옮길 때 '불구Cripple'라는 단어를 어떻게 옮길 것인가 고민했다. 불구는 차별의 언어인가. 불구의 사전적 의미는 '온전하지 못한 상태'이다. 과거에는 장애인을 불구자

---

[*] 1986년 7월 대한조선공사(89년부터 한진중공업이 인수)에서 해고된 후 2022년 2월 25일 공식적으로 복직했다.

라고도 했다. 누군가를 온전하지 못한 상태로 여기는 것은 차별로 통한다. 그렇다면 불구는 차별의 언어다. 그러면 비유로서 불구라는 표현은 괜찮은가. 이 어휘 앞에서 나는 고민한다. 결론적으로 나는 '불구'를 선택하지 않았다. 맥락에 따라 '손상'을 선택했다. 그러나 여전히 마음이 편치 않다. 손상이라니. 그 또한 부적절한 것은 아닐까. 왜 나는 '불구'를 사용하길 망설였을까. '불구'는 장애인의 몸을 직접적으로 가리키면서 동시에 많은 사회현상을 부정적으로 은유할 때 활용되는 언어이기 때문이다.

장애인의 언어에 대해 알 필요를 느끼지 못하는 비장애인들은 장애인을 언어의 수사로 도구화한다. 인간에게 동물이, 남성에게 여성이, 비장애인에게 장애인이 농담의 대상이며 비유와 은유의 대상이다. 제비꽃은 앉은뱅이꽃이라고도 불린다. 이광재 의원은 "기재부가, 경제부총리가 금융 부분을 확실히 알지 못하면 정책수단이 절름발이가 될 수밖에 없습니다"▲라고 표현해 정의당 장혜영 의원에게 지적을 받기도 했다. 불균형적이고 불안정한 상태를 종종 '절름발이'에 비유한다. 그렇다면 실제 '절름발이' 인간은 어떻게 불릴까. 인터넷 커뮤니티 '일베'에서는 사고 후유증으로 다리를 절었던 김대중 전 대통령을 '펭귄'이라 부르며 조롱했다. 장애인을 비하하는 시선은 주저 없이 인간의 동

▲   2020년 7월 28일 국회에서 이광재 의원은 '절름발이' 발언을 했다. 이에 앞서 1월에는 자유한국당에서 정세균 총리 후보를 "절름발이 총리"라고 했다. 이때 민주당은 이를 두고 "장애인 혐오 표현은 약자를 무시하는 것"이라며 비판한 적 있다.

물화로 향한다. 사람이 아니다. 장애인은 다른 종이다.

2020년 국회의원 선거에서 미래통합당 후보로 출마했던 김대호는 "장애인들도 다양하다… 나이가 들면 다 장애인이 된다"라는 발언을 했다. 이 발언은 막말로 여겨졌고 노인 비하라는 비판을 들었다. 결국 김대호는 당에서 제명되었다. 그의 발언은 정말 노인 비하일까. 김대호의 발언이 거센 비난을 받은 이유는 '나이가 들면'에 해당되는 사람을 비장애인으로만 여기기 때문이다. 그렇기에 이 발언이 '노인 비하'로 읽힌다. 장애인은 오직 장애인의 정체성만 갖고 있다 여겨지며 이들은 다른 종으로 취급받는다. 이 발언이 '막말'로 취급받는 상황은 장애를 바라보는 우리 사회의 차별적 시선을 드러낸다.

지하철 승강장으로 이어지는 엘리베이터는 임산부, 장애인, 노인 등의 '노약자'가 함께 이용한다. 나이가 들어 보행보조기를 이용하는 사람과 휠체어를 타는 젊은 사람은 모두 교통약자다. 그럼에도 김대호의 발언이 노인 비하로 받아들여지는 이유는 '장애'를 일종의 몸의 신분으로 보기 때문이다. 장애인은 비인간 혹은 불완전 인간이다. 나는 아직 노인이 아니며 비장애인이지만 수술을 받은 뒤 휠체어에 앉아 간병인의 도움으로 이동한적 있다. 누구나 일시적으로 장애를 가진 몸이 될 수 있으며 또언제든지 장애인이 될 수 있다. 그럼에도 '장애'를 몸의 신분으로 보는 사회에서 '장애인'은 불완전 인간이다. 박범신의 《은교》

에서는 노인과 기형을 구별하며 노인은 '자연'이라고 한다.▲ 어떤 사람은 신체의 절단과 변형 혹은 기형이 시각적으로 드러나는 '기형아'로 태어난다. 늙음이 자연이라면 기형아 출산 확률도 자연에서 3퍼센트이다. 늙음이 범죄가 아니듯이 기형도 범죄가 아니다. 늙음을 추함으로, 젊음을 아름다움으로 구별하는 노인 차별에 맞서면서도 한편으로는 꾸준히 '정상적' 노인과 장애 인간을 분리하려는 습관을 보여준다.

동물-장애-늙음-질병 사이에는 수시로 교차점이 나타난다. 우리 집에 방문한 아버지에게 사과를 깎아줬을 때 아버지는 "이거 좀 더 얇아야 내가 먹어. 이 때문에"라고 했다. 반야처럼? 사과를 다시 얇게 잘라주는데 반야 생각이 났다. 반야의 작은 입에 들어갈 사과는 얇아야 했다. 사과를 얇게 잘라 먹는 그 순간만큼은 비장애 인간 노인과 비장애 동물에게 차이가 없었다. "반야처럼?"이라고 되묻는 내 말은 반야가 죽어가던 때를 상기시켰다. 반야가 죽어가는 동안 엄마는 계속해서 죽은 동생을 언급했다. "○○이랑 똑같아." 뇌성마비 상태에서 죽어가던 어린 인간과 갑자기 신경이 마비되며 열흘간 고통받다가 죽어간 열다섯 살 반려견을 보며 엄마는 계속 "똑같다"고 말했다. 스스로 목을 들지 못하고 한쪽으로 고개가 돌아간 채 물을 제대로 넘기지 못해

▲ "늙는 것은 용서할 수 없는 '범죄'가 아니다,라고 나는 말했다. 노인은 '기형'이 아니다,라고 나는 말했다. 따라서 노인의 욕망도 범죄가 아니고 기형도 아니다,라고 또 나는 말했다. 노인은, 그냥 자연일 뿐이다. 젊은 너희가 가진 아름다움이 자연이듯이. 너희의 젊음이 너희의 노력에 의하여 얻어진 것이 아닌 것처럼", 박범신,《은교》, 문학동네, 2010, 250쪽.

나는 반야의 얼굴을 계속 닦아주고 수시로 몸의 방향을 바꿔줘야 했다. 엄마는 뇌성마비 자식에게 '똑같이' 했었다. 장애를 가진 인간과 나이가 들어 일시적으로 장애가 발생한 개의 죽어가는 모습을 보며 계속 "똑같다"고 하는 엄마의 말을 듣는 시간은 내게 괴로움을 주었다. 끝나지 않는 연상 작용 때문이었다. 떠올리고 싶지 않은 일을 계속 떠올려야 했다. 비장애인 노인, 건강한 동물, 장애 신생아, 아픈 동물 사이에서 무수한 교차점을 떠올렸다. 아프지 않은 성인을 제외하면 인간과 동물은 삶의 수많은 순간 비슷한 몸을 가진다.

보는 다른 방법

미술은 시각예술이라 불린다. 나는 때로 '미술'이라는 말보다 '시각예술'이라는 말을 더 선호하지만 한편으로는 '시각'이라는 표현에 계속 질문을 던지게 된다. 미술작품과 만날 때 물론 시각이 중요한 역할을 하지만 이 과정엔 시각적 경험만 있진 않기 때문이다. 한 작품을 만나는 동안 소리와 냄새, 때로 촉감까지 동원된다. 그뿐만이 아니다. 미술을 시각예술이라 칭할 때 시각 장애인은 시각예술을 감상할 수 없는 존재로 여겨질 것이다. 나아가 시각 장애인은 시각예술의 창작자도 될 수 없을 것이다. 그런데 정말 그럴까.

도쿄의 갤러리 톰Gallery Tom은 1984년에 만들어진 시각 장애인을 위한 미술관이다. 시각 장애인들이 작품 관람을 할 수 있게 전시를 기획할 뿐만 아니라, 시각 장애인들의 작품을 전시하고 소장한다. 2002년 이화여대미술관에서는 '우리들의 눈 : Another Way of Seeing'이라는 제목으로 갤러리 톰의 소장품과 한국 시각장애학교 학생들의 작품을 함께 전시했다. 'Another Way of Seeing' 말 그대로 미술이라는 개념을 다르게 '바라보는' 또 다른 시각을 알려주는 전시였다. 시각 장애인들은 냄새, 소리, 맛, 촉각 등의 감각들을 활용하여 작품을 만들었다. 시각 장애인들에게 그것은 분명히 '미술'이며, 비장애인인 나에게도 그것은 '미술'이었다. 그것이 미술이 아니라면 무엇이란 말인가.

미술이 반드시 시각으로 보는 사람만이 만들어낼 수 있는 영역이 아니라는, 어쩌면 당연한 이 생각은 우리 사회에서 늘 당연하지 않았고 지금도 여전히 당연하지 않다. 미술을 본다는 것, 미술작품을 만든다는 것에 대해 근본적인 질문을 던진다. 시각 장애인은 손으로 비장애인의 눈에 보이는 것을 만지고, 비장애인은 눈으로 손이 만든 것을 본다. 미술이라는 개념은 그동안 비장애인의 입장에서만 소개되어왔다. 비장애인이 만든 청각, 촉각, 미각 등이 뒤섞인 설치 작품, 퍼포먼스 등은 미술이라는 장르를 확장하는 역할을 했다. 그렇다면 시각 장애인이 '보지 않고' 들으며, 만지며, 냄새를 맡으며 만든 작품이 왜 미술이 아니겠는가. 시각 장애인의 촉감을 비장애인은 '본다'. 시각 장애인의 손과 비장애인의 눈이 그렇게 연결된다. 2019년 인천에서 열린 사진전 '섬에서'는 시각 장애인들이 귀로, 피부로 '보며' 찍은 사진을 전시했다.

시각 장애인으로 인식되지 않지만 색맹과 색약처럼 색각이 상자라 불리는 이들은 색을 다른 방식으로 본다. 지금은 사라진 제도지만 90년대 중후반까지 미술대학에 입학하려면 색맹과 색약 검사를 해야 했다. 소수지만 적색과 녹색을 전혀 구별하지 못하는 적록색맹부터 흐릿하게 구별하는 적록색약까지 색을 식별하는 방식이 다른 눈이 있다. 그 눈은 제도권에서 미술작품을 생산할 수 없는 눈으로 여겨졌다.

추미애는 2021년 자신의 페이스북에 언론의 편향된 보도를 비판하고 김어준이 진행하는 〈뉴스공장〉을 옹호하기 위해 '외눈'과 '양 눈'이라는 비유를 사용했다. "자유로운 편집권을 누리지 못하고 외눈으로 보도하는 언론들이 시민 외에 눈치 볼 필요가 없이 양 눈으로 보도하는 뉴스공장을 타박하는 것은 잘못"이라는 그의 글에서 외눈은 세상을 올바르게 보지 않는 눈이라는 의미로 쓰였다. 한쪽 눈으로만 세상을 보는 사람들이 실제로 있고, 그것은 옳고 그름으로 비유될 수 있는 성질이 아니다.

국립국어원 표준국어대사전에 따르면 '눈멀다'의 의미 중 하나는 "어떤 일에 마음을 빼앗겨 이성을 잃다"이다. 그래서 '눈먼 돈'이라는 말도 쓴다. '눈먼'은 비이성적이고 판단력을 상실한 무분별한 상태를 뜻한다. 보이지 않음은 곧 생각 없음, 무지로 취급받는다. 보고도 알아차리지 못한 사람을 '눈뜬장님'이라 한다. 반면 새롭게 알게 되거나 인식의 전환이 일어나면 '눈을 뜨다'라고 한다. 비장애인은 이런 표현을 무심코, 별 생각 없이 사용한다. 이것이 비장애인의 권력이다. '별 생각 없이' 장애인을 비하의 대상으로 삼아도 일상이 전혀 위험하지 않다.

코로나19 감염병 상황을 매일 전하는 질병관리청에서 감염 경로가 파악되지 않은 환자를 두고 처음 6개월가량은 '깜깜이 환자'라고 했다. 무심하게 들었으나 시각 장애인들은 이 언어를 지적했고 질병관리청은 지적을 수용했다. 공식적인 자리에서 더이상 '깜깜이 환자'라는 표현은 사용되지 않았고 대신 '감염경로 불명'이라고 명확하게 표현했다. 이처럼 우리가 인식하지 못하는 많은 언어들은 '보이는 것'이 곧 '아는 것'이라는 사실을 전제로 만들어졌다. 어쩌면 보이는 것만 아는 비장애인의 인식의 한계일 것이다.

지방
변방에서 살아가기

지방은 팔다리일까
▼ ▼ ▼ ▼ ▼ ▼ ▼ ▼

"사람 몸으로 치면 머리는 점점 커지는데 팔다리는 자꾸 쪼그라드는 꼴입니다."

2021년 1월 6일 KBS 9시 뉴스, 인구 감소로 인한 지방 소멸을 전하는 앵커의 발언이다. 출생률이 떨어지며 한국의 인구는 차차 자연감소로 향하고 있다. 데드크로스Dead Cross. 곧 사망률이 출생률을 앞지르기 시작했다. 그러나 도시는 비대해지는 중이다. 2019년 12월 이후로 수도권 인구가 대한민국 전체 인구의 50퍼센트를 넘었다. 5200만 명 가까운 인구 중에 약 2600만 명이 수도권에 거주한다. 수도권이 팽창하는 만큼 지방 인구는 줄고 있다. 그래서 이를 두고 머리는 커지는데 팔다리는 쪼그라든다고 말한다.

수도권의 '수'는 머리 수首이니, 수도권 인구 증가를 '커지는 머리'로 비유하는 건 전혀 틀린 말은 아니다. 게다가 교통을 살펴보면 각 도로들이 서울을 중심으로 각 지역으로 뻗어나간다. 강원도 양양에서 강원도 철원을 가는 것보다, 물리적으로 더 멀리 있는 서울로 가는 교통이 훨씬 더 편하고 빠르다. 이동인구가 더 많기 때문이다. 말은 제주로, 사람은 한양으로 보내라는 옛말이 있듯이 서울, 나아가 수도권은 지리적, 정치적, 문화적으로 모든 것의 중심이다. 과거에는 왕이 살았고, 오늘날에도 왕이나 대통령이 거주하는 수도는 인간의 몸 중에서 가장 위에 있는 머리처럼 높고 중요하기 때문이다.

수도가 머리로 비유된다고 하여 지방이 팔다리가 될 수 있을까. 비유는 이를 사용하는 사람의 기본적인 사상을 담는다. 우리가 정말 지방을 인간의 팔다리로 여긴다면 수도의 명령을 지방이 수행해야 마땅하다. 또한 사람에게 머리가 없으면 곧장 사망이지만 팔과 다리는 그렇지 않다. '수족 부리듯 하다'라는 말에서 알 수 있듯이 손과 발은 실질적 업무를 수행하지만 결정권은 없는 사람을 비유적으로 이를 때 사용된다. 게다가 이 비유는 묘하게 장애와 질병 비하로 연결된다. 실제로 지방 소멸을 "국토가 골다공증에 걸렸다"[91]고 표현한다.

몸집은 다를지언정 각각의 지역은 모두 하나의 세계이다. 수도권과 지방의 관계를 머리−팔다리에 비유함으로써 은연중에 지방에 대한 인식을 드러낸다. 팔다리가 쪼그라드는 것을 걱정할 때 걱정의 대상은 팔다리인가, 팔다리를 잃어서 아쉬운 머리인가. 핵심은 되지 못하지만, 팔다리처럼 없으면 모든 면에서 아쉬운 존재인 양 바라보게 되는 지방. 지방에서 발생하는 폭우, 폭설, 산불 등의 재해는 상대적으로 덜 주목받고 더 쉽게 잊힌다.

지방 소멸에 대한 우려를 이야기하지만 이는 주로 인구감소에 대한 걱정이다. '인구'의 개념이 아니라 인간의 관점으로, 나아가 생명의 관점으로 바라보아야 한다. 인구의 개념은 다분히 정치적으로 발달해왔다. 근대 이전의 인구는 전쟁에 나가 싸울 수 있는 성인 남성의 수에 한정되었다. 지배 계층의 기준으로 부역에 동원할 도구로서의 인간의 수였다. 근대 이후에 와서야 인구는 오늘날처럼 모든 사람의 수를 뜻하게 되었고, 18세기 이후 처음으로 인구Population 라는 단어가 사용되었다. 사람의 수가 곧 국력으로 여겨졌다. 인구는 사람을 국가의 자원으로서 보게 만든다. 인구 조절을 위해 출산을 억제시키기도 독려하기도 한다.

지방의 인구 감소를 염려하는 목소리들은 주로 다음과 같은 표현에서 크게 벗어나지 못한다. 아기 울음 소리가 들리지 않는다, 젊은 사람들이 떠난다, 가임기 여성이 없다 등이다. 결국 인간을 재생산을 위한 도구로 보는 시각에 여전히 머물러 있는 것이다. 인구 감소를 해결하기 위해 지방에 무언가를 자꾸 새로 지으면서 결국에는 성장과 개발에서 해법을 찾으려 한다. 산을 깎아 건물을 짓고, 호수를 정비한다며 습지를 파괴하고, 동식물을 관광의 대상으로 삼아 경제적 이윤을 취하는 방향으로 간다.

쓰레기가 모이고 에너지를 생산하는 외곽들

서울을 둘러싼 서울 바깥의 도로인 외곽순환고속도로가 2020년 9월부터 수도권 제1순환고속도로라는 이름으로 바뀌었다. 이재명 도지사의 공약이었다. 지방 분권 시대에 경기도가 서울의 '외곽'으로 불리는 것은 낡은 관념이라는 이유였다. 고속도로 이름에서 '외곽'을 빼는 것이 정치인의 공약이 될 정도로 외곽, 변방, 변두리, 주변 등은 위계상 낮은 위치이며 덜 중요하고 나아가 업신여겨지는 대상이다. 수도권과 지방의 관계에서는 수도권이 중심이지만 수도권 안에서는 서울과 경기도 간의 위계가 있다. 이 위계에 민감히 반응한 데에는, 서울시장과 경기도지사의 위치를 정치적으로 '동일한 중심'에 두고자 하는 이재명의 야심도 개입되었으리라 짐작한다.

도로명에서 '외곽'을 빼는 것으로 서울과 경기도의 관계에 대한 인식이 전환된다면 좋겠지만, 단지 '외곽'이 사라지는 것은 아닌가 의구심이 든다. 여전히 세련되지 못함을 '촌스럽다' 하고, 비하의 의미로 특정 지역을 '깡촌'이라 부른다. 그러다가 '로컬'을 소환한다. 요즘은 '로컬 힙스터'들도 생겼다. 이때 '로컬'은 서핑을 할 수 있거나, 맛집이 즐비한, 대체로 소비의 대상이 되는 개념이다. 양양에서 서핑을 하고, 힙스터들 사이에서 이름난 전통시장에서 호떡이나 어묵을 먹고, 강릉 안목 바닷가 카페에 가고, 감자빵을 사러 춘천에 간다. 피에르 부르디외Pierre Bourdieu는 '촌사람'이라는 단어를 농촌을 떠난 사람 앞에서 사용했을 때, 이 단어가 그 사람에게 어떻게 받아들여질지는 알 수 없는 거라며 "어떤 단어도 결백하지 않다"고 한다.[92] 많은 '촌사람'들도 '촌스럽다'를 부정적 맥락에서 거리낌 없이 사용한다. 오늘날 '촌스럽다'는 거의 비하의 의미가 휘발된 것처럼 여겨지지만, 실은 널리 쓰이면서 우리의 감각이 둔해졌을 뿐 '촌스럽다'는 여전히 부정적 의미로 쓰인다. 촌스러움이 무엇인지에 대해 재해석해야 한다.

소비의 대상인 '로컬'은 수도에서 배출한 쓰레기를 받고, 수도가 사용할 에너지를 공급하는 공간이기도 하다. 서울의 쓰레기는 그동안 인천으로 모였다. 인천은 2025년 매립지를 종료하기로 했다. 전력을 가장 많이 생산하는 곳은 충남 지역이지만 전력을 가장 많이 소비하는 곳은 경기도이다. 지역에 새로운 발전 시절이나 쓰레기 매립지 등이 들어올 때마다 지역 주민의 반발은 늘 지역민의 이기심으로 왜곡되었다. 여성의 가사노동에 의지하는 남성을 의존적이라고 하지 않듯이, 지방의 에너지와 자연 자원에 의존하는 중앙을 이기적이라 하지 않는다.

그린뉴딜 정책의 일환인 재생에너지로의 전환을 위해 거대한 풍력발전단지를 전라남도의 신안에 지을 예정이다. 아무리 전환을 거듭해도 서울에서 사용할 에너지를 서울에서 생산하고, 서울에서 만들어진 쓰레기를 서울에서 처리할 방안에 대해 '감히' 상상하지 못한다. 이익은 도시로, 피해는 지역으로 향한다. 한국 안에서는 형식적으로라도 탄소중립을 위해 그린뉴딜 정책을 펴지만, 한국전력은 베트남과 인도네시아에 석탄 발전소를 지을 계획이다. 필리핀에 쓰레기를 보내고 베트남에 석탄 발전소를 짓겠다는 계획은 한국 내에서 수도가 지방을 대하는 방식과 정확히 일치한다.

지방은 기후위기로 인한 변화도 먼저 알아차린다. 가장 먼저 영향을 받는 지역은 주로 해안가이다. 지구 온도의 상승으로 해수면이 올라가고 진짜 외곽 도시들이 사라질 것이다. 2100년 즈음이면 지도상에서 프랑스의 몇몇 도시들이 사라질 것이라 한다. 와인으로 유명한 보르도, 백년전쟁 당시 '칼레의 시민들'로 잘 알려진 프랑스 북부의 칼레, 카트린 드뇌브가 나오는 영화〈쉘부르의 우산〉의 배경인 쉘부르 등 유명한 항구 도시들이 서서히 물속으로 잠기고 있다.[▲] 기후위기는 곧 지방의 위기다.

바다가 떠오른다

여름 새벽, 강릉에 집중호우가 발생했다. 순식간에 강릉역이 침수되고 출근길은 난리가 났다. 그리고 "강릉 물난리로 헌화로는 전면 통제되었다"는 뉴스를 접한다. 해안가 도로인 헌화로에 물이 찼기 때문이다. 2021년 어느 여름날의 날씨는, 단지 오늘의 날씨가 아니라 이 시대의 기후다.

2020년에는 대전, 부산, 구례 등에서 집중호우로 '물난리'가 났었다. 2021년에만 벨기에와 독일 등 유럽에서 폭우로 많은 피해가 발생했다. 독일에서는 무려 150여 명이 사망했다. 가까운 일본에서도 심각한 폭우가 발생했다. 반면 다른 한쪽에서는 산불이 멈출 줄 모른다. 극단적으로 습하거나 극단적으로 건조하다. '물난리'를 겪은 지역은 다시 '불난리'를 겪고 화마와 수마에 의해 수시로 이재민이 발생한다. 그러나 진짜 '마귀'는 불도 아니고 물도 아니다. 여전히 자연을 지배대상으로 보는 인간이 자초한 일이다. 등산로 입구에 써진 팻말을 보자. "당신이 버린 쓰레기 우리 아이들에게는 재앙이 될 수 있습니다." 쓰레기를 버리지 말자는 좋은 말도 묘하게 거슬린다. 이때 산은 '우리 아이

▲ MONTÉE DES EAUX: DES VILLES FRANÇAISES MENACÉES D'ÊTRE ENGLOUTIES, L'ÎLE DE RÉ POURRAIT ÊTRE COUPÉE EN DEUX, charentelibre, 2019. 9. 27.

들'에게 물려줘야 하는 하나의 유산이다. 이 짧은 문장에서도 인간은 자연에 대한 소유권을 드러내고 있다.

〈바다는 정중하게 떠오를 거다: 나는 당신을 돕고 당신은 나를 도울 거다(예언)〉. 1960년대 생태예술운동에 참여한 작가 더 해리슨스The Harrisons의 1979년 작품 제목이다. 부산현대미술관에서 기획한 '지속 가능한 미술관: 미술과 환경' 전시에서 만났다. 얼핏 보기에 이 작품은 세계지도처럼 보인다. 하지만 가만히 들여다보면 각 나라의 모양이 조금씩 변형되어 있다. 미국 캘리포니아를 배경으로 활동하던 더 해리슨스는 기후위기로 해수면이 상승하여 해안가 도시가 사라진 미래의 모습을 지도로 '예언'했다. 지금의 해안가는 언제까지 지도에 남아 있을까.

여기 또 다른 예언이 있다. 2021년 출간된 김기창의 소설집 《기후변화 시대의 사랑》에는 "전 세계 136개의 해안 도시가 범람했고, 4000만 명 이상의 난민이 발생"한 사회가 등장한다. 이는 한 예술가의 미래에 대한 과도한 상상이 아니다. 실제로 해수면은 세계 평균 연간 2밀리미터씩 상승 중이다. 그렇기에 기후변화의 영향은 해안가에서 훨씬 뚜렷하게 나타난다. 우리가 지구의 온도 상승을 멈추지 못한다면 강 하구에 인접하거나 해안가에 있는 도시들은 예상보다 더 빠른 속도로 사라질 것이다.

한반도를 둘러싼 바다도 떠오른다. 기상청에서 발표한 '한국 기후 변화 평가보고서 2020'에 따르면 한국의 기온이 올라가는 속도는 세계 평균의 두 배가 넘는다. 마찬가지로 해수면 상승도 세계 평균을 웃돈다. 한국의 평균 해수면은 해마다 2.97밀리미터씩 높아졌으며 지난 30년간 거의 9센티미터 상승했다. 특히 동해안의 해수면 상승이 남해와 서해보다 더 빠르게 진행 중이다. 지난 10년간 동해안은 해마다 평균 4.86밀리미터 상승했다. 기후위기는 다가올 미래가 아니다. 이미 우리는 그 위기 안에 있다. 또한 기후위기는 정치위기에 의해 가속화된다.

기후문해력이 없는 권력

"용기 내~ 용기!" 브레이브걸스의 목소리로 공익광고가 울려 퍼진다. "지구를 위한 착한 용기"는 무엇인가. 플라스틱 쓰레기를 줄이기 위해 음식을 포장할 때 소비자들이 용기容器를 준비하는 용기勇氣를 내라는 캠페인이다. 음식 포장과 배달로 인한 쓰레기 증가는 감염병 대유행 이후로 훨씬 심각해졌다. 쓰레기 매립지에서 쓰레기가 분해될 때 메탄가스가 발생하고, 이는 인간이 만들어내는 메탄가스 중에서 화석연료와 가축 사육 다음으로 많은 비중을 차지한다.

이 모든 '개인적' 노력을 비웃기라도 하듯이 정부는 에너지 전환에 소극적이다. 또한 부동산 공급이라는 목적으로 재개발이 빈번하여 어마어마한 건설폐기물이 쏟아진다. 한국의 경우 실제 생활쓰레기가 차지하는 비율은 전체 쓰레기의 12퍼센트도 되지 않는다. 약 85퍼센트가 산업폐기물이며 그중 절반 이상은 건설폐기물이다.[93] 다시 말해 개개인이 별짓을 다 해도 정부가 나서지 않으면 한계가 있다. 개인의 용기를 독려하는 캠페인에 양가

적 감정을 느끼는 이유다. 게다가 이 모든 노력들에 눈에 띄게 앞장서는 이들이 대부분 여성이라는 점은 과연 우연일까.

청결과 절약, 돌봄은 전통적으로 여성의 성역할이었기에 기후위기에 대응하는 일상의 실천에서도 은근히 여성의 책임이 강조된다. 살림을 도맡아 하는 여성들은 더 노력하면서 더 죄책감을 느낀다. 1993년 환경을 위해 일회용품 사용을 줄이자는 공익광고에는 '환경주부'라는 언어가 등장한다. "일회용품 안 쓰기, 불필요한 포장 줄이기, 재생용품 사용하기"라는 자막은 오늘날에도 전혀 위화감이 없다. 장을 보러 나온 '주부'가 장바구니를 들고 다니자 "환경주부 다 되셨네~"라는 목소리가 들린다. 여성 주부는 "깨끗한 환경 만들기는 우리 손에 달려 있습니다"라고 말한다. 광고에 등장하는 캐릭터는 "이제 살 때부터 환경을 생각하세요"라고 말하며 이 광고는 마무리된다. 이미 30년 정도 전의 공익광고지만 지금의 상황과 크게 달라진 것 같진 않다.

언제나 소비자에게 환경의 책임을 지운다. 그래서 '에코슈머'라는 말까지 있을 정도다. 일부에서 펼쳐지고 있는 제로웨이스트 운동 또한 살림을 주도하는 여성들에게 쓰레기 '제로'의 책임을 맡기기 쉬워진다는 문제가 있다. 내가 참여했던 제로웨이스트 관련 행사에서 한 패널이 말했다. "왜 에코슈머라는 말은 있고 에코덕션이라는 말은 없나요?" 소비자 입장에서 환경에 관심을 가지고 참여하는 일이 물론 중요하지만, 생산 자체를 달리하지 않으면 한계가 있다. 정부와 기업의 적극적 참여 없이는 시민 개개인의 '에코 죄책감'만 늘어나고 '기후 우울'까지 겪을 수 있다.

비닐봉지 하나라도 덜 쓰려는 '주부'들에 비하면, 문제 해결에 가장 적극적으로 나서야 할 정치인들은 가장 무관심하다. 예를 들어 '탄소중심'이 적힌 마스크를 천진하게 쓰고 다녔던 윤석열의 행동은 단순 실수가 아니다.▲ 그는 시대의 언어를 이해하지 못하는 상태다. 왜냐면 그가 배울 필요 없는 개념이었기 때문이다. 더불어민주당 송영길은 "지금보다 1.5도 낮추지 못하면 파국"이라는 발언도 했다. 유엔기후변화협약 당사국총회COP21가 맺은 파리협정에서 말하는 '산업화 전 수준 대비 지구 평균기온 상승 폭을 1.5도로 제한하자'는 기후위기 해법과 다른 주장이다. 평균기온의 상승 폭을 1.5도로 제한하자는 뜻이지 지금보다 1.5도 낮추자는 의미가 아니다. 평소에 관심이 없다가 어설프게 벼락치기 공부를 하면 이런 일이 벌어진다. 입에 붙지 않은 말이기 때문이다.

이처럼 기후문해력이 없는 이들이 권력을 쥐고 그들에게 유리한 언어들을 만들고 있다. 기후문해력이란 2009년 미국 국립해양대기청NOAA과 과학진흥협회AAAS에서 〈Climate Literacy〉라는 책자를 발간하면서 알려진 개념으로 기후가 미치는 영향력을 이해하고 우리가 무엇을 할 수 있는지 파악하는 능력이다. 이

▲ 2021년 7월 윤석열은 대전에서 열린 '문재인 정권 탈원전 4년의 역설'이라는 토론회에 참석했다. 토론회를 주최한 시민단체 '사실과 과학 시민네트워크' 측에게 받은 마스크를 썼는데, 마스크에는 '탄소중심'이라고 적혀 있었다. 원전으로 탄소 배출을 줄여 '탄소중립'을 실천하자는 취지였지만, 마스크에는 실수로 정반대 내용이 적혀 있었다.

명박 정부가 내세운 '녹색성장'은 문재인 정부에서는 '그린뉴딜'로 변했다. 하지만 녹색이나 그린은 개인들이 실천하고 기업은 성장과 뉴딜만을 담당하여 이윤을 얻는다. 비행기를 타지 않으려고 노력하는 개인들이 늘어나건 말건 정치인들은 여전히 유권자들에게 공항 건립을 미끼로 던진다. 탄소 배출만이 문제가 아니라, 무분별한 공항 건설로 많은 국내 공항이 적자 상태임에도 여전히 개발과 성장 이데올로기에서 벗어나지 못한 정치를 한다. 참고로 프랑스에서는 탄소 배출을 줄이기 위해 고속열차인 테제베TGV로 2시간 30분 이내에 갈 수 있는 국내 지역은 비행기 운항을 금지하는 법안이 통과되었다. 2020년 12월 마크롱 대통령은 헌법 제1조 1항에 "공화국은 생물다양성과 환경보존을 보장하고 기후변화에 맞서 싸운다"를 추가하기 위한 개헌을 추진하겠다고 밝혔다. 프랑스, 벨기에 등을 비롯한 유럽 몇몇 나라들에서 '환경학살Ecocide'을 국제형사재판소에서 다뤄야 한다는 목소리가 점점 높아지는 상황을 고려하면 결코 과한 조치가 아니다.

한국은 2020년 기준 경제협력개발기구OECD 국가 중 이산화탄소 배출량 증가율 1위이며 '기후 악당'이라 불린다. 이대로 가면 한국은 2030년에 온실가스 배출량으로 10대 경제대국 중 1위가 될 것으로 전망한다. 물리학자이며 환경운동가인 반다나 시바Vandana Shiva는 인간이 그 무엇보다 두 개의 법에 복종해야 한다고 했다.[94] 하나는 인권에 관한 법이고 다른 하나는 지구의 법이다. 바다는 점점 더 빠른 속도로 떠오른다. 어느 법을 따를 것인가. 지구의 법인가 자본의 법인가. 지금 집중호우로 통제된 헌화로는 언젠가 우리의 지도에서 사라질지도 모른다. 지금 이대로 간다면.

부동산의 영혼
\, \, \, \, \, \, \,

아파트 이름이 꽃 이름이라면 어떻게 보일까. 아마도 요즘에는 세련되지 않은 작명이라 여길 것이다. 2000년대 이전까지는 아파트 이름에서 개나리, 장미, 진달래 등 꽃 이름을 많이 볼 수 있었다. 아파트의 이름은 자연을 모방하던 시절을 지나 훨씬 더 솔직하게 욕망을 투사하는 이름으로 진화했다. '캐슬' 혹은 '팰리스'처럼 신분 상승 욕망을 드러내거나 '힐', '센트럴'처럼 점점 더 높이, 혹은 중심으로 가고자 하는 마음을 담아낸 이름들이 늘어났다. 설사 자연을 모방한다 해도 '숲'을 뜻하는 영어인 '포레스트'를 사용한다. 외국어 작명이 더 고급스럽다고 여겨지기 때문이다.

2022년 갤럽 여론조사에 따르면 우리 사회에서 사람들이 차별의 정도를 가장 심각하게 느끼는 항목은 '빈부 차별'이었다. 가난에 대한 멸시와 혐오가 상당한 것은 사실이다. 한 유튜버가 "이 나라에서 가난한 건 죄예요. 이렇게 고도성장한 나라에서 여전히 가난하다? 그건 정신병이에요. 가난은 충분히 치료할 수 있는 정신병입니다"라는 발언을 버젓이 하기도 했다. 주거와 소득에 대한 차별적 언어의 난립은 이를 잘 방증한다. 세입자, 빌라 거주자, 임대 아파트 거주자를 '거지'라고 부르는 멸시의 언어가

초등학생들 사이에서 쓰인다. 또한 부모의 소득을 기준으로 누군가는 '벌레'로 불린다. 이런 사회에서 '영끌(영혼까지 끌어모아)'로 내 집 마련을 하려는 수요는 점점 늘어난다.

조물주 위에 건물주라며 '갓물주'라는 조어까지 나올 정도로 부동산 소유는 경제적 안정을 보장하는 가장 확실한 방법이며 그로 인해 상당한 권력을 가지는 도구로 자리 잡았다. 어떤 아파트를 소유하느냐만이 아니라 '월세 받는 건물 하나 정도' 가지기를 꿈꾼다. 부동산은 일부 계층의 투기 영역이 아니라 보편적 투자의 영역이 되었다. 집이 없는 사람은 '벌레'가 되지만 건물은 지능과 인격까지 얻었다. '똘똘한 한 채'라는 말은 건물이 인격체의 대우를 받고 있음을 알려준다. 다주택자에 대한 정부의 규제가 이어지자 괜히 이리저리 많은 주택을 소유하는 다주택자가 되어 세금 많이 내느니 좋은 위치에서 알차게 월세를 받을 수 있는 '똘똘한 한 채'를 선호하는 흐름이 생겼다. 이런 흐름은 집값이 높은 특정 지역의 부동산 수요에 큰 영향을 미치고 지역 간 집값 차이를 더욱 부추긴다. 서울과 지방 사이의 집값 양극화는 점점 더 심화된다.

"첫째도 위치, 둘째도 위치, 셋째도 위치Location, location, location."

부동산에서 가장 유명한 금언이다. 부동산 전문가들에 따르면 1926년 이전 미국에서 나온 말이지만 정확한 출처는 확인되지 않는다. 위치의 중요성은 부동산의 세계에서 언제나 중요했다. '천당 아래 분당'이라는 말이 있을 정도로 강남과 가까운 1기 신도시는 대표적으로 집값이 비싼 지역이 되었다. 한편 서울 서북부의 또 다른 1기 신도시는 동남쪽의 신도시만큼 집값이 오르지 않았다. 오르지 않는 집값은 상대적 박탈감을 준다. 이 '상대적 박탈감'이라는 감정은 꽤 무시무시하다. 옳고 그름의 차원이 아니라 말 그대로 '상대적'으로 내가 갖지 못한 것에 분노하게 만든다. 집의 위치가 인간으로서 나의 위치이며 똘똘한 집을 소유한 사람이 곧 똘똘한 인간으로 여겨진다. 집값 지키기는 거의 목숨 지키기처럼 중요해졌다. 부동산 문제는 그렇게 점점 정치의 최전선으로 향한다.

모두를 만족시키는 부동산 정책은 불가능하다. 집값이 오르면 집주인에게는 호재, 새로 집을 장만하려는 사람들에게는 악재다. 정치가 누구의 입장에 서는지에 따라 다른 정책이 만들어진다. '착한 임대인'에게는 보유세를 감세해주는 '억울한 종부세' 구제가 서울시장 후보 송영길의 부동산 정책 관련 공약이었다. 정치인들은 가진 사람의 세금을 조금이라도 덜어주려는 정책을 경쟁적으로 펼쳤다.

집을 마련하려는 사람과 이미 집이 있는 사람의 세금 부담을 위한 정책 경쟁에 비하면 거주 공간 자체가 위협받는 사람들에 대한 정책은 어디에서도 찾기 어려웠다. 공급으로 주거 문제를 해결하려고 하지만 아무리 공급을 늘려도 어떤 존재에게는 닿지 않는다. 어떤 존재는 시설에 갇히고, 어떤 존재는 비닐하우스가 집이 되고, 어떤 존재는 재개발을 앞둔 쪽방촌을 지키려 한다. 부동산의 영혼을 살피느라 실제 수많은 영혼들의 주거 문제는 정치가 되지 못했다. '부동산 문제'를 중심으로 돌아가는 주거정책 현장에서 소외계층의 '주거 문제'는 더욱 소외되었다.

장소를 '극복'해야 하는가

오전에 제주도 지역 주민을 대상으로 강의하고 점심을 먹은 뒤 오후에 서울에 있는 사람들과 회의를 한다. 늦은 오후 전라도 지역의 문화예술인을 대상으로 강의하고 집에서 저녁 식사를 한다. 어떤 날은 정말 이런 식으로 하루가 흘러가는데 김포에 사는 내가 하루에 제주, 서울, 전라도를 모두 돌아다니는 건 아니다. 내 방 책상 앞에서 전 지역 강의가 가능하다. 온라인 강의는 지역 간의 거리감을 해소할 수 있을까. 코로나19 이후 비대면 강의를 진행하면서 계속 마주하는 질문이다.

우선 비대면 강의가 많아져서 좋다는 사람들에게 장점을 들어보았다. (지역에서는) 평소에 만나기 어려운 (서울에 사는) 강사의 강의를 온라인으로라도 들을 수 있다, 집에서 나오기 힘든 사람들이 집에서 강의를 들을 수 있다, 이동 시간이 줄어서 좋다, 강의 영상을 한동안 반복해서 볼 수 있기 때문에 복습하기 좋다 등이다.

무엇보다 물리적 거리를 '극복'할 수 있다는 점이 장점으로 꼽혔다. 이러한 장점을 부인하지 않는다. 나 역시 1시간 회의 때문에 왕복 3시간을 쓰는 것보다 간단히 집에서 회의를 하는 게 차라리 더 낫다. 또한 일일이 참석하기 어려운 세미나에 저녁 시간에 가끔이라도 참여할 수 있고, 직접 이동하느라 차비와 시간과 체력을 소모하지 않고도 여러 지역에서 강의할 수 있기 때문이다. 게다가 이동이 줄어 탄소 배출을 감소시키는 효과도 있으니 친환경적이기까지 하다! 그럼에도 온라인과 현장 중에서 선택하라고 하면 나는 특별한 사정이 없는 한 현장을 선택해서 간다. 기차를 타고, 버스를 타고, 택시를 타고 직접 그 장소에 간다.

비대면에 대해 수많은 장점들을 나열할 수 있음에도 나는 어딘가 마음속에 찜찜함이 계속 남는다. '강의'는 있으나 '만남'이 사라진다는 생각을 지울 수 없다. 비대면 강의 속에서 나는 말하는 사람이 되고 상대적으로 듣기 어렵다. 현장 강의에서는 나도 들을 기회가 많다. 강의 중에 질문을 하지 않더라도 강의가 끝난 뒤 혼자 조용히 찾아와 이야기하는 사람들이 종종 있다. 이들은 대체로 '우리 지역'에 대해 말한다. 지역에서 이러이러한 활동을 하는데 이러이러한 일이 있었다, 우리 지역에서도 앞으로 이런저런 일을 하고 싶다 등 이런 얘기를 내게 들려준다. 또한 내게 어디에 가면 뭐가 있는데 한번 들러보라고 권하기도 한다. 그러나 비대면 강의는 강의가 끝난 뒤 참석자들이 '나가기'를 클릭하는 순간 관계가 끝난다. '비대면'은 단지 강사와 수강자의 비대면이 아니라 그 장소와의 비대면이 된다.

또한 원주에 가면 원주 사람만 오지 않는다. 횡성, 인제 등 주변 지역에서도 온다. 전주에 가면 완주에서도 오고, 김해에 가면 창원 사람이 온다. 군산에서 열린 강연에서는 천안에서 온 사람들을 만나기도 했다. 나와 참석자들의 관계만이 아니라 그들 간의 관계도 있다. 강연이 열리는 그날 그 장소에서 주변 지역의 활동가들이 만남을 가진다. 비대면 강의에서는 이런 관계들이 모두 사라지고 나의 강의만 남는다. 물론 온라인도 장소다. 나는 온라인 장소에서 강의라는 목적에 충실히 임한다. 이를 두고 물리적 거리를 '극복'한다고 여길 것이다. 그러나 물리적 거리의 '극복'은 달리 말하면 장소감의 '상실'이라고도 볼 수 있다. 시간을 공유하지만 그 시간 동안 공유하는 장소 경험이 없는 것이다.

그 상황에서 '지역의 문화소외'를 어떻게 극복할 수 있을지에 대한 질문을 여러 지역 사람에게 받으면 나는 당혹스럽다. 이 질문이 내게 던져지는 상황 자체가 어쩌면 지역에 대한 차별적 태도라는 생각이 들기 때문이다. 나는 각각의 지역에 대한 구체적인 상황을 모른 채 보편적 담론만 말하게 될 것이다. 하나 마나 한 소리를 뱉는 건 괴롭다. 대면이 어려운 시대에 장소가 갖는 성격의 개념을 더욱 중요하게 고민하는 이유다. 거리를 '극복'한다고 하지만 어쩌면 장소가 갖는 의미에 대해 더욱 무지해질 우려가 있다.

방언의 위계

어릴 때 강원도의 우리 집에서 하숙하던 학생들은 서울 남성, 혹은 경상도 남성이 다수였다. 하루는 서울 출신 하숙생이 나를 '간나'라고 불렀다. 간나는 북한 지방에서 주로 사용하는 속어이다. 어린 여자아이를 가리키는 욕이지만, '년'이 남성을 향한 더 상스러운 욕으로 쓰이듯이 '간나'도 성별을 가리지 않고 욕으로 쓰인다. 하숙생이 장난스럽게 나를 '간나'라 부르며 큭큭 웃을 때 나는 곧장 화를 냈다. 그는 '간나는 북한에서 그냥 여자한테 하는 말이다. 강원도에서 북한 말 비슷하게 쓰지 않느냐'라며 욕이 아니라고 우겼다. '간나'는 북한에서도 강원도에서도 욕이다. 내가 초등학교(당시 국민학교)에 다닐 때 남자아이들이 여자아이들에게 아주 심한 쌍욕을 할 때 '간나'를 사용했다.

이 일화는 지방/여성/아이를 대하는 서울/남성/어른의 차별적 태도가 농축된 좋은 사례다. 지금도 강원도 말이 북한 말과 비슷하다고 하거나, '조선족' 말투라고 하는 사람들을 간혹 만난다. 표준어가 아니며, '권력의 표준어'라 불리는 경상도 언어도 아닌 강원도, 전라도, 충청도 언어는 훨씬 더 웃음의 대상이 된다. '아무런 의도 없이' 하는 말일지라도 실은 은근한 비하가 내포되어 있다. 게다가 강원도 말과 북한 말, 또 북한에서도 평안도와 함경도의 언어는 조금씩 다르다. 실제로 2019년 삼척에 목선을 타고 온 북한 사람을 만난 주민은 '북한 말투를 쓰는 사람'이 왔다고 신고했다.

노예제 폐지론자 소저너 트루스Sojourner Truth가 1851년 오하이오에서 한 유명한 연설, "나는 여성이 아니란 말입니까?"로 알려진 이 연설은 크게 두 형태가 있는데, 그중 남부 방언이 들어간 연설문으로 가장 널리 알려졌다. 뉴욕 출신이며 네덜란드어가 모국어인 트루스는 남부 방언을 사용하지 않았다. 스스로 글을 쓸 수 없었던 그의 연설은 다른 사람에 의해 여러 차례 수정되어 문자로 옮겨졌다. 1851년 처음 마커스 로빈슨Marcus Robinson에 의해 작성된 연설문에는 "나는 여성이 아니란 말입니까?"라는 문장이 등장하지 않으며 남부 방언이 사용되지도 않았다. 이것이 실제 트루스의 연설에 가장 가까운 연설문이다. 그러나 12년 뒤인 1863년 프란시스 다나 게이지Frances Dana Barker Gage에 의해 수정된 연설문에는 남부 방언이 섞여 있다. 왜 트루스의 실제 연설과 달리 게이지는 연설문에 방언을 넣었을까. 노예 출신 흑인은 '올바르지 않은' 남부 언어를 쓴다는 차별적 의식 때문이었다. 부르디외가 '민중언어'는 "올바른 언어에서 배제된 것 전체를 가리킨다"며 '민중적'이라는 개념을 다각도로 비판했듯이, '구수한 민중의 언어'는 동시에 올바르지 않은 언어로 평가절하된다.[95]

스무 살까지 내 입에 배어 있던 강원도 억양은 자연스럽게 사라졌다. 그 장소를 떠나며 주변이 비강원도인으로 배치되다 보니 억양은 탈락했으나 어휘는 남았다. 나는 표준어 사용자지만 새치, 심퉁이, 섭, 뚜거리 등 지역성이 담긴 어휘는 굳이 방언을 고집한다. 하나의 언어가 사라질 때마다 하나의 세계가 사라지기 때문이다.

권력

권력의 무지, 무지의 권력

쉬운 언어와 '인싸'의 언어
' ' ' ' ' ' ' ' ' ' '

검색과 SNS 사용만으로도 '공부한다'는 착각을 하기 쉬운 시대를 살아간다. 정보에 대한 욕망은 충만할지 모르나 생각하기에 대한 의지와 욕구는 이에 비례하지 않는다. '아는 척'하는 인간을 위한 지적 서비스 아이템이 차고 넘친다. 오늘날 비평가란? 정보 소비자인 대중에게 지적 서비스를 제공하는 사람으로 여겨진다. 친절한 제품 설명서처럼, 지식과 정보의 친절한 안내자이며 유쾌한 대담자가 되어야 한다. 대중의 언어로 쉽게 전달하여 대중에게 이름을 알린 사람이 대중이 못 알아듣는 말을 했을 때 그 '서비스'는 지탄의 대상이 된다. 대중을 무시해? 언어 영역 1등급인 사람도 모르는 말을 쓰다니! 고객만족 서비스를 제공하지 못하는 언어는 그렇게 시장에서 지탄받는다. '누구나 쉽게 읽을 수 있는 글'은 존재하지 않는다. 여기서 '누구나'의 범위는 대체로 '나'를 기준으로 한다. 내가 쉽게 읽을 수 있느냐 없느냐를 놓고 쉬운 글과 어려운 글의 기준을 정한다. 쉬운 글이 좋은 글이라고 여길수록 어려운 것은 잘못된 것이 되어간다.

2019년 영화 〈기생충〉에 대한 한 영화평론가의 어휘 선택(명징과 직조)을 둘러싼 반응과 담론이 그리 가볍게 보이지 않았다. 단 한 줄 평이었다. "상승과 하강으로 명징하게 직조해낸 신랄하면서 처연한 계급 우화." 이때 사람들은 '명징'과 '직조'라는 어려운 한자어를 썼다고 문제 삼았지만 정말 '어려운' 단어라서 문제였을까.

일상에서 사람들의 언어를 관찰해보면 TV뉴스와 신문을 비롯하여 인터넷에 등장하는 언어를 빠른 속도로 흡수한다. 예를 들어 예비타당성조사의 줄임말인 '예타'를 일상에서 입에 올리는 사람들이 늘어났다. 2016년 하반기 최순실의 국정농단 사태 이후 많은 사람들이 '농단'이라는 언어를 배웠다. 스마트폰이 대중화되면서 '포렌식Forensic'이라는 어휘를 뉴스에서 자주 접한다. 디지털 기기를 통해 각종 전자적 증거물을 수집, 분석하는 작업을 뜻하는 말이다. 이러한 언어들을 두고 '어렵다'고 하는 경우는 거의 없다.

이는 단지 대중적인 말과 어려운 단어 사이의 문제가 아니다. 오히려 사람들은 '인싸'의 언어라면, 적극적으로 익힌다. '인사이더'와 '아웃사이더'를 줄인 말인 '인싸'와 '아싸'의 유행처럼 주류와 비주류의 구별 짓기는 다양한 방식으로 번성한다. '뜨아'와 '아아'가 무슨 말인지 척척 알아들으며, 톱 다운, 스몰 딜 같은 외국어, 김정은과 트럼프의 '케미' 등의 조어가 뉴스를 도배해도 아무도 이 언어에 이의제기하지 않는다. 이런 언어를 재빨리 이해하지 못하면 오히려 시대에 뒤떨어진 사람으로 보이기 때문이다.

어떤 언어가 밀려나고 어떤 언어가 영향력을 행사하는가. 어려운 단어에 대한 저항감에 비하면 혐오 표현이나 잘못된 수사는 오히려 만개한다. 미치코 가쿠타니Michiko Kakutani는 특정 패거리의 언어가 국민의 언어가 되는 것, 곧 차별적인 언어가 주류가 되어 정치 담론으로 들어오는 문제를 지적했다.[96] 실제로 오늘날 한국의 보수 정치인들의 언어에서 정확히 이와 같은 모습을 관찰할 수 있다. 2019년 5월 정치적 공격을 위해 과하게 비속어를 사용했던 나경원 의원은 "인터넷상의 표현을 무심코 사용"했다며 사과했다. 나경원은 거리 연설에서 '달창'이라는 표현을 썼다. 문재인 지지자들을 비하하는 언어이면서 동시에 여성 비하적인 언어다. 그의 변명대로 실제로 뜻을 자세히 몰랐을 수도 있다. 그러나 그가 뜻을 알았느냐 몰랐느냐보다 "인터넷상의 표현을 무심코" 그냥 썼다는 점이 중요해 보였다. 아마 나름대로는 '쉬운 대중의 언어'를 쓴다고 착각했을지 모른다. 이런 현상은 이준석-윤석열 시대를 맞아 더욱 뚜렷해졌다. 남성 커뮤니티와 극우 유튜버의 언어가 정치판을 휘젓는다. 대통령 후보자는 "성인지 감수성 예산이란 걸 30조 썼다"고 말하며 그 돈이면 북한의 "핵위협을 저희가 안전하게 중층적으로 막아낼 수" 있다는 흑색선전까지 서슴없이 했다. 사실이 아닌 정보가 이렇게 거듭 퍼져나가고 다른 한쪽에서는 계속 사실관계를 정리하는 수고를 담당한다.

막말 때문에 구설수에 여러 번 오른 홍준표의 인상적인 항변을 기억한다. 그는 "서민을 대상으로 하는 국내정치를 할 때 어떻게 말해야 하는지 정도는 구분할 줄 안다"며 페이스북을 통해 자신의 막말을 변호한 적 있다. 매우 격이 떨어지는 언어, 나아가 차별적인 혐오발화조차 '대중친화적'이라는 구실로 정당화한다. 이런 사람이 늘어날수록 정제된 언어는 마치 엘리트의 잘난 척처럼 보인다. 예의가 위선과 동일시되듯이 막말은 마치 구수한 서민의 언어인 양 되어버린다. 정확하게 정보를 전달해야 하는 미디어의 언어에서는 외국어 사용이 증가하고, 정치인들이 대중의 감정에 호소할 때는 비속어를 남용한다. 이런 방식이야말로 대중을 언어에서 유리시키는 태도이다. 증오는 폭발시키고 생각하기와는 멀어지게 만든다.

영어라는 지배의 언어

영어 사용은 더 이상 특정 계층의 '방언'에 머물지 않는다. 정치권과 미디어에서 불필요한 영어 사용을 부추긴 탓이 크다. 영어를 좀 섞어서 말하는 방식은 어쩐지 더 전문적으로 보이는 효과를 준다. 캔슬하고 딜레이되고 컴플레인이 들어오고 이슈가 있으며 애티튜드를 갖추고 네거티브 공격을 하며 엣지 있게 어프로치해서 뷰를 즐기는 따위의 표현은 이제 '영어'라고 인식할 필요도 없이 일상에 자리 잡았다.

영어 지배는 2000년대 이후 눈에 띄게 심해졌다. 예를 들어 선거 때마다 우리는 '네거티브'라는 어휘를 접한다. 이는 상대 후보를 향한 부정적 공격을 뜻한다. 정치인들은 꾸준히 차별화된 언어를 만들기 위해 애쓰는 집단이다. 언론은 이 언어들을 옮기면서 대중화하는 역할을 한다. '네거티브'를 흑색선전 혹은 부정적 공격 등으로 옮길 수도 있을 것이다. 이해하기 쉬운 말을 두고 굳이 영어로 표현한다. 오히려 어떤 계층에게는 한 번에 알아듣기 어려운 영어를 적극적으로 사용한다.

"톱다운 방식보다는 실무협상부터 올라가는 보텀업 방식
을 강조한다."(《한겨레》 2021. 1. 28.)

Top-down은 하향식으로 Bottom-up은 상향식으로 표현
하면 될 것을 굳이 '톱다운'과 '보텀업'이라고 표기한다. 한겨레
신문이 한글 전용 신문이라 한글로 풀어서 표기한다고 해도 영어
를 불필요하게 사용하는 흐름에서 예외가 아니다.

　우리가 영어를 할 수 없다면 이 사회에서 어떤 위치에 있게
될까. 영화 〈아이 캔 스피크〉와 〈삼진그룹 영어토익반〉에서 여성
들은 영어 공부를 열심히 한다. 한쪽은 위안부 피해 생존자이며
다른 한쪽은 대기업에서 가장 말단인 고졸 출신 여성 직원들이
다. 이들은 거대한 힘과 맞서기 위해 공통적으로 영어를 배운다.
〈삼진그룹 영어토익반〉에서 여성 노동자들이 밤을 새워가며 영
어 문서를 나눠서 번역하여 인수합병될 위기에 놓인 기업을 구하
고, 동시에 무단 폐수 방류 문제를 해결하는 데 큰 역할을 한다.
이들은 영어 시험에도 합격하여 회사에서 승진하고 드디어 고졸
사원만 입는 유니폼을 벗는다. 〈아이 캔 스피크〉에서 나옥분은
미국으로 입양 간 남동생과 대화하기 위해 영어를 배운다. 이렇
게 시작된 그의 영어 배우기는 미국 의회에서 위안부 생존자로서
증언하기에 이른다.

　'글로벌' 사회에서 영어라는 언어가 갖는 힘은 부정하기 힘
든 게 사실이다. 그러나 이 '부정할 수 없는 현실'을 수용할 것인
가, 이 현실에 문제 제기할 것인가. 영어를 하지 못해 제국주의의

폭력을 증언할 수 없다면, 영어 성적이 낮아 직장 내 신분사회를 타파할 수 없다면, 그렇다면 영어란 무엇인가. 사회에서 지워지거나 침묵당하는 이들의 언어가 영어를 통해서만 세상 밖으로 터져 나갈 수 있는 사회에서 영어를 하지 못하는 이들의 목소리는 어떤 위치에 있게 될까.

물론 이런 문제를 지적하기도 솔직히 눈치가 보인다. 학벌사회를 비판하는 사람이 본인의 학벌에 '문제'가 없어야 그 진정성을 인정받듯이, 영어 제국주의를 비판하는 사람도 그 자신이 영어에 '문제'가 없어야 순수하게 비판할 수 있는 자격을 얻는다. 그런 면에서 보자면 나는 문제가 아주 많은 사람이라 진정한 자격이 없을지도 모른다. 그런데 바로 이렇게 '순수한 비판자'의 자격에 대한 엄격한 요구야말로 '갖추지 못한' 사람들을 침묵시킨다.

권력의 언어를 체화하지 않으면 권력에 맞설 수 없는 구조야말로 말하지 못하는 이들의 말을 들을 필요 없게 만든다. 나아가 권력의 언어를 갖추지 못한 이들을 조롱하고 괴롭혀도 마땅한 대상으로 취급하게 한다. 2021년 서울대 청소노동자가 사망한 후 직장 내 괴롭힘 사실이 알려졌다. 이 괴롭힘 중 하나는 청소노동자에게 영어와 한자로 건물 이름을 쓰는 시험을 보게 한 것이다. 이에 대해 서울대 측은 노동자에게 '자긍심'을 주기 위해서였다고 해명했다. 노동자에게 '자긍심'을 주는 방식이 어째서 건물이름을 영어와 한자로 쓰게 하는 것이어야 했을까. 이 시험에서 제대로 영어와 한자를 쓰지 못할 때 그들에 대한 차별적 대우는 정당화된다.

'권력의 비문'이 불쾌한 이유

'신언서판'은 옛말이다. 이준석의 글씨체가 화제에 오른 적이 있다. 컴퓨터로 문서 작업을 하는 것이 보편화되면서 손글씨를 잘 쓰지 못하는 게 오히려 자연스러울 정도다. 글씨체를 두고 인격을 논하는 것은 과하다. 젊은 세대는 손으로 종이에 직접 글을 쓰기보다는 컴퓨터 자판으로 글을 쓰는 것에 훨씬 익숙하다. 문제는 못 쓴 글씨가 아니라 주술 구조가 맞지 않는 비문이나 틀린 맞춤법이 유난히 자주 보인다는 점이다. 정치인들이 남긴 방명록한 줄이 종종 화제가 된다. 이명박 전 대통령은 2008년 취임식날 국립현충원 방명록에 "국민을 섬기며 선진일류 국가를 만드는 데 온몸을 바치겠읍니다"라고 적었다. 1989년에 '~습니다'로 맞춤법이 바뀌었지만 마치 1989년 이후로 글을 읽거나 써본 적없는 사람처럼 여전히 과거의 맞춤법에 머물러 있었다. 윤석열은 2021년 6월 대선 출마 선언을 앞두고 김대중 도서관 방명록에다음과 같은 글을 남겼다. "정보화 기반과 인권의 가치로 대한민국의 새 지평선을 여신 김대중 대통령님의 성찰과 가르침을 깊이 새기겠습니다." 그는 '지평을 여신'이라고 말하고 싶었겠으나'지평'은 '지평선'이 되었다. 안철수도 2021년 1월 국립서울현충원을 참배하며 방명록에 "대한민국을 더욱 굳건이 지켜내고"라고 적었다. '굳건히'가 맞다.

착각으로 빚어진 단순한 실수일 수 있다. 설사 어휘력이 부족하다 할지라도 무식이 그 자체로 문제는 아니다. 그러나 무식한 사람이 무식하게 보이지 않을 수 있는 굉장한 권력을 가지고 있다면 상황이 다르다. 기회가 없어 배우지 못한 사람이 아니라, 그 정도로 무식해도 아무 상관 없이 살 수 있는 권력자였다는 뜻이다.

넷플릭스 드라마 〈D.P.〉에서 황장수는 안준호가 받은 어머니의 편지를 빼앗아 읽으며 틀린 맞춤법을 조롱한다. 월급이 5만 원 올라 기뻐하는 저임금 노동자가 아들에게 보내는 지극히 사적인 편지에 적힌, 사소한 맞춤법 오류가 조롱의 대상이 되었다. 정확하지 않은 맞춤법은 교육 수준과 경제적 상황까지 포괄적으로 드러내는 장치로 쓰인다. 극 중 악역인 황장수는 이 점을 놓치지 않고 최선을 다해 준호를 놀린다.

역대 정치인들은 맞춤법 오류와 비문 모음집을 만들 수 있을 정도로 숱하게 틀린 문법을 곳곳에 남겼다. 공적 행보에서 모국어 맞춤법을 틀려도 아무 상관 없는 사람이 있는 반면, 저임금 노동자의 맞춤법 오류는 놀림거리가 된다. 심지어 모국어도 아닌, 업무와 무관한 외국어 능력으로 생계에 타격을 받는 사람도 있다.

2021년 서울 중구에 있는 세종호텔에서는 전 직원에게 외국어 능력 시험을 요구했다. 외국어와 무관한 근무를 하는 조리사와 식기 세척 노동자들에게도 '합리적이고 공정한 정리해고 대상자 선정을 위한 기준'을 적용하며 해고를 정당화했다. 이때 언어는 직무 능력 평가 도구라기보다는 계급을 가르는 상징적 도구로 활용될 뿐이다. 이 잣대는 과연 공정한가.

무언가를 모르는 것이 누군가에게는 수치심을 주는 차원을 넘어 업무와 상관없음에도 부당한 해고의 명분이 된다. 그러나 권력자의 무지는 무지의 권력으로 작동한다. 방명록에 적는 틀린 맞춤법 정도는 그래도 사소한 일이다. 시대의 흐름을 읽어야 하는 정책 결정권자가 관련 개념을 제대로 모르고 있다면 차원이 달라진다.

권력은 "들어본 적 없다"

나는 2021년 한 남성 변호사에게서 "페미사이드라는 말을 처음 들었습니다"라는 고백을 들었다. 2016년 강남역 살인사건으로 '여성살해' 혹은 '페미사이드Femicide'라는 언어가 문자를 넘어 목소리를 통해 거리로 흘러나왔지만 무려 사회적 약자를 위해 목소리 내던 변호사조차 모를 수 있었다.

'처음 듣는 말'이 무엇인지는 때로 그 사람의 위치를 보여준다. 2017년 자유한국당에서 마련한 한 토론회에서 당시 홍준표 대표는 "젠더 폭력이라고 하는 게 선뜻 이해가 안 가는데, 예를 들어 말해달라"고 요청했다. 설명을 들은 뒤에도 그는 "처음 듣는 말"이라며 "젠더가 뭔가"라고 재차 물었다. 누군가에게는 삶에 직결된 문제이기에 이 언어가 들리지만, 누군가의 귀에는 삶의 주파수가 맞지 않아 들리지 않는다.

2022년 첫 대선 후보 토론에서 당시 윤석열 국민의힘 후보가 'RE100재생에너지 100퍼센트 사용', 유럽연합EU '택소노미'▲ 등을 이해하지 못해 논란이 일었다. 일반인들은 모를 수 있다. 그러나 대선 후보가 너무 당당하게 "들어본 적 없으니까"라고 말하는 것은 문제가 있다. 그는 RE100과 택소노미를 몰라도 "탈원전 백지화, 원전 최강국 건설"이라고 페이스북에 적을 정도로 원전 정책을 강력하게 주장한다. 물론 이 두 개념이 기후위기를 해결할 수 있는 절대적 기준도 아니며, 이에 대한 논의는 별도의 문제다. 재생에너지에 대한 담론을 모르는데도 아무런 거리낌 없이 친원전 정책을 주장하는 지점이 위험하다. 우리 삶이 직면한 심각한 문제에 대통령 후보가 어떤 관심과 태도를 갖추고 있는지 드러냈기 때문에 문제라는 것이다. 게다가 잘 이해하지 못한 용어가 주로 기후위기 의제와 관련된 단어라는 점은 우연이 아니다.

더 심각한 건 이러한 무지에 대한 당당함이다. 윤석열은 토론 다음 날 "대통령이 될 사람이 RE100이나 이런 것을 모를 수도 있는 거 아닌가"라고 항변했다. 젠더와 기후위기 관련 의제에 대한 무지를 정치인들은 부끄러워하지 않는다. 보수적인 정치인일수록 기후위기를 부차적인 것, 알 필요가 없는 것이라고 생각한다.

'합리적이고 공정한' 기준에 따라 직무와 무관한 능력까지 검증받으며 억울한 상황에 처하는 노동자들이 있는 반면, 알아

▲   청정에너지에 대한 금융 투자 지원을 하는 녹색 분류 체계.

야 하는 사람들은 당당하게 모르거나 몰라도 된다 우긴다.▲ 더 문제적인 현상은, '나도 몰랐다'며 그 모름을 옹호하는 목소리다. 이 무지의 공동체가 우려스럽다. 각종 혐오 단어는 꿰고 있지만 '명징', '직조', '사흘' 등의 말에 대해선 '나도 모르는 말'을 쓴다고 오히려 화를 내던 목소리들은 매우 불길한 징후였다. "인문학은 소수만 하면 된다"▲▲는 윤석열의 발언에서도 알 수 있듯이 반지성적 정치인은 생각하지 않는 대중을 원한다. 권력의 무지가 옹호받을 수 있기 때문이다. 낯선 존재 때문에 극심한 두려움을 느끼던 소설《모비딕》의 이슈미얼에게 "무지는 두려움의 아버지"[97]지만, 권력은 무지를 두려워하지 않는다.

기후위기 의제는 한가로운 윤리적 걱정이 아니라 밥상에서 외교까지 촘촘히 연결된 현실적인 문제다. 더불어 농어업에 종사하는 사람들의 생계와 직결되어 있다. 농어민의 이야기를 조금만 들어봐도 날씨 때문에, 수온이 올라가, 예전에는 그렇지 않

▲ 윤석열은 많은 분야에서 무지를 드러냈지만 토론회를 통해 알려진 일부 사례만 들어보면 다음과 같다. 2022년 2월 21일 토론회에서 심상정 후보가 윤석열에게 "주식 양도세 폐지를 약속했는데, 왜 도입됐는지 아세요?"라고 질문하자 "글쎄, 한번 좀 가르쳐주십시오"라고 했다. "종부세 얼마 냈냐"는 질문에는 "잘 모른다. 몇백만 원"이라고 얼버무렸으나 심상정이 '30억 집에 92만 원'이라고 알려줬다. 3월 2일 대선 토론에서 심상정 후보가 "작년에 산재로 몇 명 죽었는지 아시는가"라고 질문했을 때 윤석열은 "숫자는 정확히 저 몇백 명…"이라고 답했다. 이재명 후보가 육아휴직 실제 사용률을 물었을 때 답하지 못했다. 2월 3일 진행된 토론에서 안철수 후보가 주택 청약 만점이 몇 점인지 물었을 때 "40점"이라 답했다. 만점은 84점이다.

▲▲ 2021년 9월 안동대학교를 방문해 학생들과의 대화에서 했던 말이다.

았는데, 비가 너무 자주 와서, 품종을 바꿔야 하고, 어획량이 줄었고, 기온이 높아져서 등의 하소연을 들을 수 있다. 외국어 하나 섞여 있지 않은 생활 언어로 이야기해도 많은 사람들이 이 목소리를 듣지 못한다.

'어려운 말'이 문제가 아니다. 암호화폐, 가상세계 관련 언어들도 어렵긴 마찬가지다. 그러나 이 언어들을 두고 모르는 말을 쓴다며 시비를 걸진 않는다. 메타버스와 NFT를 모르면 '뒤처진' 사람이라는 분위기이기에 많은 사람이 이 흐름을 이해하는 척이라도 한다. 성장과 투자의 언어는 환영받지만 삶의 고통을 이해하려는 언어는 외면받는다. '가성비'라는 언어가 일상을 점령해가는 사회에서 사물, 환경, 관계 등에 대한 이해는 그저 '가격 대비 성능'으로 축소된다.

정치학자 엘빈 T. 림Elvin T. Lim은 2008년 출간한 《반지성적 대통령The Anti-Intellectual Presidency》[98]에서 1790년부터 2006년까지 역대 미국 대통령들의 연설에 등장하는 수사를 분석했다. 림에 따르면 대통령들의 수사는 점점 가독성이 높아졌으나 지적으로는 하락했고 감정에 호소하는 방식이 늘어났다. 어느 정도 단계까지는 단순한 언어가 민주적 참여를 늘리는 데 기여하지만, 어느 시점을 지나면 의미 있는 논의가 어려워질 것이라고 림은 주장했다. 2016년 트럼프의 당선, 2022년 윤석열의 당선이 어떤 언어들과 호응했는지 짚어보면 수긍이 간다. 몰라도 되는 권력이 구사하는 단순하고 감정적인 언어, 이에 호응하는 무지의 공동체 속에서 자라난 무지의 권력이다.

권력의 수사학
‖‖‖‖

"시와 수사학의 차이는 / 자신을 / 죽일 / 준비가 되어 있
는지 / 자기 아이들을 죽이는 대신에"

오드리 로드Audre Lorde의 시 〈힘Power〉은 시와 수사학의 차이를 말
하며 시작한다. 로드는 도대체 무슨 뜻으로 시와 수사학의 차이
를 말한 것일까. 게다가 자기 아이들을 죽이는 대신에 자신을 죽
일 준비라는 건 어떤 의미인가. 이 시는 1973년 열 살짜리 흑인
소년을 경찰이 총으로 살해한 사건을 다룬다. 법정에서 가해 경
찰은 이렇게 변호했다. "몸집이라거나 다른 건 눈치채지 못했어
요. 오직 피부색만." 소년을 살해한 백인 경찰은 무죄로 풀려났
다. 배심원 중 열한 명의 백인 남성들은 정의가 구현되었다고 말
했다.

　힘에는 여러 의미가 있다. 진실을 말하기 위해 죽을힘을 다
할 수도 있고, 지배하기 위해 죽이는 힘을 발휘할 수도 있다. 경
찰이 법정에서 사용한 수사는 인종차별적 사회에서 힘을 발휘했
다. "오직 피부색만." 그 피부색은 죽여도 되는 색깔이다. 특정
정체성만 강조하고 명명함으로써 모든 상황은 더 이상 설명할 필
요가 없게 된다. 행위의 옳고 그름을 가리는 게 아니라 서로가 서
로를 향해 '너는 누구냐'를 묻게 만든다.

　의도적인 막말이나 자극적인 짧은 말은 서사를 붕괴시키며
인간이 다른 존재를 이해하는 힘을 가로막는다. 대신 명명하는

권력을 행사한다. 권력의 수사학은 명명을 적극적으로 실천한다. 미국이 전쟁을 치를 때마다 특정 집단에게 붙인 꼬리표는 다양한데, 그중 한국인에게 붙인 멸칭은 지금도 미국 내 한국인을 괴롭힐 때 사용된다. 한국전쟁과 베트남 전쟁을 거치며 한국인, 나아가 동남아시아인을 경멸의 의미를 담아 '국Gook'으로 불렀다.▲ 이러한 명명은 세상을 단순하게 보도록 이끈다. 이름을 붙인 후에는 그 집단에 대해 알 필요도 이야기를 들을 필요도 없어진다. 대신 원하는 방식으로 상대를 정의 내리며 그들에 대한 가해행위는 정당성을 얻는다.

윤석열은 대통령 후보 시절 '1일 1망언'이라는 말이 나올 정도로 말이 계속 문제가 되는 사람이었지만 역대 어떤 대선 후보보다도 말을 기피하는 사람이었다. 다른 후보와의 토론을 꺼리고▲▲, 연설 중 프롬프터가 없어지면 2분간 아무 말도 못 한다.▲▲▲ 문장을 말하고 문단을 구성할수록 말이 문제가 된다. 그런 윤석열은 페이스북에 단 몇 단어만 적는 것으로 쇄신의 의지를 드러

▲ 미군이 전쟁을 통해 아시아인들과 접촉하면서 아시아인을 비하하는 언어들이 만들어졌다. '국Gook'은 오늘날 아시아인을 비하하는 대표적 은어인데, 그 기원은 정확하지 않다. 한국전쟁에서 미군이 한국인을 '국'으로 부르면서 본격적으로 확산된 것으로 보인다. 재미교포 감독 저스틴 전이 제작한 미국 내 한인의 인종차별 문제를 다룬 영화 〈Gook〉이 있다.

▲▲ 윤석열은 대선 후보 시절 "토론을 하면 결국은 싸움밖에 안 난다"며 후보 간의 토론이 불필요하다는 주장을 펼쳤다.

▲▲▲ 윤석열은 2021년 11월 22일 TV조선이 주최한 '글로벌 리더스 포럼 2021' 연설 자리에서 프롬프터가 작동하지 않자 2분 정도 아무 말도 하지 않고 두리번거렸다.

냈다. 문장이 아니라 단어를 나열하는 해시태그로 메시지를 전달한다. '성범죄 처벌 강화', '무고죄 처벌 강화', '여성가족부 폐지'▲, '병사 월급 200만 원', '주적은 북한.' 이 흐름 속에서 '멸공'은 덤이고, '달파멸콩'▲▲은 부산물이다. 병사 월급 200만 원은 바람직한 정책이지만 여가부 폐지를 언급한 직후에 이 정책을 말함으로써 여성과 남성을 병렬적으로 배치한 점이 문제다.

이 우스꽝스러운 행진은 적을 선명하게 만들어 그들을 '멸滅'하는 말을 하고, 전쟁을 불사하겠다는 암시를 주는 말들이 효력을 발휘하도록 만든다. 전쟁은 명확한 적과 희생양이 필요하다. 국민의힘은 시대착오적이게도 '공산당과 페미니즘'을 바로 그 적으로 설정했다. 하태경은 SNS를 통해 "페미니즘 자체가 반헌법적 이념"이며, 여가부를 "반헌법적 폭거"나 "우리 헌법을 짓밟는 무도한 이념적 폭력 기구"라고 정의했다. 이처럼 페미니즘이라는 단어를 왜곡되게 알리고 철저하게 거부하는 현상은 그저 여성을 배척하는 차원의 문제가 아니다. 그것은 소수자의 목소리를 차단하겠다는 신호다. 그렇게 '페미니즘'이라는 말만 들어도 남성에 대한 폭력을 연상하도록 가짜 전선을 만든다.

페미니즘을 위축시키는 행태는 일상적으로 나타난다. 예를 들어 KBS 시사방송 〈더 라이브〉에 대선 후보로 출연한 심상정에

▲   윤석열의 후보 시절 선거대책본부는 2022년 1월경 페이스북에서 '여성가족부 폐지' 등의 한 줄 공약을 진행했는데, 이를 담당했던 메시지 총괄관리 담당 보좌진은 2022년 2월 여성 신체 불법촬영 혐의로 검찰 수사를 받았다.
▲▲ 문재인 대통령과 친문 세력을 연상시키는 용어인 '달파'와 정용진 신세계 부회장이 언급한 '멸공' 주장을 연상시키는 말이다.

게 진행자 최욱은 "극단적 페미니즘과 절연하는 것이냐"라고 재차 집요하게 질문했다. 이러한 질문 행위 자체가 억압에 해당한다. '극단적'이라는 말을 붙이기 시작하면 어느새 그 '극단'은 점점 가까이 다가온다. 극단은 결코 멀어지지 않는다. 그렇게 입지를 좁히도록 만든다. 노골적으로 여성을 배제하는 국민의힘 정치인에게 "극단적 성차별주의자들과 절연하시는 겁니까?"라고 묻는 사람은 아무도 없다. '극단적 성차별주의자'라는 말도 사실상 쓰이지 않는다.

특히 페미니즘을 공격하는 사람들은 '극단적'이라는 말을 자주 사용한다. 확실한 전선이 필요하기 때문이다. 이들은 인간과 동물 사이의 확실한 경계, 남성과 여성 사이의 확실한 경계, 이성애자와 비이성애자의 확실한 경계를 통해서만 자신의 정체성을 확인할 수 있다. 페미니즘에 '극단적'이라는 꼬리표를 붙이면 붙일수록 페미니즘은 반사회적인 성격을 띠게 되고, 이 반사회적 성격과 거리를 두어야 '정상적이고 건강한' 시민이 된다.

냉전시대에 사용되던 '빨갱이 물이 든다'는 말은 오늘날 '페미 묻었다'로 바뀌어서 또 다른 형태의 사상검증으로 이어진다. 인간에게는 세계를 각각의 대립 쌍(여성·남성, 보수·진보, 공산주의자·자본주의자 등)을 통해 이해하려는 경향이 있기에 이런 극단적 설정은 사람들에게 쉽게 다가간다. 이준석이 습관처럼 말하는 "무운武運을 빕니다"에서 보듯 선거를 전쟁으로 여기는 이들에게 아군과 적군의 경계는 흐릿해서는 안 된다. 선명하게 경계는 그어지며, 경계선은 바로 전선이 된다.

이 전쟁에서 언어라는 무기는 중요하고, 정치인들이 나름 젊은 세대(라고 부르는 남성)를 결집시키기 위해 꺼내 든 '신식 무기'는 밈이다. SNS는 이 무기를 휘두르기에 최적화되어 있는 영토다. SNS는 소통이라는 환상을 제공하는 한편, 차단과 조롱이 범람하는 장이기도 하다. 맥락은 실종되고 대화의 한 귀퉁이를 잘라내어 끝도 없이 조롱할 수 있다. 성급하게 판단하기 일쑤다. 긴 문장보다 자극적인 단어의 반복이 효과적이다. 트위터에서 짧은 몇 마디로 정치하던 트럼프처럼 윤석열도 SNS를 활용한다. 반려견을 이용한 일명 '개 사과', 남친짤, 멸공챌린지 등을 그렇게 이어갔다. 새 시대를 만들려면 새 술을 새 부대에 담아야 하지만 새 술은 없고 새 부대는 어설프다. 그래서 형식적으로는 젊은 언어를 사용하지만 담을 수 있는 내용은 먼지 가득한 낡은 '멸공'과 안쓰러울 정도로 붙들고 있는 불안한 '남성됨Manhood' 이다. "말이 아닌, 힘을 통한 평화를 구축하겠다"고 외치는 윤석열의 등장은 언어를 망치는 정치가 곧 평화를 위협하는 정치가 될 수 있음을 보여준다.

인권과 서사

가부장제와 군사주의의 공모를 밝혀내는 작업을 이어간 평화학 연구자이며 활동가인 베티 리어든Betty Reardon은 '여성의 대상화가 어떻게 군사주의의 전제 조건'이 되는지 분석했다.[99] 남성은 여성에 대한 구조적 지배를 통해 자존감을 얻을 수 있기 때문이다. 실제로 윤석열은 대통령 예비후보 시절 예비역 병장들을 만난 자리에서 "여성 사회진출이 많아지다 보니 채용 가산점이 없어"진 것을 군 사기 저하의 원인으로 꼽았다. 성차별적 의식을 노골적으로 보여주는 그가 종전 선언을 반대하고 '선제타격'이라는 도발적 발언을 꺼낸 것은 우연이 아니다. 이준석-윤석열 조합은 리어든의 책 제목이기도 한 '성차별주의는 전쟁을 불러온다'는 명제를 매우 뚜렷하게 보여준다. 청년과 소통하겠다며 기득권 남성들은 극우 남성의 언어를 배운다. 그러나 '선제타격'이 보여주듯이 젊은 남성을 내세우는 그들의 언어는 결코 젊은 남성을 살리는 말이 아니다.

한편 이재명은 남성 커뮤니티에 올라온 "광기의 페미니즘을 멈춰달라"는 주장이 담긴 글을 선대위에 공유했었다. 이에 대한 비판에 이재명은 "청년의 절규를 전하고 싶었기 때문"이라고 말했지만 과연 어떤 청년을 말하는가. 여야를 막론하고 남성 커뮤니티의 언어가 정치권으로 옮겨지며 듣기의 불균형이 심각해지고 있다. 2021년 12월 말 이재명이 CBS 유튜브 채널 〈씨리얼〉 출연 결정을 번복한 것은 이를 잘 보여준 예다. 청소년, 여성, 장애인, 산재 노동자, 돌봄노동자 등 사회 곳곳 약자들의 목소리를 전하는 방송을 일부 지지자들이 "페미 성향"이라며 출연을 반대한 뒤 일어난 일이다. 이쯤 되면 우리 사회의 어떤 소수자의 목소리든 '페미니즘'이라고 규정하기만 하면 들을 필요가 없어진다는 인식을 정치인들이 앞장서서 심어준다고 볼 수 있다.

미국 역사학자 린 헌트Lynn Hunt는 인권운동이 서사적 실천의 발전으로 가능해졌다고 주장했다.[100] 18세기 이후 소설을 읽는 문화가 확산되면서 보통 사람들이 물리적으로나 사회적으로 가깝지 않은 존재들의 이야기를 접하고 이를 통해 공감 능력을 기를 수 있었다고 본다. 헌트의 주장을 비판하는 입장도 있으나 실제로 미학과 윤리학 사이에는 꽤 긴밀한 상관관계가 있다.

나는 미적 표현과 보편적 윤리를 연결시키는 것에 다소 조심스러운 입장이지만 주의해서 본다. 이야기를 짓는 능력이 아니라 이야기를 듣는 능력에 초점을 맞춰보면, 타인의 서사를 이해하려는 태도는 실제로 윤리적 변화를 만든다. 예를 들어 장애인 시설에서 일했던 사회복지사가 발달장애인과 소통하는 모습을 보자.

> "지원주택 중간평가 때 자신이 바라는 걸 그림으로 그려달라고 했더니, 호민 씨가 큰 네모에 크기가 다른 동그라미 3개를 그렸어요. 네모는 집을, 큰 동그라미는 호민 씨를, 중간 동그라미는 영미 씨를, 작은 동그라미는 아기를 의미하는 거였어요. 또 지원주택에 살면서 무엇이 좋은지를 물었더니 네모 3개를 그렸어요. 큰 테두리 네모는 집을, 작은 네모 2개는 텔레비전과 침대를 의미하는 거였어요. 자신의 집, 가구, 그리고 가족을 갖고 싶어 하고 소중히 여기는 마음이 뭉클하게 다가왔지요. 어떤 형태로든 모든 사람들은 자신의 마음을 표현하고, 그 소통의 의미가 정말 소중하고 중요하다는 것을 깊이 느낀 시간이었어요.

소통이라고 하는 것은 이런 건데 많은 사람들은 글씨를 맞게 써야 되고 말을 똑바로 해야 한다고만 생각해요. 의사소통의 의미를 거기에만 두고 있으니까 발달장애를 가진 사람들은 의사소통을 하지 못한다고 생각을 하는 거예요. 그런데 그렇지 않잖아요."[101]

이 이야기는 의사소통에서 말하기만큼이나 듣기가 얼마나 중요한지 전해준다. 발달장애인은 네모와 동그라미로 생각과 감정을 표현하려 애쓰고, 사회복지사는 그 네모와 동그라미를 해석해낸다. 흔히 의사소통을 하지 못하는 쪽을 장애인이라 생각하지만 실제로는 제한된 소통 방식만을 고집하며 다른 표현 방식을 듣지 않는 비장애인의 의사소통 능력에 의구심을 가져야 한다. 사회에서 상대적으로 이야기가 들리지 않는 집단의 목소리를 듣는 태도는 중요한 정치적 동력이 된다.

마찬가지로, 지배 담론을 벗어난 소설이나 영화에 누리꾼들이 집단적으로 별점 테러를 벌이는 태도는 사소해 보이지만 실은 저항 담론에 대한 적극적인 거부로서 사소하지 않다. 때로 이야기는 인간의 마음속에 자리한 연민을 정치화하는 힘을 길러준다. 철학자 마사 누스바움Martha Nussbaum이나 경제학자 아마르티아 센 등이 보편적 윤리를 끌어내는 중요한 요소로 미적 표현을 강조한 이유다.[102] 바로 그러한 이유로 지배 권력은 소수자의 이야기를 적극적으로 외면한다. 대신 망언을 하고 멸칭을 만들고 극단적 어휘를 사용한다. 자발적으로 표현의 능력을 퇴행시키는

'표현의 자유'의 범람이다.

윤석열은 여성가족부를 폐지하는 게 아니라 명칭을 변경하는 것이라는 대변인의 말에 다시 한번 폐지가 맞다고 강조하며 다음과 같이 못을 박았다. "그 어떤 발언일지라도, 저 윤석열의 입에서 직접 나오지 않는 이상 공식 입장이 아닙니다." 오직 그의 입만이 '공식 입장'을 말할 수 있다는 뜻이다. 나는 듣지 않는다. 나는 말한다. 그는 오직 말하는 존재이다. 그가 기피하는 것은 말이 아니라 소통이다. 그의 말은 설명하거나 설득하거나 사과하는 말이 아니라 지배하는 말이다.

다시, 오드리 로드는 평소에 고통을 이해하는 과정을 시라고 말해왔다. 권력의 수사학이 '증오'와 '파괴'를 통해 '우리 편'을 결집시킨다면 로드에게 시는 사랑하고 창조하는 대항언어다. 현재 난립하는 언어들은 창조하는 시가 아니라 파괴하는 수사로 작동한다. 동사가 사라진 명사의 나열은 "오직 피부색만" 강조하던 차별의 언어처럼 명명하는 권력을 한껏 과시하는 행위일 뿐이다. 고통의 서사를 들을 것인가, 고통을 외면하는 언어에 호응할 것인가.

아름다움

공정은 아름다움과 연대한다

고통과 상실을 애도하며
▼ ▼ ▼ ▼ ▼ ▼ ▼ ▼ ▼ ▼

비둘기 두 마리가 작은 독방에 갇혔다. 창문 하나 없는 어두운 방 안에서 푸드덕푸드덕 날아다니며 출구를 찾지만 나가지 못한다. 오래전 내가 기획에 참여했던 한 전시에 출품된 작품이다. 아마도 작가는 구속된 자유를 감옥에 갇힌 새로 표현했을 것이다. 당시에 나는 참여 작가와 작품을 적극적으로 선택하지 못하는 20대의 어시스턴트 위치였다. 살아 있는 새를 실제로 감옥에 가둔 '작품' 앞에서 혼란을 느꼈으나 어쩌지 못했다. 작가가 자주 방문해서 새를 살피긴 했다. 20일간의 전시가 끝나고 철거를 할 때 작가는 비둘기를 데리고 갔다. 그 후 한 동물단체에서 아직 철거가 끝나지 않은 어수선한 전시장을 방문했다. 동물학대로 신고를 받았다며 현장 조사를 나왔다고 했다. 그들에게 전시 공간을 안내하며 상황을 설명하는데 가슴이 떨렸다. 시간이 지나면서 점점 내게 그 사건은 선명하게 다가왔다. 나의 무지와 소극적 태도로 인해 결과적으로 동물학대에 참여한 것이나 다름없었다. 살아 있는 생명을 창작의 도구로 만들어 의미를 생산하는 매개로 위치시킬 때 창작의 결과는 윤리적일 수 있을까.

구호 단체 광고를 볼 때도 생각이 복잡해진다. 갈비뼈가 앙상하게 드러난 아이들 주변에는 파리가 날아다니지만 아이들은 그 파리를 쫓을 기운도 없어 보이고 그저 퀭한 눈빛으로 앉아 있다. 아프리카의 모습은 그렇게 전달된다. 이 세계의 비참함을 알려야 하고, 보는 사람들의 감정을 움직여야 하고, 나아가 조금이라도 후원금을 모아 그 비참함의 수위를 낮출 수만 있다면 많은 사람들이 동참하도록 이끌어야 한다. 연민은 강한 정치적 힘을 만든다. 그럼에도 고통을 재현하는 방식에 대한 고민이 따른다. '불쌍한 존재'는 너무도 무력하다. 부당하게 고통받는 존재들은 그저 이 세계의 '불쌍한 존재'라는 틀에 갇힐 뿐이다. 그렇게 연민의 대상 이상으로 나아가지 못한다. 타자의 불쌍함이 나의 사회적 참여의 감정적 원천이 될 때, 이는 사회의 구조적 불평등에 저항하는 연대 의식으로 향하기보다 불쌍한 대상을 도울 수 있는 나에 대한 우월감으로 빠지기 쉽다. 불쌍한 대상들이 더 이상 불쌍해 보이지 않을 때 순식간에 혐오의 대상이 되기도 한다.

그렇다면 고통은 재현되지 말아야 하는가. '재현되어야 하는가 재현되지 말아야 하는가'라는 질문은 어쩌면 올바른 답을 끌어내지 못할지도 모른다. 그보다 고통을 '어떻게' 재현할 것인지 물어야 한다. 텔레그램 N번방 성착취 사건을 다룬 다큐멘터리 〈사이버 지옥〉에는 실제 피해자가 찍힌 사진이나 영상이 사용되지 않았다. 모자이크 처리된 사진조차 재현된 사진이다. 이처럼 실제 장면을 사용하지 않고도 진실을 알릴 수 있다. 진실을 찾아야 하는 이유, 그 진실을 알려야 하는 이유는 조금이라도 이 세상의 부당한 고통을 줄이고 세상을 바로잡기 위해서다. 고통을 이해하는 것은 고통을 전시하는 것과는 다르다.

미술시간에 미꾸라지나 낙지를 촉각체험의 재료로 활용하는 경우에도 마찬가지의 질문이 필요하다. 인간의 촉각체험이 미꾸라지와 낙지에게는 괴롭힘에 해당한다. 인간 중심적 사고에서 벗어나 다른 생명과의 공존을 배우고, 타자의 고통을 인식하려는 집요함과 생명의 상실에 대한 애도의 마음이 아름다움과 친교를 맺을 가능성은 늘 열려 있다. 고통을 외면한 채 우리는 아름다움을 맞이할 수 없다. 타자의 고통을 마주하고 사랑과 아름다움이 주는 힘과 그것의 정치성에 대한 무한한 희망을 포기하지 않는 것이 세계를 아름다움으로 이끌 것이다. 아름다움은 살아가는 모든 것에게 애쓰는 마음이며 동시에 죽어간 모든 것에게 애도를 잃지 않는 마음이라 생각한다. 그렇게 산 자와 죽은 자는 연결된다.

우리는 아름다움을 오해하고 있다

인간은 쓸모 이상의 쾌락과 위안을 원한다. 영양만이 아니라 미각과 시각을 만족시킬 음식을 찾고, 실용성 이상의 멋진 옷을 찾고, 작은 문구류 하나도 예쁜 것을 고르려 한다. 기원전 5000년경의 문명에서도 인간은 그릇에 문양을 넣고 각종 장신구를 만들었다.

아름다움은 이러한 '장식' 정도로 오해받곤 한다. 겉치레, 꾸밈, 허영, 사치 등으로 폄하받는다. 특히 가부장제-자본주의 사회에서 꾸밈은 여성의 몸을 점점 상품화해왔으며 머리카락 한 올, 손톱 하나까지 영토화한다. 여성의 꾸밈 노동은 성차별의 산물이지만, 나이/장애/성정체성 등을 생각하면 그렇게만 볼 수도 없는 복잡한 면이 있다. 더구나 여성에게는 '뚱뚱함'도 강력한 정체성으로 작용하기 때문에 여성의 몸에 따라 미니스커트는 구속이 아닌 도전이 된다. 꾸밈을 둘러싼 담론은 고정적이지 않고 사회 문화적으로 계속 변한다. 18세기 프랑스에서 실크 스타킹에 하이힐을 신은 루이 14세의 꾸밈은 권력의 상징이었다. 꾸밈은 계층과 무관한 적이 없었다.

'내면의 아름다움'이라는 말을 거북하게 여기는 이유는 눈에 보이는 아름다움이 가진 권력과 정치적 문제를 오히려 단순화하기 때문이다. 게다가 외면과 내면이라는 이분법적 구도는 아름다움을 더욱 오해받게 만든다. 겉으로 드러나는 미는 속임수, 가짜가 된다. 아름다움을 이렇게 가볍게 만든 후 이를 여성성과 연결 짓는다. 칸트와 에드먼드 버크Edmund Burke 같은 철학자들은 숭고와 아름다움을 남성성과 여성성으로 구별했다. 미학의 성별 구별에 저항하기는 여성이 목소리 내는 역사에서 늘 중요한 역할을 해왔다.

보리스 존슨 전 영국 총리가 헝클어진 머리를 보여주는 것은 나름 대중적이고 서민적인 이미지를 연출한 것이라고 해석한다. 그럴 법하다. 같은 보수당이었던 테레사 메이나 데이비드 캐머런이 보여준 세련됨과는 달리 그는 적극적으로 차별화된 모습을 보여줬다. '일하는 남자'의 모습을 강조하기 위해 패션에 관심 없어 보이는 이미지를 연출했다. 이런 전략은 점점 더 '계집애 같은' 인간들이나 꾸미는 일에 시간을 들인다는 인상을 심어준다. 아름다움은 그저 얄팍한 유행이며 불필요한 소비를 낳는 성질로 전락한다.

아름다움이 권력이 될 때

아름다움은 쓸모에 집착하지 않는 독립성 때문에 매력적이다. 다시 말해 도구화되지 않는 주체로 존재한다. 세계를 쓸모로 인식할 때 존재는 쓸모를 증명하기 위해 거침없이 폭력적으로 변한다. 인간의 기준에서 쓸모없는 수평아리를 죽인다. 병아리 감별사로 살아가는 〈미나리〉의 제이콥(스티븐 연)은 그렇게 죽어가는 병아리들을 보며 자신의 쓸모를 증명하려 애쓰고 아들에게도 "쓸모가 있어야 한다"고 강조한다.

바로 그 쓸모에 연연하지 않음을 드러내기, 그것이 계급을 드러내는 방식이다. 노동하는 손이 아니라 예쁘게 꾸며진 손, 실용적인 작업복이 아니라 불편하지만 보기 좋은 옷, 같은 음식이라도 오랜 시간 공들여 만들어야 하는 정갈한 상차림은 아름다움이 계급에 따라 차등적으로 분배되는 현실을 보여준다. 그렇기에 아름다움을 경시하거나 경계하는 이들은 아름다움이 현실의 복잡한 문제들을 가린다고 생각한다. 아름다움은 속임수와 긴밀한 관계를 맺기 쉽다. 진실을 숨기고 있다는 점 때문에 때로 아름다움은 두려움을 자아낸다. "바다에서 가장 무자비한 종족들이야말로 사악한 광휘와 아름다움을 지니고 있다는 점"을 들어 이슈미얼은 바다가 음흉하고 기만적이라고 한다. 그렇기에 아름다움은 때로 권력이다. 아름다움을 추구하려는 의지는 권력 의지와 연결된다. 아름다움은 모방을 추구하게 만들면서 동시에 다른 사람과 차별성을 드러내기 때문이다. 미적 경험의 축적이 세계관의 확장이 아니라 지배력 강화로 향할 때 아름다움은 권력이 된다.

또한 아름다움을 여성성과 등치시킬수록 그 가치는 가볍고 비이성적이며 그저 물화된 가치처럼 여겨진다. 칸트와 버크를 비롯해 전통적인 서구 미학에서 숭고Sublime는 쾌Pleasure가 아니라 고통Pain을 통과해야 한다. 아름다움Beauty은 고통이 뒤섞이지 않은 쾌의 산물로 구별된다. 이 미학적 구별은 인간의 의식 곳곳에 스며들어 미의 위계를 만들고 아름다움을 오해하게 만들었다. 아름다움은 진실하지 않은 위험한 유혹자, 흔히 말하는 '팜므 파탈'처럼 악한 유혹자가 되기도 한다. 남성이 정의하는 자유로움이 여성을 착취하듯이 남성 시각에서의 아름다움은 여성을 대상화한다. 아름다움을 이 차별적 시선에서 구조해야 하지 않을까. "아름다움은 발작적인 것"[103]이라는 초현실주의자 앙드레 브르통André Breton의 정의는 비판받아야 한다. 아름다움을 찾던 그의 문학은 끊임없이 새로운/젊은/광기 어린/여성을 찾았다. 여성이라는 인간은 남성이 규정하는 이 아름다움의 틀에 맞춰 박제되기 일쑤였다.

또한 아름다움에서 고통이 분리될 때 노동과 예술도 분리되며 노동과 예술 사이에도 위계가 만들어진다. 한여름, 정오 즈음 전철역을 향해 빨리빨리 걸어가는데 역 앞에 여러 명의 사람들이 돗자리를 깔고 누워 있는 모습이 보였다. 앉아 있는 것도 아니고 대부분 누워 있었고 몇 사람은 다리를 뻗고 앉아 있었다. 햇볕이 뜨거워 나는 양산을 들고 걸어가는 중이었다. 가까워지면서 그들의 모습이 점점 잘 보였다. 모자를 쓴 채 인도 위에 돗자리를 깔고 누워 있는 그들은 중장년 여성들이었다. 오른쪽 차도에 승합차가 한 대 보였다. 그들이 인도 옆에 있는 화단을 정리하는 노동자임을 알아차렸다. 그 사람들은 지친 얼굴로 흰 우유를 마시고 있었다.

길에 쭈그리고 앉아 풀을 뽑고 다시 꽃을 심는 작업을 하는 사람들을 종종 본다. 지자체는 공공근로를 통해 도시 미관을 만들어간다. 다리 위의 분홍색 꽃이 고왔고 잠시 멈춰 선 횡단보도 옆에 잘 정리된 꽃들이 예뻤다. 그 아름다움이 만들어지는 과정에는 땀이 들어간다. 노동, 예술, 삶이 분리되면 분리될수록 만드는 사람과 보는 사람의 계층도 분리된다. 물건을 만드는 사람(노동자)은 창조적 능력을 점점 잃어가고 물건을 구입해서 소유하는 사람이 권력을 가진다. 그러나 오늘날 인류가 '위대한 예술'이라 칭송하는 작품들에는 민중의 피와 땀이 배어 있다. 19세기 말 예술과 노동의 관계를 회복하여 아름다움의 가치를 재정립하고자 애썼던 사회주의자이며 공예운동가인 윌리엄 모리스 William Morris는 "아름다움이란 모든 구성원의 조화로운 협력의 결과물"이라는 강한 신념을 가지고 있었다. 나는 지금도 이 생각이 유효하다고 본다.

아름다움의 소유
▼ ▼ ▼ ▼ ▼ ▼ ▼

국립중앙박물관에 '시대의 얼굴' 전시를 보러 갔다가 나는 또 다른 '시대의 얼굴'을 보았다. 입구에서 비정규직 노동자가 파업 소식을 전하는 전단지를 나눠주고 있었다. 7월, 35도의 무더운 날씨였다. "이건희 명품 전시 뒤에는 9년을 일해도 최저임금인 비정규노동자들의 눈물이 있습니다"라고 적힌 에이포 용지 한 장에는 정선의 〈인왕제색도〉와 파업하는 노동자들의 모습이 위아래로 배치되어 있었다. 우리 시대의 얼굴은 누구인가. 바로 지금 내 앞에서 전단지를 들고 있는 그 노동자다. 문체부 공무직 노동자라 불리는 사람들. 흔히 무기 계약직이라고도 불린다. 그 이름은 이미 기만을 품고 있다. 무기/계약직. 공무원이 아니라 공무직. 명품 전시 뒤에 있는 '공무직'이라는 이름의 계약직 '신분' 노동자. 이들이 바로 문화강국의 얼굴들이다.

그럴싸해 보이는 문화 현장의 뒷모습은 실제로 상상을 초월하는 저임금에 마치 근로기준법은 존재하지도 않는 세계처럼 끝없는 노동이 이어지는 곳이다. 그래도 한 푼이라도 벌어야 하는 사람들과 이력서에 경력 한 줄이라도 적어야 하는 갈급한 사람들이 넘쳐나니 '인턴'이나 '자원봉사'라는 이름의 저임금 혹은 무보수의 노동을 하기 위해서도 경쟁이 치열하다. 이런 환경에서 국립박물관에서 일하는 공무직은 '그나마' 사정이 낫다고도 할 수 있으니 쓸쓸한 일이다.

감염병 대유행 속에서도 미술 시장은 호황이다. 미술작품은 '투자'의 대상으로 점점 사랑받는다. 고급 취미로 대접받고, 부동산과는 달리 교양 있고 우아한 투자로 보인다. 처음에는 상대적으로 적은 금액으로도 시작할 수 있다며 젊은층에게 투자의 유혹을 불러일으킨다. 아트테크의 시대라고들 한다. 아트테크의 시대에 아름다움의 위치는 어디쯤일까. 일부 부유층이 미술작품을 투기의 대상으로 삼는 것과 사회가 전반적으로 이런 현상을 부추기는 것은 전혀 차원이 다르다. 세상을 바라보는 우리의 인식체계는 안드리 스나이어 마그나손Andri Snaer Magnason의 지적대로 점점 더 "경제학 언어에 포위"[104]되어가는 중이다. 스스로 부품이 되기를 주저하지 않으며 '스펙'을 갖추어가듯이 우리는 투자, 개발, 자원, 이윤이라는 개념에 익숙해졌다.

아트테크 열풍은 소위 '이건희 컬렉션'에 대한 관심과 무관하지 않다. 2021년 4월 말 고 이건희 회장의 유족이 소장품 2만 3천여 점을 국가에 기증한 이후로 이 소장품에 대한 관심이 뜨겁다. 게다가 이 기증은 르네상스 시대 메디치가의 예술 후원에 비교되기까지 했다. "삼성가, 한국의 메디치가로 거듭나나"(《경향신문》, 2021. 5. 9.) 메디치가의 후원 방식과 삼성과 이건희의 작품 수집 방식이 동일하지도 않거니와, 재벌가의 작품 수집을 대단한 사회공헌처럼 미화하는 것은 바람직하지 않다. 국립중앙박물관은 "문화강국을 꿈꾸었던 이건희 회장의 컬렉션은 이제 아름다운 기증으로 국민 곁에 더 가까이 다가왔습니다"라고 홍보했다.

'선진국 되기'에 집착하는 정부는 이제 '노동 선진국'까지 노린다. 노동 선진국은 무엇일까. '성공한 전태일'▲들의 나라일

▲ 더불어민주당 최민희 전 의원은 2021년 대선 후보였던 이재명이 과거 소년
   공이었다는 사실을 강조하기 위해 '성공한 전태일'이라는 표현을 썼다.

까. 강경화 전 외교부 장관은 국제노동기구ILO 사무총장에 도전했지만 2022년 3월 단 2표만 받고 탈락했다. 당시 정부는 "노동 선진국으로서의 위상을 더욱 확고히 할 수 있을 것으로 기대"한다고 했다. 한국 정부에게 국제노동기구라는 기관은 '노동'이 아니라 '선진국'으로 가는 통로다. 노동의 무한리필 사회에서 인간은 투기의 주체가 되거나 소비자 정체성으로만 자본주의 사회의 시민이 될 수 있다. 한편으로는 이런 사회에서 노동자의 미적 주체되기야말로 혁명적이지 않을까.

아름다움에 대한 동경과 혐오는 어떻게 정치화되는가

몇몇 연예인들이 수상 소감에서 '선한 영향력'을 언급하면서 이 표현은 대중적으로 많이 사용되고 있다. 선한/악한이라는 구도를 대체로 경계하고, '영향력'이 때로는 권력을 순화시켜 일컫는다는 의구심 때문에 나는 이 표현에 호감을 느끼지 않는다. 그렇지만 타인에게 되도록 '선한 영향력'을 끼치겠다는 마음을 너무 곡해하고 싶지도 않으며, 무엇보다 이 표현에 호감을 갖고 '나도' 그렇게 해야겠다는 사람들이 많아지는 현상에 더 눈길이 갔다. 실제로 '선한 영향력'이 발생하는지와는 별개로, 인간에게는 타인의 좋은 행동을 모방하고자 하는 마음이 있다는 것을 보여주는 사례이기 때문이다. 일레인 스캐리가 말한 "낳기를 향한 추동"[105]이 이러한 현상과 연결되지 않을까 생각했다.

우리는 멋진 풍경을 볼 때 '그림 같다'고 말하며 사진을 찍고 싶은 욕구를 느낀다. 좋아 보이는 행동을 모방하려고 하듯이 아름다운 풍경을 사진이나 그림으로 복제하고 싶어 한다. 오늘날 SNS는 이 사진들을 타인에게 전시하도록 부추기지만, SNS가 없던 시절에도 그저 개인의 사진첩에 꽂히는 아름다운 풍경 사진들은 존재했다. 이는 아름다운 자연에 대한 소유욕이면서 동시에 아름다움에 대한 동경이다. 아름다움을 대상화하여 이를 소유하고자 하는 욕망은 바라보는 주체와 응시의 대상을 권력관계에 놓이게 만든다. 바로 이 점 때문에 아름다움에 대한 일레인 스캐리의 주장에 나는 온전히 동의하지 못한다. 응시의 권력은 인간과 자연, 인간과 동물, 남성과 여성 사이의 위계와 너무도 밀접한 관계가 있기 때문이다.

그럼에도 "아름다움이 실제로 진리와 연맹을 맺고 있다는 견해를 제출하려고 노력"하는 일레인 스캐리처럼 나 역시 이 관계를 놓을 수가 없다. 아름다움을 포획하는 것이 아니라, 아름다운 주체와 공존하려는 열망이 가진 긍정성이 있기 때문이다. 그 가능성을 포기하지 않을 때 조금이라도 덜 상처주며 다른 주체와 함께 살 수 있지 않을까. '공정한'을 뜻하는 영어 Fair에 '아름다운'을 뜻하는 Beautiful의 의미도 포함되어 있다는 사실은 실제로 이 두 가지가 본질적으로 지향하는 바가 겹침을 보여준다. 그렇기에 내게 '아름다움'은 비정치적인 낭만적 수사가 아니다. 배고픔을 해결하기 위한 빵만이 아니라 품위 있는 인격체로 살아갈 권리를 뜻하는 '장미'를 포기하지 말아야 하는 정치적 행동을 낳는 언어이다.

어떤 감정이나 생각을 욕으로 뱉어버리기 시작하면 언어를 고르는 습관, 서사적 상상력에서 점점 멀어진다. '생각하기'보다는 그냥 '뱉어내기'가 더 쉽다. 때로는 이런 태도를 대중적, 서민적, 민중적이라고 하면서 미화한다. 하지만 이는 '민중'의 언어에 대한 모욕이다. 욕설은 통쾌함은 줄지언정 '적극적으로 생각하기'를 방해한다. '시바'를 제 언어의 사인처럼 여기는 언론인과 시인, 팬덤 정치에 일조하고 내 편 뭉치기에 혈안이 된 반지성적인 '지식인'들의 언어는 혐오에 저항한다기보다 혐오를 자원으로 삼는다. 이러한 언어들은 아름다움을 누리거나 생산하고 싶은 인간의 욕구를 뭉개버린 채 자극적인 어휘에 낄낄대도록 만든다. 보리스 존슨이 의도적으로 연출하는 엉망진창처럼, 의도적으로 상스러운 말을 쓰는 사람을 경계한다. 게다가 솔직하고 털털한 사람으로 보이기 위해 상스러운 언어를 입에 달고 사는 남성들은 그 세계에서 여성들을 대상화한다.

아름다움은 분배와 돌봄이다

아침 산책길에 만나는 철새 왜가리를 통해 계절을 구체적으로 인지한다. 그들은 내가 인간 중심에서 조금이라도 벗어나도록 도와준다. 늦가을 나타나 매일 보이던 왜가리는 초봄이 지나자 드물게 보였다. 계절에 따라 더 지내기 좋은 곳으로 이동했을 것이다. 그는 날아오르고, 먹이를 잡기 위해 고개를 갸웃거리며 집중하고, 가는 다리로 가볍게 걷는다. 해변이 당연하게 인간의 장소가 아니듯 내가 즐기는 산책로도 인간 주민의 전용 장소가 아니다. 6월에 털이 보슬보슬한 아주 작은 아이들을 데리고 이동하는 청둥오리를 보면서 그들의 산란기를 알았다. 작은 개천 하나에 고양이, 청둥오리, 왜가리, 까치와 비둘기, 이름을 모르는 물살이 등이 뒤섞여 살아간다. 풀이 무성해지면 가끔 뱀이 나타나 사람을 놀라게 하기도 한다. 하지만 뱀이 나타난다는 건 그들이 살아갈 환경이 된다는 뜻이다. 성장과 개발이 벌인 많은 착취 중 하나가 아름다움의 파괴이다. 희귀종 생물 목록이 늘어난다는 건, 그만큼 아름다움이 희귀해진다는 뜻이다.

해마다 피어나는 꽃을 보고자 하는 욕망은 '살아 있음'을 보고 싶어 하는 마음이다. 아름다움에 대한 관심은 단지 살아 있음을 구경하는 것으로 그치지 않고 타자를 살리려는 행동을 끌어낸다. 그렇기에 배고픈 고양이에게 밥을 주고, 시들해지는 꽃에 물을 준다. 슬픔과 분노가 행동으로 이어지는 추동력이 된다면, 아름다움의 추구는 생명에 대한 관심으로 이끈다. 이 사소한 마음이 정의의 씨앗이라 생각한다. 그리고 누군가는 이 사소한 마음을 파괴한다. 아이들이 만든 눈사람을 누군가가 부숴버렸을 때 우리는 왜 분노하는가. 아름다움을 파괴하고자 하는 행동에서 폭력을 발견하기 때문이다. 눈은 생명이 아니지만 눈을 뭉쳐 '눈사람'을 만들었을 때 이 눈덩어리는 개성을 얻는다. 이 개성을 파괴하는 것. 그것이 폭력이다. 그 개성에는 눈사람을 만든 사람의 마음이 들어 있고, 눈사람을 파괴하는 행위는 바로 그 마음을 공격하는 행동이다.

김초엽 작가의 작품 〈스펙트럼〉 속 희진은 지구로 돌아온 이후 여생을 색채 언어 해석에만 몰두하다 겨우 외계 생명체의 기록을 이해하게 된다. 그들은 희진을 '아름다운 생명체'라고 기록했다. 희진과 외계 생명체가 전혀 다른 언어를 사용함에도 긴 시간을 함께 지낼 수 있었던 것은 이처럼 서로가 서로를 '아름다운 생명체'로 받아들이고 서로를 돌보며 이해할 수 없는 언어를 이해하려고 노력한 덕분이었다.

KBS 〈환경스페셜〉에서 제주도 제2공항 예정지로부터 8킬로미터밖에 떨어지지 않은 하도리의 철새 도래지를 소개했다. 큰 카메라로 새들을 찍는 작가는 화면 안에 담긴 새들을 보며 "노랑부리저어새 한 마리, 저어새 여섯 마리, 그리고 재갈매기 한 마리"라고 이름을 말해준다. 해마다 30여 종 5000여 마리의 새들이 찾아온다는 철새 도래지를 그는 "새들의 국제공항"이라고 말했다. 이 한마디에 나는 인간이 무엇을 파괴하는지 구체적으로 깨달았다. 인간 중심을 벗어나 새를 바라보는 마음이 있기에 가능한 표현이다. 이 표현은 정확해서 아름답다. 제주 동쪽 마을 하도리 해안을 가득 채우고 앉아 있는 수많은 새들은 그곳이 실제로 "새들의 국제공항"임을 실감하게 했다.

"새들의 노래나 시에 대한 여유가 또한 있지 않다면, 아름다운 토론이라고 해도 어떻게 그 토론의 뉘앙스를 듣겠는가?"라고 반문하던 스캐리의 주장은 관념이 아니라 이렇게 현실 정치에서 나타난다. 아름다움이 자본화되고 왜곡될수록 인간은 세계의 맥락을 이해하지 못하는 폭력적 존재로 나아갈 것이다.

아름다운 대상에 대한 소유가 아니라 대상을 어여삐 여기는 마음, 끊임없이 생명을 살리고자 하는 마음이야말로 아름다움과 정의로움을 향한 가장 기본적인 실천이다. 아름다움은 분배되어야 한다. 가장 윤리적인 것이 가장 전위적이다. 윤리가 낡음이 되어갈수록 끈질기게 윤리를 고민해야 한다. 아름다움을 권력의 도구로 활용하느냐, 분배와 돌봄으로 여기느냐에 따라 아름다움의 의미는 다른 방향으로 향할 것이다. 인간이 품은 모방 욕구는 아름다움을 복제하게 만든다. 그렇다면 무엇을 복제할 것인가. 권력화된 아름다움인가 분배하는 아름다움인가. 아름다움과 선함에 대한 동경이 나 이외의 타자와 동등하게 연결되고자 하는 마음으로 연결될 수는 없을까.

미주

1   수전 손택,《타인의 고통》, 이재원 옮김, 이후, 2004, 64쪽

2   존 버거,《본다는 것의 의미》, 박범수 옮김, 동문선, 2000, 105쪽

3   진 프랑코, 라틴 아메리카 문학 1959~1976, 루카치 외《민중문화운동의 실천론》, 김정환, 백원담 편역, 화다, 1984, 344~345쪽

4   아니 에르노·미셸 포르트,《진정한 장소》, 신유진 옮김, 1984books, 2019, 63쪽

5   자넷 토드,《세상을 뒤바꾼 열정》, 서미석 옮김, 한길사, 2003, 887~888쪽

6   자넷 토드,《세상을 뒤바꾼 열정》, 서미석 옮김, 한길사, 2003, 145쪽

7   https://www.nytimes.com/2017/12/20/arts/design/chuck-close-sexual-harassment.html

8   Nancy Princenthal,《Unspeakable Acts: Women, Art, and Sexual Violence in the 1970s》, Thames & Hudson, 2019

9   서이종, '도서관 난방 중단… 응급실 폐쇄와 무엇이 다른가',《조선일보》, 2019. 2. 11.

10 김다영, '패딩 입고 핫팩 쥐고 공부…영하 10도에도 이어진 서울대 '난방파업'',《중앙일보》, 2019. 2. 9.

11 라인홀드 니버,《도덕적 인간과 비도덕적 사회》, 이한우 옮김, 문예출판사, 2017, 191쪽

12 다니엘 페낙,《학교의 슬픔》, 윤정임 옮김, 문학동네, 2014, 81쪽

13 바버라 에런라이크, '손가락이 가리키는 곳은',《오, 당신들의 나라》, 전미영 옮김, 부키, 2011

14 고용노동부,〈2021년 산업재해 현황〉, 2022

15 은유,《알지 못하는 아이의 죽음》, 돌베개, 2019, 221쪽

16 정은정,《대한민국 치킨전》, 따비, 2014, 133쪽

17 박정훈, 《배달의 민족은 배달하지 않는다》, 빨간소금, 2020

18 이영주, '플랫폼 노동, 세계는 그리고 우리는', 《노동법률》, vol.359, 2021.4.

19 정은정, 《대한민국 치킨전》, 따비, 2014, 132쪽

20 강혜민, '장애인 지하철 시위에 대해 언론이 물어야 할 것', 《비마이너》, 2022. 2. 28.

21 박이은실, 《월경의 정치학》, 동녘, 2015, 133쪽

22 마리 루티, 《나는 과학이 말하는 성차별이 불편합니다》, 김명주 옮김, 동녘 사이언스, 2017, 52쪽

23 김정호, '저출생에 대한 오해와 진실', 《정책의 시간》, 생각의힘, 2021, 259쪽

24 박이은실, 《월경의 정치학》, 동녘, 2015, 232쪽

25 이태동, 〈노년층과 기후변화적응: 기후정의·위험성 및 도시기후변화 적응 대책을 중심으로〉, 《사단법인한국기후변화학회》, 2020. 11.

26 여유진, '최근 분배 현황과 정책적 시사점', 《이슈앤포커스》 412호, 2021.11.

27 김정호, '저출생에 대한 오해와 진실', 《정책의 시간》, 생각의힘, 2021, 250~251쪽

28 최현숙, 《작별일기》, 후마니타스, 2019, 112쪽

29 최현숙, 《작별일기》, 후마니타스, 2019, 343쪽

30 한승태, 《고기로 태어나서》, 시대의창, 2018, 58~59쪽

31 수나우라 테일러, 《짐을 끄는 짐승들》, 이마즈 유리·장한길 옮김, 오월의봄, 2020, 94쪽

32 조라 닐 허스턴, 《그들의 눈은 신을 보고 있었다》, 이미선 옮김, 문예출판 사, 2014, 194쪽

33 리처드 다이어, 《화이트》, 박소정 옮김, 컬처룩, 2020, 175쪽

34 리처드 다이어, 《화이트》, 박소정 옮김, 컬처룩, 2020, 143~144쪽

35 Daniel Hannan, 'Vladimir Putin's monstrous invasion is an attack on civilisation itself', The Telegraph, 2022. 2. 26.

36 브라이언 헤어·버네사 우즈, 《다정한 것이 살아남는다》, 이민아 옮김, 디플롯, 2021, 190쪽

37 W.E.B. 듀보이스, 《니그로》, 황혜성 옮김, 삼천리, 2013, 141쪽

38 권남영, '동네목욕탕 찾은 윤석열··· 주민 "덩치 있고, 뽀얘"',《국민일보》,
    2022. 3. 18.
39 W.E.B. 듀보이스,《니그로》, 황혜성 옮김, 삼천리, 2013, 14~15쪽
40 박소정,〈K-뷰티산업의 피부색주의〉,《한국언론학보》, 2020
41 실비아 플라스,《벨 자》, 공경희 옮김, 마음산책, 2013, 32, 141, 152쪽
42 Kimmy Yam, 'There were 3,800 anti-Asian racist incidents, mostly
    against women, in past year', NBC, 2021. 3. 17.
43 박찬용, '다문화거리에서 만난 다양한 새해의 맛',《한겨레》, 2022. 1. 1.
44 홍세화, '이 혐오 감정은 어디서 비롯됐을까',《한겨레》, 2018. 7. 6.
45 이재호, '12만 원씩 건강보험 낸 속헹은 왜 치료 못 받고 숨졌나',《한겨레》,
    2021. 1. 5, 이재훈, '외국인 건보 재정 연 5천 억 흑자··· 윤석열 '숟가락론'
    틀렸다',《한겨레》, 2022. 2. 2.
46 손인서,〈성별화·인종화된 돌봄노동과 여성 중국동포 돌봄노동자의 노동경
    험〉,《한국여성학》제36권 4호 (2020년), 95~129쪽
47 은유·지금여기에,《폭력과 존엄 사이》, 오월의봄, 2016
48 조미현, '가사 도우미에 퇴직금도 주라는 法...맞벌이·노부부 등골 휜다',
    《한경》, 2021. 1. 14.
49 박권일,《한국의 능력주의》, 이데아, 2021, 302쪽
50 김미향, '저소득층, 특목고·자사고보다 특성화고에 10배 많다',《한겨레》,
    2017. 5. 8.
51 리처드 리브스,《20 VS 80의 사회》, 김승진 옮김, 민음사, 2019, 110쪽
52 지그문트 바우만,《고독을 잃어버린 시간》, 오윤성 옮김, 동녘, 2019(개정
    판), 139~145쪽
53 조정환,《증언혐오》, 갈무리, 2020, 140쪽
54 정희진, '나의 첫책 — 여성학자 정희진',《한겨레》, 2021. 10. 22.
55 김숨,《듣기 시간》, 문학실험실, 2021, 9쪽
56 김숨,《듣기 시간》, 문학실험실, 2021, 42쪽
57 전옥주, '충격고백 수기',《신동아》, 1996. 9.
58 홍세미 외,《말의 세계에 감금된 것들》, 오월의봄, 2020, 189~190쪽
59 홍세미 외,《말의 세계에 감금된 것들》, 오월의봄, 2020, 201쪽

60 박찬수, '우리 세대가 깨닫지 못한 것',《한겨레》, 2021. 1. 28.

61 김원철·서영지, '민주당 70년대생 '쌍두마차' 박용진·박주민, '색' 다른 도전',《한겨레》, 2020. 11. 11.

62 강남규,《지금은 없는 시민》, 한겨레출판, 2021, 25쪽

63 정의길, '역차별을 주장하라… 이준석이 트럼프와 공유하는 것들',《한겨레》, 2021. 6. 12.

64 국승민, '바보야, 문제는 경제가 아니라 인종주의야',《시사인》 697호, 2021. 1.

65 리베카 솔닛,《이것은 이름들의 전쟁이다》, 김명남 옮김, 창비, 2018, 70쪽

66 이졸데 카림,《나와 타자들》, 이승희 옮김, 민음사, 2019, 272~275쪽

67 아마르티아 센,《정의의 아이디어》, 이규원 옮김, 지식의날개, 2019, 256쪽

68 아이리스 매리언 영,《차이의 정치와 정의》 5장 참조, 김도균·조국 옮김, 모티브북, 2017

69 김진호,《성서와 동성애》, 오월의봄, 2020, 5쪽

70 양지호, '反페미니즘 선봉 조던 피터슨 교수 "2030 男性이 내게 열광한다"',《조선일보》, 2021. 4. 17.

71 대통령 직속 정책기획위원회 국민주권분과에서 작성한 '20대 남성지지율 하락요인 분석 및 대응방안' 현안보고서

72 임재우, "'조용한 학살', 20대 여성들은 왜 점점 더 많이 목숨을 끊나',《한겨레》, 2020. 11. 14.

73 김주식, '박근혜표 모성 DNA의 법칙',《파이낸셜 뉴스》, 2013. 2. 4.

74 김귀순,《젠더와 언어》, 한국문화사, 2011, 78쪽

75 마라 비슨달,《남성 과잉 사회》, 박우정 옮김, 현암사, 2013, 331쪽

76 김이순, '한국의 모자상',《근대의 꿈 : 아이들의 초상》, 컬처북스, 2006

77 주창윤 '젠더 호명과 경계 짓기', 강준만 외《한국 사회의 소통 위기》, 커뮤니케이션북스, 2011

78 장은교·정현백, '여가부 폐지론은 지지층을 이념과 성으로 가르는 정치 전술',《경향신문》, 2021. 7. 9.

79 싸우는여자들기록팀 또록,《회사가 사라졌다》, 파시클, 2020

80 희정, '여자 해고는 해고도 아니다', 싸우는여자들기록팀 또록,《회사가 사

라졌다》, 파시클, 2020, 125쪽
81 김지은, 《김지은입니다》, 봄알람, 2020, 90쪽
82 강남순, '한 사람의 죽음 앞에서, 열광적 '순결주의'의 테러리즘', 2020. 7.
83 프란스 드 발, 《동물의 감정에 관한 생각》, 이충호 옮김, 세종, 2019, 275쪽
84 브라이언 헤어·버네사 우즈, 《다정한 것이 살아남는다》, 이민아 옮김, 디플
    롯, 2021, 205쪽
85 디어드러 쿠러 오언스, 《치유와 억압의 집, 여성병원의 탄생》, 이영래 옮김,
    갈라파고스, 2021, 182쪽
86 브라이언 헤어·버네사 우즈, 《다정한 것이 살아남는다》, 이민아 옮김, 디플
    롯, 2021, 218쪽
87 수나우라 테일러, 《짐을 끄는 짐승들》, 이마즈 유리·장한길 옮김, 오월의봄,
    2020, 65쪽
88 웬디 브라운, 《남성됨과 정치》, 황미요조 옮김, 나무연필, 2021, 388쪽
89 정창조 외, 《유언을 만난 세계》, 비마이너 기획, 오월의봄, 2021, 48~49쪽
90 일레인 스캐리, 《고통받는 몸》, 메이 옮김, 오월의봄, 2018, 20쪽
91 '뉴스 9', KBS, 2021 4. 3.
92 피에르 부르디외, 《언어와 상징권력》, 김현경 옮김, 나남, 2020, 33~34쪽
93 이오성, '원래 건설폐기물이라는 말은 존재하지 않는다', 《시사인》 726호,
    2021. 8.
94 영화 〈내일Demain〉, 2015
95 피에르 부르디외, 《언어와 상징권력》, 김현경 옮김, 나남, 2020, 112쪽
96 미치코 가쿠타니, 《진실 따위는 중요하지 않다》, 김영선 옮김, 돌베개,
    2019, 86쪽
97 허먼 멜빌, 《모비딕1》, 황유원 옮김, 문학동네, 2019, 71쪽
98 Elvin T. Lim, 《The Anti-Intellectual Presidency: The Decline of Pre-
    sidential Rhetoric from George Washington to George W. Bush》,
    Oxford University Press, 2008
99 베티 리어든, 《성차별주의는 전쟁을 불러온다》, 황미요조 옮김, 나무연필,
    2020
100 제임스 도즈, 《악한 사람들》, 변진경 옮김, 오월의봄, 2020, 262~263쪽

101 홍은전 외, 《집으로 가는, 길》, 장애와인권발바닥행동, 인권기록센터사이 기획, 오월의봄, 2022, 191쪽

102 제임스 도즈, 《악한 사람들》, 변진경 옮김, 오월의봄, 2020, 267쪽

103 앙드레 브르통, 《나자》, 오생근 옮김, 민음사, 2008, 165쪽

104 안드리 스나이어 마그나손, 《시간과 물에 대하여》, 노승영 옮김, 북하우스, 2020, 69쪽

105 일레인 스캐리, 《아름다움과 정의로움에 대하여》, 이성민 옮김, 비(도서출판b), 2019, 21쪽